Norman Palma

Historicidad y sistemas de valores

Consideraciones sobre la razón teórica y sus
contrariedades

Editorial Académica Española

Impresión
Información bibliográfica publicada por Deutsche Nationalbibliothek: La Deutsche Nationalbibliothek enumera esa publicación en Deutsche Nationalbibliografie; datos bibliográficos detallados están disponibles en internet en http://dnb.d-nb.de.
Los demás nombres de marcas y nombres de productos mencionados en este libro están sujetos a la marca registrada o la protección de patentes y son marcas comerciales o marcas comerciales registradas de sus respectivos propietarios. El uso de nombres de marcas, nombre de producto, nombres comunes, nombre comerciales, descripciones de productos, etc. incluso sin una marca particular en estas publicaciones, de ninguna manera debe interpretarse en el sentido de que estos nombres pueden ser considerados ilimitados en materias de marcas y legislación de protección de marcas y, por lo tanto, ser utilizadas por cualquier persona.

Imagen de portada: www.ingimage.com

Editor: Editorial Académica Española es una marca de
LAP LAMBERT Academic Publishing GmbH & Co. KG
Heinrich-Böcking-Str. 6-8, 66121 Saarbrücken, Alemania
Teléfono +49 681 3720-310, Fax +49 681 3720-3109
Correo Electronico: info@eae-publishing.com

Publicado en Alemania
Schaltungsdienst Lange o.H.G., Berlin, Books on Demand GmbH, Norderstedt,
Reha GmbH, Saarbrücken, Amazon Distribution GmbH, Leipzig
ISBN: 978-3-8473-6184-8

Imprint (only for USA, GB)
Bibliographic information published by the Deutsche Nationalbibliothek: The Deutsche Nationalbibliothek lists this publication in the Deutsche Nationalbibliografie; detailed bibliographic data are available in the Internet at http://dnb.d-nb.de.
Any brand names and product names mentioned in this book are subject to trademark, brand or patent protection and are trademarks or registered trademarks of their respective holders. The use of brand names, product names, common names, trade names, product descriptions etc. even without a particular marking in this works is in no way to be construed to mean that such names may be regarded as unrestricted in respect of trademark and brand protection legislation and could thus be used by anyone.

Cover image: www.ingimage.com

Publisher: Editorial Académica Española is an imprint of the publishing house
LAP LAMBERT Academic Publishing GmbH & Co. KG
Heinrich-Böcking-Str. 6-8, 66121 Saarbrücken, Germany
Phone +49 681 3720-310, Fax +49 681 3720-3109
Email: info@eae-publishing.com

Printed in the U.S.A.
Printed in the U.K. by (see last page)
ISBN: 978-3-8473-6184-8

Copyright © 2012 by the author and LAP LAMBERT Academic Publishing GmbH & Co. KG and licensors
All rights reserved. Saarbrücken 2012

Para Rosario Palma

Advertencia al lector.

    Cada escrito tiene su propia historia y hay historias que permiten comprender más fácilmente un texto. Este trabajo fue comenzado en el 2001 y luego fue abandonado durante diez años. En ese tiempo, la posibilidad de su publicación me pareció fuera de todo alcance. Ahora, de pronto, ha aparecido una oportunidad para publicarlo. De tal manera que me decidí llevarlo a cabo.

    Y es mientras corregía, la parte ya escrita, que me di cuenta de dos problemas. En primer lugar, el hecho que mi escritura había cambiado y, en segundo lugar, que mi percepción de la historia des <u>Antiguo Testamento</u> se había modificado. Y son, precisamente, estas transformaciones que me parece necesario explicar.

    En lo que se refiere a la escritura, sucede que antes pensaba que había que justificar todo lo que se decía. De ahí, la utilización de notas al pié de las páginas. Pero hace unos años tomé consciencia que este modo de exponer las ideas y los hechos, resultaba demasiado pesada para el lector. Entonces decidí ya no utilizar notas e integrar el todo en un discurso que sigue el movimiento mismo de la escritura. El lector podrá constatar el cambio, y se dará cuenta que esta diferencia formal no afecta el contenido.

    En lo que se refiere al segundo aspecto del cambio, es importante notar que, en lo que se refiere a la interpretación del <u>Antiguo Testamento</u>, los aportes de la arqueología israelita son muy importantes. Una nueva investigación – traducida luego en español bajo el título <u>La Biblia Desenterrada</u> - fue publicada en 2001 por Israel Finkelstein y Neil Asher Silberman. Por consiguiente, cuando escribí la primera parte de ese texto, no conocía el resultado de esa empresa. Entonces estaba empapado de la arqueología egipcia. Y es justamente este cambio que voy a tratar de explicar.

    En efecto, en la época, la arqueología egipcia había ya mostrado que el Éxodo no pudo haberse pasado bajo el reino de Ramsés II, como se decía oficialmente. Por lo tanto, este evento no pudo producirse bajo el reino del Faraón más conocido de la larguísima historia del Egipto. Además, no se olvide que el cuerpo de este faraón está expuesto en el aula de las momias del museo de Cairo. Aunque de todo esto no se hablase, puesto que el tabú era entonces demasiado grande. Es por eso que entonces tratabade explicar – y esto aparece sobretodo en mi escrito <u>Monothéisme et Légitimation</u>, Paris, 1995 – que la historia des Éxodo, no pudo haberse pasado en esas condiciones y mucho menos en esa época. Las argumentaciones que avanzaba, sobre la imposibilidad de ese evento – del Éxodo y de la conquista de la tierra de los cananeos, entre el 1250 y el 1210 antes de la era cristiana -, es el simple hecho que durante todo ese tiempo la palestina histórica estaba bajo el poder de los egipcios. En realidad, la dominación egipcia sobre este territorio comenzó en el 1550 antes de J. C., con la conquista de Amosis I – fundador de la dinastía XVIII y del Imperio Nuevo - y terminó más o menos en la época del fin del reino de Ramsés III, hacia el 1154, antes de J.C. Esto quiere decir, de una manera global, que los cananeos ocuparon el bajo Egipto durante menos de dos siglos y los egipcios ocuparon la tierra de los cananeos durante casi cuatro siglos.

En todo caso, en la época sostenía que el Pentateuco, no pudo haber sido escrito por Moisés. Por la simple razón que en la época, el pueblo hebreo no poseía una escritura. No olvidemos que la escritura alfabética, dicha la linear A - que no es todavía enteramente alfabética –, aparece hacia el 1650 antes de J. C. Esta escritura fue desarrollada por los cananeos que ocupaban entonces el Egipto y que los egipcios llamaban hicsos y cuya capital fue Avaris en el delta del Nilo. La escriture alfabética que llamamos linear B – ya enteramente terminada -, fue la obra de los fenicios, primos de los cananeos, hacia el 1.050 antes de J. C. Las primeras escrituras alfabéticas derivadas del fenicio, el griego y el arameo, aparecen hacia el 800 antes de J. C. El hecho es que los levitas, la casta sacerdotal hebra, va a integrar el alfabeto del arameo en Babilonia, durante el exilio: entre el 587 y el 539 antes de la era cristiana.

Dicho esto, es importante señalar que los autores de The Bible Unearthed, New York, 2001, Finkelstein y Silverman, nos dicen que no hubo ni patriarcas, ni éxodo, ni conquista de Canaán. Que estas leyendas se desarrollaron durante el periodo des posexilio, a partir del 539 antes de J. C. De tal manera que la ocupación efectiva de la tierra de los cananeos va a ser la consecuencia de la invasión egipcia del Faraón Sheshonq I - primer Faraón de la dinastía XXII -, que en 926 antes de J. C. desoló la Palestina. Lo cual va llevar a la formación de dos reinos hebreos. En primer lugar el reino del Norte, con Samaria como capital, y en segundo lugar, más tardíamente, el reino de Judea, con Jerusalén como capital.

El reino del norte será destruido, en el 722 antes de J. C., por el Rey Asirio Salmansar III. Este reino desaparecerá totalmente en el 622 antes de J. C. De tal manera que es el reino de Judea que se va a desarrollar desde ese entonces. Pero este reino fue ocupado por Nabucodonosor en el 597 y destruido en el 587 antes de J. C. La casta sacerdotal, los levitas, va entonces vivir en exilio en Babilonia y regresará a Jerusalén en 539. Y fue durante el periodo persa, del posexilio (539-332), que la parte principal del Antiguo Testamento fue escrito. Durante este periodo el reino de Judea, nos dicen los autores de La Biblia Desenterrada, no tenía más que 2.000 kilómetros cuadrados.

Esto quiere decir, por lo tanto, que el gran reino judío de Salomón (970-931), no fue tampoco une verdad histórica. Ahora bien, la única tesis problemática que estos arqueólogos avanzan, es cuando nos dicen que los hebreos fueron el resultado de la conversión de los cananeos al judaísmo. Por lo tanto que los cananeos no fueron exterminados por los judíos, como se dice en el libro de Josué. Claro está, eso de la exterminación – del genocidio como se dice actualmente – no puede ser aceptado por la sensibilidad de nuestro momento histórico. Sin embargo, esta tesis pone en tela de juicio el hecho que los hebreos son una población de origen mesopotamiano – de los alrededores de la ciudad de Ur –, y que habían intentado entrar con violencia en la tierra de los cananeos, bajo el reino de Maremptah, el hijo y heredero de Ramsés II, como lo atesta la estela de 1207 antes de J. C. En esta estela, es donde se menciona por primera vez a este pueblo y se dice que esa gente había sido derrotada y expulsada.

Todo esto nos muestra la importancia de la arqueología israelita y egipcia. Y nos desvela el verdadero origen de esta visión escatológica que en un momento de la historia va borrar la visión del espíritu de Atenas y que trata, aún ahora, con los evangelistas de la cintura bíblica de los Estados Unidos, de recobrar brillantez y poderío. Y que no hacen más que hablar del segundo regreso de Cristo, la Parusía, y de la necesidad de construir el reino del Dios de Israel en el mundo.

Norman Palma
Paris, 25 de noviembre del 2011.

I : Lo absoluto y lo relativo.

Como bien se sabe la idolatría y la iconolatría son manifestaciones del politeísmo. Esto quiere decir, que esas prácticas implican el culto, la adoración, de una pluralidad de deidades. Por consiguiente, la idolatría como la iconolatría se opone al monoteísmo, de la misma manera que la pluralidad se opone a la unicidad.

Ahora bien, es importante tener en cuenta que esta contrariedad – esta manifestación de la ley de los contrarios – no implica, desde un punto de vista puramente lógico, una oposición irreducible, en la medida en que toda unidad contiene una multiplicidad y toda multiplicidad se resume en una cierta unidad. En efecto, desde un punto de vista propiamente antológico decimos que el Ser es el resultado de una multiplicidad infinita de determinaciones. Esto, de la misma manera que afirmamos que esta infinita multiplicidad de lo que es, es justamente lo que llamamos el Ser. Por consiguiente, cuando nos referimos a todo el conjunto de la multiplicidad, o a la unidad de este conjunto, no estamos expresando una contrariedad, sinon que más bien estamos hablando de la misma cosa, es decir de la facticidad del Ser.

Sin embargo, este fundamento lógico, de lo antológico, no impide que conceptualmente monoteísmo y politeísmo no sean la misma cosa. Esto viene del hecho que cuando nos situamos en el campo ético – es decir, en el de los referenciales que condicionan e informan la acción en el mundo – nos encontramos en una dimensión diferente. Esto es, en la dimensión axiológica. De tal manera que de este punto de vista, lo absoluto no puede ser más que uno, es decir lo que se opone a lo relativo. Por lo tanto, a lo que puede ser de esta manera y no de cualquier otra. Por consiguiente, con el hecho que en la contrariedad – entre el bien y el mal, entre la justicia y la injusticia – hay una diferencia fundamental.

Es justamente por estas razones que cuando hablamos de lo absoluto nos referimos ya sea a la totalidad del ser, ya sea a la potencia ordenadora de la dimensión ética del mundo. Ahora bien, lo que nos interesa aquí es esta última, es decir: la magnitud propiamente axiológica. Debemos sin embargo tener en cuenta que no podemos entrar, de una manera coherente en esta dimensión si no vemos la diferencia lógica que hay entre la una y la otra. Más precisamente, en el hecho que la ley de los contrarios se manifiesta de una manera diferente en esas dimensiones.

En efecto, Aristóteles mostró ya sea diferencia. Más concretamente, el hecho que desde un punto de vista antológico (de la naturaleza) lo negativo es lo otro de lo positivo, en tanto que en el dominio axiológico, (de la cultura) lo negativo se opone a lo positivo por exceso o por defecto. Esto quiere decir, que en el dominio de la cultura lo positivo es lo justo, esto es la línea recta – de ahí el concepto de derecho que es, en principio, el de la justicia efectiva -, la proporción razonable, a la cual se opone lo injusto ya sea por exceso, ya sea por defecto. En efecto, el exceso de derecho, los privilegios, es tan injusto que la falta de derecho.

Desde un punto de vista puramente axiológico, este referencial – con respecto al cual se produce la desviación – es lo que llamamos el Absoluto ético. Por lo tanto, lo que es relativo al eje que sostiene el ordenamiento ético como tal.

Ahora bien, este absoluto es, en primera instancia, una dimensión intuitiva. Lo cual permite comprender que para toda conciencia el Absoluto es uno. Esto quiere decir que no pueden existir varios absolutos, porque en ese caso dejan de ser absolutos, para pasar a ser relativos. El referencial único aparece, de esta manera, como una exigencia de la razón ella misma.

Sin embargo, si queremos comprender la lógica de esta exigencia, debemos tener en cuenta dos problemas fundamentales. En primera instancia, que si bien el Absoluto es uno, todo uno no es absoluto. En segundo lugar esta el hecho que en el mundo de lo humano la pretensión a la universalidad es una dimensión legitimante.

En lo que se refiere al primer punto, es importante, comprender que la particularidad, como la singularidad no son, ni pueden ser determinaciones absolutas. Esta dimensión no puede existir más que a nivel universal. Esto quiere decir concretamente que el dios de un pueblo no puede ser una dimensión absoluta. Lo mismo podemos decir si se trata de una singularidad, de una persona.

Por consiguiente, el ego–trascendental de un pueblo – por muy importante que sea ese pueblo – no es, ni puede ser, una dimensión absoluta. Puede sin embargo ser considerado como un absoluto, el ego-trascendental de lo humano. Ahora bien, a esta última determinación le falta la dimensión ética para ser considerada como el En-si ético del mundo. Esto significa, más precisamente, que el en-si de lo humano – tal como lo definiría Platón, por ejemplo – es una categoría universal, pero no es una magnitud absoluta en el sentido ético.

De tal manera que si el en-si de lo humano no es un absoluto ético, todavía lo es menos el en-si de un pueblo. Del mismo modo podemos decir que el dios de un pueblo no es una dimensión universal, puesto que lo particular no es lo universal. "Yo soy Jehová vuestro Dios" (Ezequiel 20,5), dice el Santo de Israel. Lo cual implica que se trata de una dimensión particular.

Esta magnitud particular no puede desaparecer aunque se diga que "El Señor es el Dios grande... sobre todos los dioses" (Salmos 95,3); Aunque se sostenga que: "Grande es el Señor", que "los dioses de los otros pueblos no son nada" (Salmos, 96,4-5).

Por consiguiente, la dimensión trascendental no es la condición misma de la universalidad, y aun menos de la magnitud del absoluto ético. No debemos olvidar, en lo que se refiere a la trascendencia, que todo pueblo posee un espiritu – lo que Hegel llamó un Volksgeist -, y que ese espiritu puede darse la forma de un super-ego, por lo tanto, de un ego-transcendental. En todo caso, el ego-trascendental de un pueblo es una parte de su ser. Por ello mismo Jeremias al hablar del Santo de Israel dice: "La porción de Jacobo" (51,19).

En lo que se refiere a este dios, no es innecesario recordar que en el Genesis se cuenta la contienda que tuvo con Jacobo. En efecto, fue en su retorno a Palestina, después de haber visitado Caldea, la tierra de sus ancestros, que Jacobo "se quedoó solo, y un hombre estuvo luchando con él hasta despuntar del alba. El hombre, viendo que no le podia, le dio un golpe en la articulación del muslo y se la descoyunto durante la lucha con él. El hombre dijo a Jacobo: "Suéltame que ya raya el alba"; Jacob respondió:"No te soltaré si antes no me bendices". El le preguntó:"¿Como te llamas?" Contesto: "Jacob". Y el hombre añadió: "Tu nombre no será ya Jacob, sino Israel, porque te has peleado con Dios y con los hombres y has vencido" (25,29).

Óseas, por su parte, recuerda ese evento cuando dice que Jacobo: "Desde el seno materno agarró del talón a su hermano, y de adulto peleó con Dios" (12,4). Este evento, altamente significativo, muestra lo que es conforme a su lógica, es decir que el súper-ego de un pueblo no es superior a su ser. Por consiguiente, que el producto no es preeminente con respecto a su productor.

Aparece, entonces, claramente que un ego-trascendental particular, no puede ser una dimensión absoluta. Esto es tanto más evidente, si esta instancia es una singularidad como tal. Los mormones consideran, por ejemplo, que "Cristo, el Señor, es el Padre eterno" (Mosiah 16,15), que él es "el Señor Dios Omnipotente" (Mosiah 5,15). De tal manera que según este sistema de creencias, una singularidad es el Absoluto ético. Lo cual es altamente problemático, puesto que como ya lo subrayamos: lo absoluto no puede ser una dimensión particular y mucho menos una singularidad. Queda claro, en todo caso, que si el Absoluto es uno, todo uno no es absoluto.

Dicho esto, pasamos al segundo problema que presenta la necesidad del referencial único, como la exigencia de la razón ella misma. Es decir, el problema de la pretensión a la universalidad. En efecto, no es difícil constatar que toda legitimación es una universalización.

Esto, en el sentido que se atribuye a lo particular la dimensión de lo universal. Se dice, por ejemplo, que un dios particular es el Dios universal. Es así que Isaía afirma: "Tu redentor, el Santo de Israel, Dios de toda la tierra será llamado" (54,5).

Dentro de esa misma lógica se subraya también que una iglesia es universal: *Katholikos*. Se habla también de imperio universal. O se dice simplemente que una determinación de lo humano – un pueblo, una raza, una cultura – es la manifestación de lo humano como tal. Por consiguiente, que los otros no lo son, porque son más bien monos…

Como se puede comprender, esta pretensión a la universalidad es una manifestación de la voluntad de dominación. La cual es tanto más radical, cuanto más se niega la participación a esa universalidad de los otros. De ahí que la pretensión a la universalidad se realiza plenamente cuando hay pura y simple apropiación de esa universalidad.

Ahora bien, es importante tener en cuenta que la apropiación de la universalidad, por parte de una particularidad, implica no solamente la negación de las otras particularidades, sino también la negación de la universalidad como tal. Esta problemática se manifieste claramente en el caso del racismo. Es así que cuando una comunidad dada se dice ser la única humana como tal, esto implica tanto la negación de la humanidad de los otros, como la negación de la sustancia ética de esa dimensión, es decir del humanismo. La filantropía, propia a ésta dimensión, se vuelve así en su contrariedad, en al misantropía.

Esta negación de la filantropía se manifiesta claramente en El Antiguo Testamento, tanto a nivel de la categoría de la donación, como a nivel del concepto de la promesa. Por consiguiente, en lo referente al derecho divino de conquista – cuyo modelo es el libro de Josué – como en lo que toca al proyecto de dominación universal. Por esto Isaías dice: "Pues la nación, y el reino que no te sirvan perecerán, y las naciones serán exterminadas" (60,12) Por su lado Daniel afirma, a ese propósito, que: "El reino, el poder y la grandeza de los reinos que hay bajo todo el cielo serán entregados al pueblo de los santos del altísimo; su reino será un reino eterno y todos los imperios le servirán y estarán sujetos a él" (7,27)

Por todas esas razones, el Absoluto ético no puede ser más que el resultado de la unidad misma de los valores de orden universal. Aristóteles había ya comprendido que esta dimensión es el producto de la comunidad de sentimientos, de la que podríamos llamar la pulsion ética, propia al ser humano. En efecto, este ser, como lo subrayo el filósofo, es el único animal que posee el sentimiento del bien y del mal, de la justicia y de la injusticia. Y es justamente esta comunidad de sentimientos lo que le permite crear valores y normas.

Por consiguiente, el ser humano es el único animal que no esta programado por la naturaleza. Tiene, por lo tanto, que programar su propio comportamiento y este fenómeno no puede producirse sin un referencial último. Todo sistema de legalidad depende de un sistema de legitimidad. Es en el vértice de éste orden que se encuentran los ejes referenciales, es decir los valores de orden universal: las ideas de la Verdad, de la Justicia y del Bien.

Desde un punto de vista puramente axiológico, el Absoluto ético es el resultado de la unidad de esos valores universales. De tal manera que cuando el ser humano realiza la práctica de su razón, no hace más que manifestar su propia potencialidad ética. Por consiguiente, la práctica de la razón es el resultado del desenvolvimiento de la sustancia ética de lo humano.

Es justamente esta dimensión del Absoluto ético – en oposición al absoluto antológico, de la naturaleza – que nos va permitir comprender tanto la iconolatría, como la idolatría. Conviene, en todo caso, tener presente al espíritu el simple hecho que todo ser humano intuye la idea de lo Absoluto, por consiguiente, la idea de esa magnitud que los latinos llamaban el *"Sumum bonum"*. Lo cual hace que en el fondo de toda conciencia hay una especie de religión natural. Constatamos una inmanencia de lo Absoluto, en el espíritu de los seres humanos.

II : La idolatría de los griegos y de los aztecas.

En lo que se refiere a la iconolatría, vamos a hacer referencia al catolicismo particularmente. Por lo que es la idolatría, tendremos en cuanta principalmente la religión de los griegos y la de los aztecas. Es importante, en todo caso, tener en cuenta que esos términos han sido siempre empleados con connotaciones diferentes. Esto, en el sentido en que la idolatría ha sido más bien considerada como una aberración del espíritu. En lo que se refiere a la iconolatría, es importante recordar que esa práctica no siempre ha sido considerada como positiva. Hubieron épocas iconoclastas, más o menos fuertes, particularmente en la civilización bizantina, después del primer gran choque con el Islam, entre groso modo el 650 y el 750. Pero, de una manera general, el cristianismo católico y el ortodoxo lo han considerado como un fenómeno positivo. El Diccionario ideológico de la lengua española de Julio Casares, define por ejemplo, el concepto de iconoclasta de la manera siguiente: "Dícese del hereje que niega el culto debido a las sagradas imágenes."

Ahora bien, en lo que se refiere a las prácticas mismas de la iconolatría y de la idolatría, es muy importante tener en cuenta que ambas implican el culto de imágenes. En efecto, desde el punto de vista de la práctica, del culto religioso, no hay diferencia entre el hecho de adorar a Atena, a la Virgen de Guadalupe, o a Tonantzin, la diosa azteca de la tierra. La diferencia entre la iconolatría y la idolatría comienza más bien a manifestarse, en el simple hecho que detrás de las imágenes cristianas hay personas, singularidades, en tanto que en los cultos llamados idolátricos se trata de conceptos. Claro está, más allá de esta diferencia se desvela la distinción, al nivel de la dimensión axiológica de tal o cual religiosidad. De esto trataremos más adelante. Por ahora, se trata de percibir claramente esta diferencia, al nivel del contenido de esos sistemas de representación. En todo caso, resulta altamente problemático sostener, como lo hace el diccionario que acabamos de citar, que la idolatría es "la adoración que se da a los ídolos y falsas divinidades", en tanto que la iconolatría es todo lo contrario: el culto de las verdaderas divinidades.

Constatamos que en las religiosidades idolatricas que tratamos de comprender aquí - la griega y la azteca – se hacen cultos a conceptos naturales o culturales, pero no a singularidades. En lo que a la religión azteca se refiere, algunos pueden preguntarse: ¿Y qué de Quetzalcóatl? En la época posterior a la conquista se habló mucho de la célebre profecía de Quetzalcóatl, según la cual super-hombres, venidos del este llegarían para gobernar. Todo esto estaba ligado al mito de ese personaje tolteca que se adentro y desapareció en el mar de las antillas, diciendo que regresaría. Dejemos del lado el hecho que se sostuvo además que esa persona fue, en realidad, Santo Tomás el apostal de Cristo…

No vamos entrar aquí en la discusión de saber si, como lo afirmaron Sahagun, Torquemada, Motolinía y Acosta, esa profecía es digna de crédito. Lo importante es tener en cuenta que si bien es cierto que hubo hacia el año mil un rey tolteca llamado Topolzin Quetzalcóatl[1] no deja de ser menos cierto que el dios Quetzalcoatl es tan antiguo como la gran civilización mesoamericana de los Olmecas. Además, todos los que han visitado Teotihuacan, saben que hay en ese sitio una pirámide dedicada a Quetzalcóatl. Se sabe, por demás, que esa cultura es anterior a la cultura de los Toltecas.

Por consiguiente, resulta altamente problemático confundir al dios Quetzalcóatl con el personaje Topolzin Quetzalcóatl, como lo han hecho en la época moderna Jacques Lafaye y tantos otros. Los cuales no hacen más que reproducir el discurso legitimador de los conquistadores.

Antes de tratar de comprender la lógica de esas religiosidades idolátricas, nos parece conveniente abordar el problema de saber si las poblaciones preamericanas tomaron a los conquistadores por dioses, como tanto lo afirmo su discurso legitimador. Esto, por el simple hecho que lo que tratamos de sostener aquí es que en esos sistemas de creencias, los hombres no pueden ser dioses. En efecto pueden ser héroes, pero no dioses, por la simple razón que las deidades están en relación con las categorías universales.

Ahora bien, en sus formas más expeditivas el discurso conquistador sostuvo que los indios creyeron que los cristianos eran dioses, en tanto que estos consideraron que los indios eran medio monos. Es importante subrayar que esta percepción de los indígenas, no solamente se manifestó en juicios puntuales de personalidades como Sepúlveda o Victoria, sino que es más bien consubstancial al espíritu colonial de ese mundo. Alejandro von Humboldt nota a ese respecto: "En los pueblos indios se hace una distinción entre los naturales y la gente de razón. Los blancos, los mulatos, los negros y los castos que no son indios se designan con el nombre de gentes que discurren o gente de razón, expresión bochornosa para los del país y que se introdujo en siglos de barbarie"[2].

En lo que respecta a esta problemática de la percepción de la otredad[3], Confucio nos hizo ya notar que lo propio de todo ser es reconocerse en su especie. En efecto, la observación más simple del comportamiento animal, nos muestra simplemente que no hay confusión entre

---

[1] Al cual Alejandro von Humboldt llamó "el Buda de los aztecas". Ensayo Político sobre el Reino de la Nueva España, Editorial Porrua, México, 1991, p.435.
[2] Ibidem, p.207
[3] Como dios o como animal.

las especies. Esto en el sentido que un perro pueda estimar que un gato es un perro, o que un moscón pueda, en la época de sus calores, equivocarse con un abispa...

Por consiguiente, resulta muy difícil pensar que el ser humano es el único animal capaz de equivocarse a ese nivel. Es decir de poder tomar a la otredad por dios o por animal. En lo que se refiere a la percepción de los indígenas, el sostener que consideraron a los cristianos como dioses, es tanto más problemático que en el seno de esas culturas las singularidades no podían ser dioses.

Por lo que toca a la percepción de los conquistadores, resulta también problemático pensar que cuando se ayuntaban con las indias, creyesen que lo estaban haciendo con monas. En realidad, el desconocimiento de la dimensión genérica de la otredad, es el resultado de la apropiación y de la denegación de esta dimensión. Más precisamente, del hecho que una particularidad – una comunidad humana dada – se arroga la dimensión genérica. Lo cual implica el hecho que esa particularidad se apropia esa categoría (de lo humano) y se la niega a los que ella no considera como semejantes.

Claro está, como ya lo indicamos más arriba, cuando una particularidad se apropia la dimensión de la universalidad, esto implica no solamente la negación de la diferencia – el machacamiento, la exterminación – sino también la negación de la sustancia ética de la universalidad: de los valores de orden universal. Como ya lo veremos mas adelante, esta práctica, no es el resultado de lo humano muy humano – como diría Nietzsche -, sino más bien la consecuencia del sistema de valores que condiciona esa práctica. – Debemos además tener en cuenta, a ese nivel, que si la causa de esta denegación es de orden natural, entonces no hay ninguna posibilidad de realizar una verdadera comunidad de naciones. Resulta, por consiguiente, importante comprender que es en nombre de valores, y en vista de realizarlos, que el ser humano realiza su práctica histórica. Por consiguiente, la causa del mal no es la naturaleza humana, sino más bien el sistema de valores que condiciona el comportamiento criminal.

Dicho esto, regresamos al desarrollo de la problemática que nos interesa aquí particularment: la diferencia entre la idolatría y la iconolatría. Indicamos, en efecto, que esta diferencia no se sitúa a nivel de la dimensión objetiva de las dichas divinidades, de las determinaciones que son objeto de culto. La diferencia se sitúa más bien, como ya lo subrayamos, en el simple hecho que lo que se adora en el caso de la iconolatría, son por lo esencial simple singularidades, en tanto que en la idolatría son conceptos naturales y culturales. Curiosamente los conceptos mismos de idolatría y de iconolatría definen justamente lo que es objeto de esas formas el culto. Pues, como se puede comprender el "*eidolon*" griego, está relacionado con el concepto "*eidos*", ideas, nociones. En tanto que "*eikonion*" significa en griego imagen y más precisamente imagen humana. Por consiguiente, la iconolatría es el culto de las imágenes humanas. En tanto que la idolatría, es el culto de las imágenes que representan ideas, nociones, conceptos. En este sentido, la idolatría es una "*ideolatría*".

Ahora bien, en lo que se refiere a la idolatría constatamos, tanto en el caso de los griegos como de los aztecas, el culto de conceptos culturales y naturales. Conviene sin embargo notar, por lo que se refiere a la naturaleza, que se trata más concretamente de nociones y de potencias. Estas diferencias en el seno de la idolatría, no se pueden comprender si no se tiene en cuenta el hecho que lo Absoluto puede ser comprendido en tres sentidos: ya sea como totalidad, ya sea como fundamento del ser, ya sea como orden moral del mundo.

Por consiguiente, cuando hablamos del absoluto en su sentido ontológico podemos hacer referencia a la totalidad del ser, o a su fundamento, más precisamente a lo que hace que lo que es, es y lo que no es, no es. Este fundamento del Ser es, justamente, lo que Aristóteles llamó el Primer motor. Ahora bien, conviene comprender que la percepción religiosa puede referirse a ésta potencia o puede relacionarse a ella a través de sus principales manifestaciones, como el sol, la luna, la tierra, las montañas, los volcanes, los ríos, los lagos, el mar, etc., etc.

Constatamos que en la dimensión naturalista de esas religiones, hay conceptos englobantes y nociones particulares. Lo mismo sucede en el dominio de la cultura. Ahora bien, en lo que se refiere a la magnitud naturalista y ontológica podemos, en el caso de los griegos, señalar particularmente el dios Cronos. El Tiempo es, en efecto, una categoría absoluta. La cosmología moderna nos dice, a ese propósito, que el cosmos puede reducirse a las categorías de tiempo, de espacio y de materia. Por lo tanto, que el tiempo y el espacio son dimensiones infinitas. En el caso del tiempo se afirma, por ejemplo, en la cosmología moderna que hay un tiempo anterior al *Big bang*. Esto, puesto que no se puede pensar la ausencia de tiempo: el no-tiempo.

En el caso de la religión de los aztecas[4], constatamos también la existencia de una categoría absoluta como la del tiempo[5]. – Claro está, aquí exponemos lo que se ha logrado llegar a saber en los tiempos modernos. No debe olvidarse que Zumarraga, Diego de Landa y toda la santa jauría de la época, quemaron y destruyeron todo lo que pudo caerles entre las manos. En esto, claro está, no hacían más que obedecer a las ordenes que el Eterno de Israel

---

[4] Con más propiedad habría que hablar de religión mesoamericana, en su variante azteca.
[5] Recordemos, además, que para Platón el tiempo es el movimiento de la eternidad.

ya había dado a su pueblo: "Destruiréis totalmente todos los lugares donde las naciones que vais a desalojar han dado culto a sus dioses; sobre las montanas, sobre los collados y bajo todo árbol fondoso: Destruiréis sus altares, reomperies sus estelas, quemaréis sus cipos sagrados, haréis pedazos las imágenes talladas de sus dioses y sus nombres de esos lugares"[6] No es además difícil de pensar que en el alma de esos creyentos resonaba constantemente lo que ese dios subrayó a su pueblo: En la tierra que te he dado por heredad "borraras el recuerdo de Amalec de debajo del cielo. No lo olvides"[7].

Dicho esto, regresemos a la problemática que nos interesa aquí particularmente: El hecho que los aztecas, poseían, como los griegos un dios del tiempo: Huehueteotle. Pero desde un punto de vista puramente ontológico daban culto a tres deidades: a Omoteotle, a Omotecuhtli y a Omocihuatle.

Omoteotle se presenta como la potencia que contiene todo en ella misma y que es la simple unidad de los contrarios. Por lo tanto, la magnitud que hace que lo que es, es y lo que no es, no es. Se trata, por consiguiente, del Ser como tal: de la totalidad del Ser. No hay que confundir este concepto con lo que Aristóteles llamo el Primer motor[8]. De lo que produce el mundo fenomenal sin ser el producto de una fuerza exterior.

En lo que se refiere a Omotecuhtli, se trata del Señor de la dualidad. En tanto que Omocihuatle es la Señora de la dualidad. Es decir, lo que en el pensamiento oriental se llama la teoría Yin-Yang, por lo tanto la ley de los contrarios; la cual es el fundamento del ser. Ahora bien, esta dualidad masculino-femenina se manifiesta aquí de tal manera que el Señor de la dualidad es aquel en el cual la categoría masculina es dominante. En tanto que en la Señora de la dualidad, se trata de lo contrario.

Por consiguiente, según esta percepción de la ley de los contrarios el ser masculino no es puramente masculino, puesto que contiene una proporción más o menos importante de femenino. Claro está, la dimensión femenina se manifiesta de la manera opuesta.

Como se sabe, esta percepción de la ley de los contrarios no es nada extraña en el mundo moderno. La influencia de la cultura china, ha sido muy importante en ese dominio. Sabemos, en todo caso, que esa filosofía Yin-Yang fue vehiculada en China por el taoísmo y la encontramos actualmente en el shintoismo japonés y en el budismo zen.

---

[6] Deuteronomio 12, 2-3.- Las citaciones de la <u>Biblia</u> son tomadas aquí de la Ediciones Paulinas, Madrid 1992.
[7] Ibidem, 25, 19.
[8] Espinoza emplea el término de causa primera. Nos dice, mas precisamente, que Dios es causa primera del todo.

Todo indica, sin embargo, que en la civilización azteca – y mesoamericana en general – el culto de esas tres divinidades tuvo un carácter esotérico. En el caso de esta cultura la divinidad más englobante es Tezcatlipoca, el gran espíritu, el alma del mundo.

Concretamente hablando, al ser se opone el espíritu de lo humano. De ahí la diferencia para los griegos, entre la física y la ética. Por consiguiente, el espíritu del mundo es una potencia cultural de orden genérico. Conviene, por lo tanto, tener presente que esta magnitud no es una dimensión particular, sino más bien universal. No se trata del espíritu de un pueblo – de un *"volksgeist"* -, sino de una potencia más englobante, puesto que es el espíritu del mundo de lo humano: un *"Weltgeist"*.

En la religión griega ya vimos que la potencia englobante por excelencia es Cronos. Luego tenemos Zeus[9] que es el dios del cielo, por lo tanto el dios de lo humano como tal. Habría que mencionar también a Cibeles, que en su dimensión esotérica es llamada la sublime divinidad; la diosa de lo que fue, de lo que es y de lo que será.

Si continuamos con la religión griega, tenemos una serie de dioses, esencialmente culturales. Es el caso de Atenas que es la diosa de trabajo manual, de la sabiduría, las artes y la ciencia. Está también Apolo que es el dios de la luz, la música y el conocimiento.

Encontramos también dioses ligados a las actividades. Es el caso de Deméter, la diosa de la agricultura. En este dominio conviene mencionar a Hermes que es el dios de los ladrones y de los comerciantes, de la suerte y de la riqueza. Es importante también mencionar a Esculapio que es el dios del arte de curar, y a Hefaistos que es el dios de la fragua y del fuego. Artemisa es la diosa de la caza, del pudor y de la inocencia.

En lo que se refiere a los dioses de las potencias que podríamos llamar negativas, habría que mencionar a Ares[10] que es la diosa de la guerra. Conviene también recordar a Tique, que es la diosa del destino cruel y cambiante.

Dionisio[11] es por su lado el dios del vino y de las fiestas; el dios de la alegría y del culto orgiástico. En un dominio aparte, estrictamente naturalista, no conviene olvidar a Poseidón que es el dios del mar.

Debemos también tener en cuenta que en el seno de la cultura griega, se desarrollaron cultos a otras divinidades que no pueden ser considerados como exteriores a su espíritu. Fue el caso particularmente de Hagia Sophia, la Sabiduréa Suprema, cuyo templo principal se encontraba en Constantinopla y que fue arrasado a fuego por los cristianos en 404, bajo el

---

[9] El Júpiter latino.
[10] El Marte latino.
[11] El Baco de los latinos.

reino de Arcadio. Se sabe que en su lugar, se reconstruyó la célebre Basílica de Santa Sofía, bajo el reino de Justiniano. En todo caso, es importante notar el hecho que esa santa fue una cristiana martirizada, hacia el año 130, en Roma. Se pasa, de esa manera, del culto de un concepto universal, que sintetiza la actividad suprema del ser humano, al culto de una singularidad. Y es este proceso que caracteriza, propiamente hablando, el cristianismo. De Dios se pasa a Jesús, auque se afirma el dogma de Santísima Trinidad. Y se dice además que Jesús es el creador del todo.

Dicho esto, pasamos a visitar el panteón de los dioses aztecas. Más precisamente de los dioses particulares. Conviene sin embargo tener en cuenta que en el caso de los aztecas, podemos dividir esas deidades en tres categorías: naturales, culturales y humanas[12].

Las deidades naturales son las potencias más inmediatas la noción del Ser, de Tloque-Nahuaque. Esto es, claro esta, si se considera este fundamento en el sentido del primer motor aristotélico, es decir como fuerza pura inmanente. Tenemos así principalmente: Tonatiuh (dios del sol), Tonantzin (diosa de la tierra) y Tosí (diosa de la luna).

Luego tenemos a las deidades naturales que se manifiestan de una manera más inmediata en la vida de los humanos: Xipe-Toltec (diosa de la primavera), Tlaloc (dios de la lluvia), Hhécatle (dios del viento) y Huehueteotl: dios del tiempo.

En el dominio cultural, en el sentido largo del termino, conviene mencionar a Ixquimilli (dios de la justicia), Quetzalcóatl (dios de la agricultura y del maíz), Huitzilopochtli (dios de la guerra). Estos dos últimos dioses merecen un cierto comentario por el hecho que se ha hablado de ellos de maneras muy contradictorias. En el caso de Quetzalcóatl, ya vimos como se le ha confundido con el rey y pensador tolteca Topolzin Quetzalcóatl. No se trata aquí de ir más lejos en esta problemática. Recordemos únicamente que los mayas llamaron a ese dios Kukulkan y que fue representado bajo la forma de una serpiente emplumada y a menudo esta serpiente se levanta hacia el sol. Todo indica que esta figura es la representación de la planta de maíz. No debe olvidarse, en lo que respecta a esta representación, que para esas culturas el maíz era la base de la alimentación, a tal punto que agricultura y maíz eran casi una y la misma cosa. De tal modo que este cereal, en tanto que principio de vida, encontraba su complemento en la luz de sol. Por consiguiente, la serpiente emplumada, en tanto que estilización de la planta del maíz, era la expresión de la agricultura. Conviene tener en cuenta que esa deidad es también la representación de la unidad de los contrarios, puesto que la serpiente es un animal que se arrastra por el suelo y las plumas, son la manifestación de

---

[12] Se podría decir también: cosmológicas, éticas y existenciales.

animales que vuelan. De ahí la relación, según el principio de la unidad de los contrarios, entre la tierra y el aire. Se trata, por consiguiente, de la manifestación de la ley de los contrarios según su determinación naturalista.

En lo que se refiere al dios de la guerra, a Huitzilopochtli, todo indica que es un dios propiamente azteca. Es a propósito de ese dios que se ha hablado mucho de los sacrificios humanos. No cabe duda que esos sacrificios existieron. Lo que resulta altamente problemático, es el que se le haya considerado como un dios sanguinario y, por lo tanto, la cultura azteca como una civilización sanguinaria.

Es así que Cortés habló de 8 000 sacrificados por año. Que Toribio de Benavente nos dice que para la inauguración de la gran pirámide, en 1484, se sacrificaron 80 400 personas. Torquemada sostiene por su lado que durante ese evento se sacrificaron 72 344. Acosta afirma por su parte que en la Confederación azteca se sacrificaron entre 5 000 y 20 000 por día. Lo cual da, en términos medios, algo así como 4 380 000 sacrificados por año...

Las Casas, por su lado, sostiene que: "No es verdad decir que en la Nueva España se sacrificaban veinte mil personas, ni ciento, ni cincuenta cada año, porque si asi fuera, no habláramos de tan infinita gente como las que encontramos."[13]. En lo que se refiere a este juicio de Las Casas, es importante tener en cuenta que la historiográfica moderna nos ha demostrado su gran honestidad, en cuanto a la constatación de las realidades. El caso de los datos avanzados por él, sobre el peso demográfico de la actual isla de Santo Domingo y Haití, antes de la Conquista, es uno de los ejemplos más significativos, justamente de esta honestidad. Los otros cronistas, siempre trataron de satanizar a las victimas y de santificar a los masacradores...

Claro esta, no es difícil comprender la necesidad de justificar y legitimar la hecatombe humana, producida por la empresa conquistadora en ese mundo. En las Antillas, como en el resto del continente los Conquistadores, exterminaron mucha gente, pero la causa principal del hundimiento demográfico fue el choque bacteriológico: las viruelas y pestilencias. Lo curioso del caso es, sin embargo, el hecho que los que practicaban los autosdefe, las grandes matanzas y la esclavitud hayan tenido el cinismo de presentarse, ante la conciencia universal, como seres puros cual lágrimas de niños...

Dicho esto, pasamos a las deidades existenciales. Es el caso de Huehuecoyotl (dios de la danza y de la embriaguez) y de Xochiquetzal (diosa del amor carnal). En lo que a estos dioses se refiere, no esta demás subrayar la similitud entre Huehuecoyotl, Dionisio y Baco.

---

[13] Disputa. Obras escogidas, B.A.E., T.60, p.333

Los tres fueron dioses de la danza y de la embriaguez. Permitieron por lo tanto, a las singularidades el poder rebazar sus propias limitaciones, ya sea en el olvido de ellas mismas, ya sea en la comunión con los otros miembros de la comunidad.

III : El fundamento del cristianismo.

Como ya lo indicamos, la iconolatría es esta práctica religiosa cristiana que implica esencialmente el culto de singularidades. Vamos a tratar de comprender como esta religiosidad ha podido manifestarse, ya que desde un punto de vista lógico la deidad es una universalidad, o, en todo caso, esta relacionada con una dimensión englobante.

La reflexión sobre la idolatría nos ha permitido comprender que lo importante no es la representación, sino más bien la idea que la sostiene. En efecto, Xenofanes nos había ya explicado que si los bueyes, los caballos y los leones pudiesen pintar representarían sus dioses según sus formas. Los bueyes les darían formas bovinas etcétera, etcétera. De tal manera que no es le hecho que es le dé a un dios una forma humana que presenta problema, sinon más bien el hecho de considerar que un ser humano pueda ser un dios, o el Ser supremo: el Absoluto.

Pero antes de entrar en ésta problemática de lo que, en resumidas cuentas, llamamos el hombre-dios, y su cohorte de santos y santas, es importante tratar de comprender el desarrollo del cristianismo. En efecto, como es bien sabido el cristianismo procede del judaísmo. Por lo tanto, es importante comprender la particularidad de ésta religión; esto tanto más que el Cristo mismo lo dijo: "No penséis que he venido para derogar la ley y los projectos; no he venido a derogarla, sinon a perfeccionarlas"[14].

Nos parece que la problemática principal del judaísmo puede ser explicada a partir de tres conceptos: la alianza, la donación y la promesa. En lo que concierne la alianza, Jehová dice a Abraham: "Yo establezco mi pacto contigo y con tu descendencia después de ti de generación en generación. Un pacto perpetuo. Yo seré tu Dios y el de tu descendencia después de ti"[15]

Ahora bien, éste pacto va ser concretizado de la manera siguiente: "Todos los varones serán circuncidados. Circuncidaréis vuestro prepucio y esta será la señal del pacto entre yo y vosotros. A los ocho días de su nacimiento serán circuncidados todos los varones de cada generación"[16].

---

[14] Mateo 5,17.
[15] Génesis 17, 7.
[16] Ibidem 17, 10-12. – "Todo hombre sabrá que yo Jehová, soy Salvador tuyo y Redentor tuyo, el fuerte de Jacob". Isaías 49-26.

Por consiguiente, a partir de ese momento el pueblo hebreo es el pueblo elegido de ese dios. Se trata como lo subraya el pasaje precedente de un pacto perpetuo. Que no puede, por lo tanto, tener un fin: acabarse en un momento dado.

Por esto mismo se dice: "El Señor reinara eternamente: él es tu Dios, Sion, por todos las edades"[17]. Se añade además: "Yo os haré mi pueblo, seré vuestro Dios y vosotros conoceréis, vuestro Dios, el que os libro de la esclavitud egipcia"[18]. El hecho es que, como es bien sabido, en El Antiguo Testamento se afirma muchísimas veces que Jehová es el Dios de los hebreos y que es el Dios más grande de todos los dioses.

Es así que Isaías le hace decir: "Yo el Señor, vuestro rey"[19]. Él es por consiguiente "el Dios de Israel que da a su pueblo fuerza y poderío"[20] Y es justamente a este nivel que conviene introducir la segunda categoría: la donación.

En efecto, lo que nos parece importante y que debe de quedar claro, es el hecho que ese Dios es el Dios de un pueblo, y que el pacto que hace con él es eterno. Claro esta, este dios se presenta además como el Dios absoluto.

Por esto, Isaías afirma: "Tu Redentor, el Santo de Israel, Dios de toda la tierra será llamado"[21].

De tal manera, que la donación tiene como fundamento el carácter absoluto de ese dios. En efecto, Jeremías presenta esta problemática de la manera siguiente, cuando hace decir a su dios: "Yo, con mi gran fuerza y desplegando mi poder he hecho la tierra, los hombres y los animales que existen sobre ella, y se la doy a quien quiero"[22]. En otros términos: "la porción de Jacobo", "ha formado el universo y la tribu de su heredad es Israel; su nombre es Señor omnipotente".[23]

Por lo que es de la donación, no es innecesario recordar que hay dos versiones. La primera esta formulada de la manera siguiente: "En aquel día hizo Jehová un pacto con Abraham diciendo: A tu simiente daré esta tierra desde el rió de Egipto hasta el rió grande, el rió Eufrates."[24] La segunda versión se presenta, por su lado, de esta manera: "Te daré a ti y a tu simiente después de ti, la tierra de tus peregrinaciones, toda la tierra de Canaan en heredad perpetua".[25]

---

[17] Salmos 146-10.
[18] Éxodo 6,7.
[19] 43,15
[20] Salmos 68,36.-"Cuando alcé mi mano y juré diciendo: Yo soy Jehová vuestro Dios". Ezequiel 20,5
[21] 45,5
[22] 27,5
[23] Jeremías 10,16
[24] Génesis 15,18
[25] Ibidem 17,8.

Como se puede notar, hay una diferencia, entre la una y la otra versión, a nivel de la importancia del espacio dado. La primera cubre la casi totalidad de la civilización medio oriental de la época, puesto que va del Nilo al Eufrates. En tanto que la segunda versión, concierne únicamente lo que más tarde se llamara la Palestina.

En efecto, como se sabe, es este último espacio al que se le llama la tierra prometida. Además, es a este territorio al cual se hace referencia en otros pasajes del <u>Antiguo Testamento</u>. En el Levítico, por ejemplo, se dice: "Yo Jehová vuestro Dios, que os saqué de la tierra de Egipto, para ser vuestro Dios".[26] Y en los Salmos se afirma: "Alabad a Jehová, invocad su nombre... Oh vosotros, simiente de Abraham su siervo, hijos de Jacob, sus escogidos. Acordaos de la palabra que mando por mil generaciones... Diciendo: A ti daré la tierra de Canaan por cordel de vuestra heredad".[27]

Ahora bien, es importante recordar que la llamada tierra prometida fue conquistada por Josué[28] y que los ordenes de Jehová eran muy precisos: De esos "pueblos que Jehová tu Dios te da por heredad, ninguna persona dejaras en vida".[29] Se añade además: "Destruye todos los pueblos que el Señor, tu Dios, va a poner en tus manos; no se apiaden de ellos tus ojos"...[30]

Esto quiere decir, dentro de la lógica de ese sistema de valores, que el derecho divino de conquista implica el de la exterminación de los pueblos vencidos. Por esto mismo se dice: "Comparéis esclavos de las naciones vecinas; en estas podéis adquirir esclavos y esclavas. Podréis adquirirlos también entre los extranjeros que viven en medio de vosotros, entre sus familias, y entre los hijos que hayan tenido en vuestra tierra; estos serán vuestra propiedad y los podréis dejar en herencia a vuestros hijos, después de vosotros, para que los posean a titulo de propiedad perpetua como esclavos vuestros".[31]

En todo caso, más allá de la donación está la promesa. Más precisamente, la promesa de dominación universal. Por esto mismo se dice en los Salmos: "Pídeme y te daré en herencia las naciones, en propiedad los confines de la tierra"[32] Por consiguiente: "Todo lo que pise la planta de vuestros pies será vuestro... El señor, vuestro Dios, sembrará el pánico y el

---

[26] 25,38
[27] 105,1 – 11 – "La tierra que di a vuestros padres para siempre". Jeremías 7,7
[28] En los Hechos de los Apóstoles se recuerda ese evento: "guiados por Josué, en la tierra conquistada a los páganos" (7,45)
[29] Deuteronomio 20,16
[30] Ibidem 7,16. – En el libro de la Sabiduría puede leerse a ese propósito: "A los antiguos moradores de tu santa tierra... quisiste exterminarlos por mano de nuestros padres, para que recibiera una digna colonia de hijos de Dios..." (3,7). Sofonías añade: "Canaán, tierra de filisteos: Yo te dejaré sin un solo habitante". (2,5)
[31] Levítico, 25, 44-46
[32] 2,8

temor delante de vosotros sobre todo la tierra donde pongáis vuestro pie, como él os ha dicho".[33]

Porque como lo señala Siracida: a Abraham "Dios prometió con juramento que todas las naciones serían bendecidas en su descendencia... y le daría el país en herencia desde un mar a otro mar, desde el rió hasta los extremos de la tierra".[34] Como se puede comprender, aquí Siracida sintetiza la donación y la promesa.

En todo caso, en lo que a la promesa – al fin mesiánico, a la consagración final – respecta, Daniel creyó que ese poder total era inminente. Por esto pensó que después de las "cuatro bestias"[35] "recibirán el reino los santos del altísimo y lo poseerán por siempre, eternamente".[36]

En efecto, de la misma manera que la alianza es eterna[37], de la misma manera lo es la donación y la promesa. Además, nada puede detener el proyecto conquistador de ese dios. Porque como lo subraya el Libro de la Sabidurla: Quién osara decirte: "¿Qué has hecho?"; "¿Quién se opondrá a tu sentencia, quien presentara querella ante ti por las gentes destruida...?"[38] "Pues no hay Dios fuera de ti que de todo cuide, al que tengas que probar que tu no has juzgado injustamente".[39]

Convine, en todo eso, comprender que éste proyecto mesiánico, de la consagración final, esta consolidado, según este sistema de creencias, por el hecho mismo de la ausencia de un más allá. En efecto, en el <u>Antiguo Testamento</u> no hay reino en los cielos, no hay paraíso allende de la mundana realidad. El pueblo elegido, el pueblo predestinado a alcanzar la gloria mesiánica, podrá conocer la reencarnación. Por esto mismo Ezequiel afirma: "Esto dice el Señor Dios: Mirad, yo abriré vuestras tumbas, os haré salir de vuestros sepulcros, pueblo mío, y os llevaré a la Tierra de Israel. Y sabréis que yo soy el Señor, cuando abra vuestros sepulcros, pueblo mío. Infundiré en vosotros mi espíritu y reviviréis; os estableceré en vuestro suelo y sabréis que yo, el Señor, lo digo y lo hago".[40]

Por consiguiente, como lo subraya a su vez Isaias: "Tus muertos viviran; Sus cadáveres resucitaran"[41] Lo que no se dice en el <u>Antiguo Testamento</u> es cuando ese evento

---

[33] Deuteronomio 11, 24-25
[34] 44,21 – Recordemos que este autor no es reconocido por los judíos, ni por los protestantes.
[35] Esto es, después del imperio egipcio, medo, persa y griego. En 145 antes de J. C., Daniel no percibe curiosamente la formación del nuevo gran imperio, del imperio romano.
[36] 7,18
[37] "Estableceré con ellos una alianza eterna" Baruc 2,35.
[38] 12,12. – "No hay quién detenga su mano y diga: ¿Qué haces?" Daniel 4,35
[39] 12,13. – "Llena de sangre esta la espada de Jehová". Isaías 34,6.
[40] 37, 12 - 14
[41] 26,19

deberá producirse, cuando los huesos de "la casa de Israel reverdecerán"[42]. Tampoco se dice, en éste texto, cuando deberá realizarse la finalidad mesiánica; el imperio sobre los hombres.[43] Lo que se afirma es que esas finalidades deberán producirse necesariamente. Claro esta, la resurrección como el imperio serán eternos. Esto quiere decir que no habrá segunda muerte,[44] ni fin del imperio sobre la humanidad. Por consiguiente, ese llegar a ser del pueblo elegido implica que la vida eterna, se realizara en este mundo, e implicara el dominio universal sobre todos los hombres.

Claro esta, ese proceso de dominación no puede concebirse, sin el sometimiento de los otros pueblos. Lo cual presupone tanto la sobrepotencia de los dominadores, como la fragilidad de los dominados. En lo que se refiere a la sobrepotencia del pueblo elegido, el Antiguo Testamento es muy prolijo al respecto. El efecto según este texto el Dios de los dioses estará siempre al lado de su pueblo. Por esto mismo se dice: "Seré enemigo de tu enemigo, adversario de tu adversario"[45] De tal manera que "Los enemigos de Judá serán destruidos"[46] Dicho de otra manera: "Serán aniquilados y perecerán los que contienden contigo"[47] Por consiguiente, el Eterno dice a su pueblo: "Nos seréis avergonzados ni humillados por los siglos de los siglos."[48] En todo caso: "Delante de él camina la peste, la fiebre sigue tras sus pasos."[49]

El hecho es que "El resto de Jacob será entre las naciones, en medio de la multitud de los pueblos, como el león entre las fieras de la selva, como el leoncillo entre los rebaños de ganado menor, que pasa, pisotea y arrebata sin que nadie pueda arrancar su presa."[50] En todo caso: "Tu mano se alzara contra tus adversarios, y todos tus enemigos serán exterminados."[51] Por eso mismo el Todopoderoso dice a su pueblo: "Yo haré tus cuernos de hierro y de bronce tus pezuñas. Trituraras a numerosos pueblos, consagraras su botín al Señor y sus riquezas al dueño de toda la Tierra."[52] Por todas esas razones: "Rostro en tierra sé posternaran ante ti y

---

[42] Ezequiel 37,11.
[43] Porque como lo afirma Daniel: "El altísimo tiene poder sobre el imperio de los hombres y se lo da a quien quiere". (4,22; 4,29 y 5, 21)
[44] "El Rey del mundo nos dará después una vida eterna". 2 Macabeos 7,9.
[45] Éxodo 23,22.
[46] Isaías 11,13.
[47] Ibidem 41,11.
[48] Ibidem. 45,17
[49] Habacuc 3,5
[50] Miqueas 5,7
[51] Ibidem 5,8
[52] Ibidem. 4,13

lamerán el polvo de tus pies."[53] El hecho es que: "Lamerán el polvo como la serpiente, como los reptiles de la tierra. Saldrán de sus guaridas aterrados, avanzaran temblando hacia el Señor, Dios nuestro, y tendrán miedo de ti."[54]

---

[53] Isaías 49,23. – Por lo que es de la violencia de esos textos, conviene notar lo que Hegel dijo, en <u>El Espiritu del cristianismo y su destino</u>, al respeto: Los profetas judíos no hacían más que encender sus antorchas con el fuego de un demonio endormecido. Añade, además, que la esencia de ese espíritu es: el odio del género humano.
[54] Miquesas 7,17

IV : Jesús y el judaísmo.

La historia nos muestra que el pueblo de Jehová no fue tan temido, como esta expresado en esos pasajes que acabamos de citar. Se trataba más bien de lo contrario, el pueblo judío fue victima tanto de los babilonios, como de los griegos y de los romanos. Bajo el dominio de estos últimos, la perspectiva mesiánica parecía alejarse cada vez más. Es entonces que surge la figura de Jesús.

No vamos entrar aquí, en la problemática de saber si Jesús era o no descendiente en línea directa de Abraham, pasando por David, como lo afirman Mateo y Lucas[55] Esto, tanto más que los evangelios mismos subrayan el hecho que José no fue el genitor de Jesús, sino mas bien Jehová él mismo.[56] Por lo que al origen del galileo se refiere, sabemos con certidumbre que pertenecía a la tribu de Juda[57] y no a la de la casta sacerdotal de los levitas.

No vamos tampoco a entrar en la discusión de saber si todos los textos de Nuevo Testamento son auténticos, en el sentido que fueron escritos por los apostales, o por personas que vivieron los eventos que acompañaron la vida del nazareno[58]. Nos atenemos aquí mas bien al criterio de la Iglesia católica, para la cual "desde el momento que un texto figura en el canon de los libros inspirados, debe de ser considerado como palabra de Dios".[59]

Lo importante en la lógica de este escrito no es, por lo tanto, el de operar exclusiones con respecto a tal o cual de los textos del Nuevo Testamento, ni sonar el toque de acoso con respecto a tal o cual pasaje. Lo fundamental, en efecto, es saber en que medida el discurso evangelista implica una ruptura, o más bien el perfeccionamiento de la lógica del sistema de valores que se desgaja de la palabra de los profetas. A ese nivel sabemos, como ya lo indicamos, que Jesús mismo dijo: No penséis que he venido a derogar la ley y los profetas; no he venido a derogarla, sino a perfeccionarla[60]. Por su lado Pablo observa que la ley (de los

---

[55] Recordemos que ambos evangelistas no están de acuerdo puesto que Mateo da 42 generaciones y Lucas 56.
[56] Conviene notar aquí que ese acto de teogamia no pertenece a la tradición judaica y que hace más bien parte de la tradición egipcia.
[57] Hebreos 7,14
[58] Sabemos que el Judío Filón de Alejandría – que murió 20 anos después de Jesús – no menciona, en sus cerca de 50 escritos, ni a éste ni a Pablo.
[59] La Santa Biblia, Ediciones Paulinas, Madrid, 1992, p.1433 – Es justamente de esta edición que salen todas las citaciones del Nuevo Testamento, que aportamos en este escrito. La mayoría de las citaciones del Antiguo Testamento proviene también de esta edición. Solo algunas veces, por razones de estilo y de claridad, hemos empleado la antigua versiónprotestante de Casidoro de Reina, publicada por las Sociedades Bíblicas de América Latina, en 1963.
[60] Mateo 5,17

profetas) no se anula con la fe (de los cristianos). Afirma más bien: "Al contrario, consolidamos la ley".[61]

Por consiguiente, se trata de saber: ¿en qué medida hay perfeccionamiento?, y ¿por qué, a pesar de ello, se produce la ruptura? Todo indica, en efecto, que la voluntad de Jesús no fue de romper con el espíritu de su comunidad. Por esto mismo se exclama: "¡Jerusalén, Jerusalén!, Que matas a los profetas y apedreas a los que te son enviados. ¡Cuantas veces he querido reunir a tus hijos como una gallina a sus polluelos bajo las alas, y no has querido!"[62]

¿Habrá acaso malentendido? Y si tal es el caso: ¿dónde esta la incomprensión? Porque no hay duda del hecho que Jesús habla a partir del espíritu[63] de su pueblo. – Ya indicamos, a ese respecto, que todo pueblo poseé su espíritu, su forma de conciencia. Los románticos alemanes hablaban de *"volksgeist"*. Esto hace, justamente, que el discurso de Jesús es incomprensible fuera de la lógica de ese espíritu, del alma de ese pueblo. Empero, esto no excluye el hecho que, como lo veremos más adelante, el cristianismo no solamente habla a partir del espíritu del pueblo de Jehová, sino que también emplea residuos del alma de los cananeos.[64]

En todo caso, como ya ha sido anotado, en la tradición bíblica, la espera de una figura mesiánica no es extranjera del espíritu del pueblo de Jehová. Isaías nos dice al respecto: "Que un niño nos ha nacido, un hijo se nos ha dado; sobre sus hombros al imperio, y su nombre sera: Consejero admirable, Dios potente, Padre eterno, Príncipe de la paz, para ensanchar el imperio, para una paz sin fin en el trono de David y en su reino; para asentarlo y afirmarlo en el derecho y la justicia desde ahora para siempre. El celo del Señor omnipotente hará todo esto".[65]

Debemos sin embargo tener en cuenta que el concepto de mesía viene del arameo y quiere decir consagrado. De ahí deriva la noción de finalidad mesiánica y por consiguiente la de consagración final. La cual es, como ya lo señalamos, la finalidad escatológica insita en ese proyecto: la reencarnación y la promesa. Además, hay que tener en cuenta que en la lógica del <u>Antiguo Testamento</u> los levitas, la casta sacerdotal, es la porción consagrada del Señor y que, en última instancia, el pueblo elegido es un pueblo consagrado por su dios y para su dios.

De tal manera que el término de mesiánico, debe comprenderse como un elemento fundamental del espíritu de ese pueblo. Lo que importa es, entonces, el hecho de saber ¿en

---

[61] Romanos 3,30
[62] Lucas 13,34.
[63] Pablo habla de Espíritu Santo en su epístola a los efesios (1,13)
[64] Recordemos, a ese propósito, que como lo señala Hegel en el texto antes mencionado: Los israelitas dejaron en vida muchos habitantes del país conquistado, pero despajados de sus bienes y reducidos a la esclavitud.
[65] Isaías 9,5

qué medida Jesús fue fiel a ese espíritu? Por consiguiente, a la a idea misma de la finalidad mesiánica. Los textos a ese nivel son totalmente claros: Jesús no negó la finalidad mesiánica de su pueblo.

En lo que a esta fidelidad respecta, no hay que olvidar que la oración paradigmática por excelencia de la conciencia cristiana es el Padre nuestro. El cual reza: "Padre nuestro que estas en el cielo, santificado sea tu nombre, <u>venga a nosotros tu reino, hagase tu voluntad en la tierra como en el cielo</u>…"[66] Esto quiere decir, por consiguiente, que en su oración cotidiana el creyente cristiano pide la llegada del reino de Jehová: la consagración final. Ya veremos más adelante como el Apocalipsis de Juan concibe este llegar a ser del mundo.

En todo caso, es importante recordar cual tiene que ser, según la dogmática cristiana, la plaza de Jesús dentro de la historicidad de su pueblo. El ángel Gabriel dice, a ese propósito, a Maria: "Concebirás y darás a luz un hijo, al que le pondrás por nombre Jesús. Será grande y se llamará Hijo del altísimo; el Señor le dará el trono de David, su padre; reinara sobre la casa de Jacob para siempre y su reino no tendra fin."[67] Como se sabe, es justamente por la razón de este destino que el galileo se considera rey de los judíos. Es por este mismo que los magos de oriente preguntaron: "¿Dónde esta el que ha nacido, el rey de los judíos?"[68]

Además, como lo subrayan los evangelistas, cuando Pilato le pregunto a Jesús: "¿Eres tú el rey de los judíos? Jesús respondió: Tú lo dices."[69]

Como se sabe, el pueblo de Jehová no lo reconoció como rey. Por esto mismo, el juicio y la crucifixión. Pero Jesús no fue infiel a su pueblo y sus palabras lo atestan. En efecto, para Jesús esta claro que su pueblo había sido dado "por luz de las naciones."[70] Por esto mismo afirma que: "La salvación viene de los judíos. Alegraos, naciones, con el pueblo de Dios."[71]

En todo caso, Pablo recuerda que: "A Abraham y a su descendencia fue hecha la promesa de ser el heredero del mundo, no por la ley, sino por la justicia que viene de la fe."[72] De ahí que añade sin vacilar, claramente: "Os digo que Cristo se hizo servidor de los judíos para demostrar que Dios es fiel y cumple la promesa hecha a los patriarcas."[73] Por consiguiente, queda claro que Jesús juega un papel importante dentro del proyecto mesiánico. Es importante recordar que el primer pensador judío a haber notado esta dimensión de la

---

[66] Mateo 6,9. – El subrayado es nuestro.
[67] Lucas 1,31-33
[68] Mateo 2,2.
[69] Mateo 27, 11. – Ver También Mateo 15,2-5; Lucas 23,3 y Juan 18, 33-38.
[70] Isaías 42,6 y 49,6.
[71] Romanos 15,10. – Jeremías dice al respecto: "¡Aclamad a la primera de las naciones!" (31,7)
[72] Romanos, 4,13
[73] Ibidem. 15,8

empresa del galileo es, todo lo indica, Moisés ben Maimonides en su dialogo sobre <u>Los descarriados</u>. En efecto, el teólogo cordobés, que murió en el Cairo en 1204, afirma que el cristianismo y el Islam son mediadores del fin mesiánico.

Desgraciadamente Maimonides no hace más que afirmar su tesis. No trata, por consiguiente, de corroborarla aportando pruebas textuales. En todo caso, nuestra argumentación prueba que Maimonides no estaba lejos de la realidad, en lo que al cristianismo se refiere. Empero, se equivoca en lo que respecta al Islam. En efecto, Mahomed no afirma en ningún momento que se trata de colaborar al cumplimiento de la promesa hecha por Jehová a su pueblo. En el <u>Coran</u> se trata más bien de demostrar que el pueblo judío había roto el pacto con su Dios. Por eso se dice: "Rompieron su alianza con nosotros, los maldijimos e hicimos duros sus corazones."[74] Más adelante añade: "Hemos lanzado contra ellos la hostilidad y el odio hasta el día de la Resurrección."[75]

Para Pablo, en cambio, la infidelidad no es causa de ruptura. En efecto, según él: "No importa que algunos fueran infieles. ¿Es que la infidelidad va a anular la fidelidad de Dios? ¡Nunca jamás! Pues es necesario reconocer que Dios es leal y los hombres desleales..."[76]

El hecho es que en la epístola a los hebreos se puede leer: "Porque, ciertamente, no vino en auxilio de los Ángeles, sino que vino en auxilio de la descendencia de Abraham."[77] En todo caso, para Pablo "el Espíritu santo..." "es garantía de nuestra herencia, para la plena liberación del pueblo de Dios y alabanza de su gloria."[78] Por eso es necesario, según él, que: "el Dios de nuestro Señor Jesucristo"... "ilumine los ojos de vuestro corazón, para que conozcáis cual es la esperanza de su llamada, cual la riqueza de la gloria de su herencia otorgada a su pueblo.[79]

Por esto mismo, para Pablo está claro el hecho que: "son los israelitas, a los que Dios adopto como hijos y a los que se apareció gloriosamente; de ellos es la alianza, la ley, el culto y las promesas; de ellos procede Cristo en cuanto hombre, el que esta por encima de todas las cosas y es Dios bendito por los siglos. Amen."[80]

Cabe, ahora, preguntarse ¿cuál es la contribución de Jesús a la realización de la finalidad mesiánica? En otros términos, ¿en qué medida el hijo de Maria merece él titulo de

---

[74] Azora V, 16.
[75] V, 69.
[76] Romanos 3, 2-4.
[77] 2,16.
[78] Efesios 1,13-14.
[79] Ibidem 1,17-18
[80] Romanos 9, 4-5.

Mesía, según la tradición judaica? Más precisamente, el que contribuye de una manera decisiva al cumplimiento de la promesa que Jehová hizo a los patriarcas.

Todo indica que Jesús asume esa función (mesiánica) de una manera coherente. Empero, conviene notar que esta función no esta relacionada con los milagros, como lo cree la conciencia cristolátrica, sino más bien por su contribución, más o menos eficaz, a la finalidad mesiánica: a la consagración final. En otros términos, él mesías, según la palabra profética, no puede ser otro más que el que mediatiza la finalidad mesiánica, la realización de la promesa yavista. Esto lo hace Jesús afirmando la supremacía de su pueblo y anunciando el plan secreto del Eterno. Por esto dice: "Abriré mi boca para decir parábolas y publicaré lo que estaba oculto desde la creación del mundo".[81]

Ciertamente que Jesús habla con parábolas, "por medio de sentencias" diría el Salmista[82], y es cierto también que anuncia "la realización de los planes de Dios que se fundan en la fe."[83] Por eso mismo explica Pablo a los Efesios: "A mí, el más insignificante de todos los cristianos, se me ha concedido el privilegio de evangelizar a los paganos, de anunciar la incalculable riqueza de Cristo, de declarar el cumplimiento de este plan secreto, escondido desde todos los siglos en Dios, creador de todas las cosas."[84]

Luego añade: "Así, de ahora en adelante, por medio de la Iglesia, los principados y potestades celestiales podrán conocer la incalculable sabiduría de Dios, según el plan eterno que Dios ha realizado en Cristo Jesús, Señor nuestro."[85]

Pablo termina ese texto de la manera siguiente: "Gracias a la fe que tenemos en Cristo, nos acercamos a Dios con entera libertad y plena confianza. Por eso os pido que nos os desalentéis al ver lo que sufro por vosotros, pues esto debe de ser un honor para vosotros."[86]

Se trata por consiguiente de saber: ¿Cuál es ese "plan secreto de Dios, escondido desde los siglos y desde las generaciones y ahora manifestado a los creyentes?"[87] Cabe preguntar si ese plan es contrario al proyecto mesiánico, en el sentido en que los incircuncisos ya no tendrán que ser dominados; por consiguiente, si se trata de una perspectiva contraria a la promesa hecha por Jehová a los patriarcas. Desde luego que ese plan no puede, por definición, ser contrario a la sustancia de esa palabra. Además, como ya lo vimos, Jesús no trata en ningún momento de oponerse al proyecto mesiánico. Recordemos que Pablo mismo

---

[81] Mateo 13, 35.
[82] 78,2
[83] 1 Timoteo 1,4.
[84] 3,8-9.
[85] 3, 10-11.
[86] Efesios 3, 12-13.
[87] Colosenses 1,26

lo subraya, en su carta a los romanos[88], cuando nos dice que si Jesús se hizo servidor de los judíos es para demostrar que Jehová, es fiel con su pueblo y no puede más que cumplir con la promesa hecha a los patriarcas.

Añade, por demás, en esa misma carta, que la promesa, de la herencia del mundo, esta basada no en la ley, sino más bien en la justicia que viene de la fe. No es por consiguiente una fuerza exterior (a la conciencia) – la ley – que debe condicionar ese llegar a ser del mundo, sino más bien una potencia insita en la interioridad: la fe.

Claro esta, el "plan de Dios" desvelado por Jesús no puede ser la promesa ella misma, porque ese proyecto era perfectamente conocido por los circuncisos. Se trata mas bien del hecho que: "Justificados por su gracia seamos herederos de la vida eterna".[89] Por esto mismo Jesús dice a los incircuncisos: "Alegraos y regocijaos, porque vuestra recompensa será grande en los cielos."[90]

Se trata, por consiguiente, de comprender que la recompensa – del reino de los cielos – esta destinada a aquellos que sufren de la dominación, insita en la dimensión mesiánica. Puesto que no hay que olvidar que el reino prometido al pueblo de Jehová es de orden mundano. En otros términos, la doctrina de Jesús es la compensación, por el calvario que conlleva la promesa mesiánica.

A ese propósito, Pablo dice en su carta a los Colosenses: "Esclavos, obedeced a vuestros amos temporales; no solo cuando os ven, como para quedar bien con ellos, sino de todo corazón y por respeto al Señor y no a los hombres. Todo lo que hagáis, hacedlo con gusto, como si sirvieseis al Señor y no a los hombres, <u>sabiendo que en pago recibiréis la herencia</u>".[91] Por consiguiente la vida eterna, de los bienaventurados, en él mas allá…

De tal manera que: "Los esclavos, que se encuentran sumisos en todo a sus amos, que traten de agradarles, que no les contradigan ni les engañen; al contrario, que sean modelo de fidelidad perfecta, por hacer honor en todo a la doctrina de Dios, nuestro Salvador."[92] Por consiguiente: "Los que se encuentran bajo el yugo de la esclavitud, que miren a sus propios amos como dignos de todo respeto, para que el nombre de Dios y su doctrina no sean blasfemados."[93]

---

[88] No es innecesario recordar aquí que esta epístola fue considerada por Lutero y la reforma, como la más auténtica de las cartas de Pablo. Es, en todo caso, a partir de ella que funda ese movimiento, desconociendo la autoridad papal. Sólo revindica la fe y las escrituras.
[89] Tito 3,7
[90] Mateo 5,12.
[91] 3,22-24. – El Subrayado es nuestro.
[92] Tito 2,9-10.
[93] 1 Timoteo 6,1.

Esto lleva a decir a Pedro en su primera epístola: "Esclavos, someteos con todo respeto a los amos; no solo a los buenos y amables, sino también a los de carácter duro, que es algo hermoso soportar por amor a Dios las vejaciones injustas. ¿Qué mérito tenéis en soportar los castigos que merecen vuestras culpas? Pero soportar pacientemente los sufrimiento habiendo obrado bien, eso agrada a Dios."[94]

De tal manera que la promesa del más allá, justifica y hace soportable los sufrimientos de los machacados. Por esto mismo el cristianismo va propugnar el poner la otra mejilla a aquellos que, en sus vidas, solo han recibido bofetadas. En todo caso, es esta dimensión lo que llevo a Nietzsche a hablar de moral de esclavos. Ahora bien, lo que no percibe claramente el autor de Así habló Zaratrustra es el hecho que esta moral de esclavos, es un complemento a una moral de señores, cuya regla dominante es la ley del talion."[95]

Pero, mas allá de esta relación entre una moral para esclavos y una moral para señores, lo importante es tener en cuenta, como ya lo indicamos, que la compensación es la promesa del reino del más allá. De esta dimensión que no tiene ninguna efectividad y que se puede ofrecer sin limites. Es lo que da, justamente, ese color bondadoso a la doctrina del Galileo. Por esto mismo pudo decir: "Dichosos los pobres de espíritu, porque de ellos es el reino de los cielos… Dichoss los afligidos, porque ellos serán consolados. Dichosos los que tienen hambre y sed de justicia, porque ellos serán saciados… Dichosos los perseguidos por ser justos, porque de ellos es el reino de Dios. Dichosos seréis cuando os injurien, os persigan y digan contra vosotros toda suerte de calumnias por causa mía".[96] En todo caso, cuando dice: "Venid a mi todos los que estáis cansados y oprimidos y yo os aliviaré."[97]

Es justamente ésta dimensión de simpatía, de amor, hacia la humanidad que sufre la injusticia de la dominación brutal, la que ha permitido a las santas jaurías de avanzar con puñales untados de miel. En otros términos, no se puede comprender la eficacia del cristianismo, en tanto que sistema de dominación y de conquista de espacio vital, si no se tiene en cuanta esta dimensión del más allá: las matanzas en nombre de la salvación. Porque como muy bien dice Pablo: "Si lo que esperamos de Cristo es solo para esta vida, somos los hombres mas desgraciados."[98]

---

[94] 1 Pedro 2,18-20. – Por su lado Santiago añade: "Dichoso el hombre que soporta la prueba". (1,12).
[95] "No tendrás compasión: vida por vida, ojo por ojo, diente por diente, mano por mano, pie por pie." Deuteronomio 19,21. – Como se sabe, Jesús se opone a esta ley de la manera siguiente: "Pero yo os digo que no hagáis frente al que os ataca. Al contrario, al que te abofetee en el mejilla derecha, preséntale también la otra…." (Mateo 5,39). Luego añade: "Amad a vuestros enemigos y rezad por los que os persiguen, para que seáis hijos de vuestro padre celestial…." (Ibidem 5,44-45).
[96] Mateo 5,3-11.
[97] Ibidem 11,28
[98] 1 Corintios 15,19

V : La promesa cristica.

Conviene recordar que el reino del más allá no existe en el <u>Antiguo Testamento</u>. Hablando propiamente, el reino de los cielos[99], no pertenece a la geografía del espíritu yavista, es más bien una magnitud del espíritu egipcio. Lo mismo que lo es, el juicio de las almas muertas. Esto es, lo que en la tradición cristiana da el reino de los cielos[100], el juicio final y la inmortalidad del alma.

No olvidemos, a ese propósito, que en la religión egipcia el juicio se produce después de la muerte. Herodoto, en su <u>Historia</u>, nos dice que la inmortalidad del alma es una obsesión egipcia. El hecho es que después de la muerte, las almas de los difuntos tenían que pasar en juicio delante de Osiris, el dios muerto y resucitado. El dios Anubis acompañaba el alma del difunto, mientras recitaba pasajes del <u>Libro de los Muertos</u>, en los cuales se hace referencia a acciones bondadosas durante la vida en la tierra. El alma trataba, de esa manera, de influenciar a Osiris. Pero la balanza, en la cual, se pesa el corazón del difunto, no puede equivocarse. De tal manera que el alma terminaba para siempre jamás, ya sea en el cielo, ya sea en el infierno.

No cabe duda que esta dimensión del más allá, jugaba un papel regulador dentro de la cultura egipcia. El miedo del infierno, tenía como función el impedir el desencadenamiento de la maldad en el mundo. Ahora bien, constatamos en el <u>Nuevo Testamento</u> cambios, con respeto a esas coordenadas espirituales. Particularmente el hecho que aquí no hay juicio después de la muerte. Se trata más bien de un juicio final.

Antes de entrar en la discusión sobre la relación entre la promesa yavista y la promesa cristica, cabe preguntarse a cerca de la proveniencia de esas coordenadas espirituales que encontramos en el <u>Nuevo Testamerto</u>. En efecto, se podría suponer que se trata de residuos, productos de la estancia del pueblo de Jehová en Egipto.[101]

Según el <u>Antiguo Testamento</u>, este pueblo que residió en Egipto no fue nada marginal. En efecto, al final de éste periodo: "Surgió en Egipto un nuevo rey que no había conocido a José, y dijo a su pueblo: El pueblo israelita es más numeroso y potente que nosotros."[102] Se dice, además, para resumir este evento, que Moisés sacó a su pueblo del Egipto, en lo que

---

[99] Nótese, que en lenguaje cristiano la salvación, es la justificación última de lo que el historiador Pierre Chaunu ha llamado la conquista espiritual.
[100] El paraíso, para los musulmanes.
[101] "La estancia de los israelitas en Egipto dura cuatrocientos treinta años". Exodo 1,40. – En el Génesis se subraya: A Abrán " el Señor dijo: "Has de saber que tus descendientes vivirán como extranjeros y en tierra extraña, en la que serán esclavos y estarán oprimidos durante cuatrocientos años." (15,13).
[102] Éxodo 1,8-9.

puede ser el 1250 antes de la era cristiana. Más precisamente el año 2 511 de la datación judaica. O si se quiere: 2 511 años después de la "creación del mundo".

Esta historia presenta dos problemas principales. En primer lugar la egiptología nos muestra que no hay huellas de esa estancia. Las cuales tendrían que ser considerables, dada la importancia numérica que se dice haber tenido ese pueblo, en ese entonces. En segundo lugar esta el hecho que la fecha del Exodo corresponde al término medio del reinado del Faraón más conocido de la historia del Egipto antiguo: Ramses II. Recordamos además que bajo el reino de este Faraón la Palestina estaba bajo el dominio del Egipto y se mantuvo así hasta la muerte de Ramses III, en menos 1146.

El hecho es que el reino de Ramses II comienza en el menos 1279 y termina en el menos 1213. Su hijo mayor Sethherkhepeshef[103] fue general del ejército y ejerció esta función entre 1254 y 1229 antes de la datación cristiana.[104] En todo caso el cuerpo de Ramses II está hoy día expuesto en el museo del Cairo. Lo cual contradice totalmente el celebre pasaje de los Salmos: "Él hundió en el mar rojo al Faraón y a su ejercito".[105]

Todo esto nos lleva a excluir una influencia directa de los egipcios sobre los hebreos. Sabemos, sin embargo, que los Cananeos ocuparon el bajo Egipto hacia el menos 1710, provocando el hundimiento de la XIIIava dinastía y por consiguiente del Imperio Medio. Esta ocupación duro hasta el 1555, año en que fueron expulsados por Amosis Iero, dando de esta manera nacimiento a la XVIIIava dinastía y, por consiguiente, del Nuevo Imperio. Luego los Cananeos fueron colonizados por los egipcios hasta que el imperio de los Faraones, se encierra en sus fronteras después de la muerte de Ramses III, en menos 1146.

De tal manera que la influencia de la cultura egipcia sobre los cananeos fue muy importante. Sabemos que fueron ellos los que desarrollaron la primera escritura fonética – llamada linear A -, como consecuencia de la transformación de la escritura hierática de los egipcios. Luego esta escritura de los cananeos va dar, hacia el menos 1050, la escritura de los fenicios, llamada linear B. De la cual van a derivar las otras escrituras alfabéticas; comenzando con la de los griegos y la de los arameos, hacia principio del siglo ocho antes de la datación cristiana. – Como se sabe es esta última escritura[106], la que van adoptar los hebreos, durante el cautiverio en Babilonia[107]. Es por esto que, se puede sostener que, la

---

[103] En los Salmos se dice varias veces que "hizo morir a todo primogénito en Egipto". (78, 51; 105, 36; 133,8 y 136,10). Este evento debió haberse producido, por consiguiente, en menos 1250...
[104] Ramsès II, La Véritable Histoire, Christiane Desroches Noblecourt, Pygmalion, Paris, 1996, p.303.
[105] 136,15.
[106] Llamada también escritura cuadrada.
[107] Donde fueron deportados: "En total: cuatro mil seiscientas personas". Jeremía 52,30. Esto es, la elite política y religiosa, es decir esencialmente los levitas, y no la totalidad del pueblo de Jehová como en general se dice.

redacción del Antiguo Testamento no pudo comenzar antes del menos 800. Habría más bien que situarla hacia el menos 550, e incluso más tarde.

Como se puede comprender, estas observaciones no son innecesarias dentro de esta reflexión. Lo fundamental, en todo caso, es tener en cuenta la influencia que los egipcios tuvieron sobre los cananeos, por esas razones que acabamos de aludir. Porque no debe de olvidarse que se conoce muy mal la historia de ese pueblo. La conquista hebrea[108] tuvo como consecuencia tanto la destrucción de esa cultura, como el hecho que ha sido relegada al rincón del olvido. Sin embargo, todo indica que es de ellos que Jesús, Pablo y los otros evangelistas recogen la idea del más allá. No es, en efecto, difícil de pensar que la idea de un más allá compensador de la injusticia terrestre, no podía más que surgir en el seno de una existencia sometida a una servidumbre llevada a su máxima expresión. Por lo tanto, de un pueblo exterminado y en el cual los residuos han sido llevados al estado de la bestialidad.[109]

El celebre encuentro de Jesús con la Cananea nos da una idea de ese estado de cosas. En efecto, según Mateo: "Una mujer cananea salió de aquellos contornos y se puso a gritar: ¡Ten compasión de mí, señor, hijo de David ¡ Mi hija esta atormentada por un demonio". Pero él no respondió nada. Sus discípulos se acercaron y le dijeron: "Despídela porque viene gritando detrás de nosotros". Él respondió: "No he sido enviado sino a las ovejas perdidas de la casa de Israel". Pero ella se acercó, se puso de rodillas ante él y le suplico: "¡Señor, ayúdame!" Él respondió: "No esta bien quitarle el pan a los hijos para echárselo a los perros". Ella dijo: "Cierto, Senor; pero también los perros comen las migajas que caen de la mesa de los amos".[110]

Como se sabe, Marcos[111] da una versión un tanto diferente de este evento. Pero lo importante no es saber si esta mujer era cananea como lo dice Mateo, o sirofenicia como lo afirma Marcos. Lo fundamental es la diferencia entre la arrogancia dominadora e inhumana de las palabras de Jesús y la condición miserable y rastrera contenida en la respuesta de la cananea. Más precisamente, de éste ser producto de esa humanidad vencida[112] y reducida al estado de la animalidad.

Protágoras había ya subrayado el hecho que no es difícil comprender, que en la estrategia de la dominación, hay que esconderse detrás de la mascara de la justicia. El

---

[108] Descrita en el libro de Josué, pasara a ser luego el paradigma de las empresas conquistadoras cristianas y particularmente en el continente americano.
[109] En nuestros días constatamos ese estado de cosas en el mundo latinoamericano.
[110] 15,22-27.
[111] 7, 26-28.
[112] Optamos aquí por la versión de Mateo. Dado que Mateo ha sido siempre considerado como el autor del primer evangelio, en tanto que Marcos, como dicen los Ediciones Paulinas de la Santa Biblia: debió "ser un cristiano anónimo de ascendencia pagana". P.1301.

discurso en apariencia bondadoso, del llamado sermón de la montana, que citamos mas arriba, ha escondido este lado violento de la palabra del Galileo. Por ejemplo cuando dice: "No penséis que he venido a traer la paz al mundo; no he venido a traer paz, sino espada. Porque he venido a poner al hijo en contra de su padre, a la hija en contra de su madre, a la nuera en contra de la suegra. De suerte que los enemigos del hombre son los de su propia casa".[113] Luego añade, dentro de la misma lógica: "El que ama a su padre o a su madre más que a mí no es digno de mí, y el que ama a su hijo o a su hija más que a mí nos es digno de mí, y el que no carga con su cruz y me sigue no es digno de mí. El que encuentra su vida la perderá, y el que la pierda por mí la encontrara".[114]

En otros términos se trata de formar seres totalmente sumisos, capaces de despreciar a los suyos y a sí mismos para dedicarse enteramente – en cuerpo y alma, como se dice – a la servidumbre.[115] De tal manera que estos seres no tienen porque lograr sus vidas, puesto que la recompensa será infinitamente más grande en el reino de los cielos. Claro está, todo aquel incircunciso que no reconozca esta exigencia, es un enemigo. Y como dice el nazareno: "En cuanto a mis enemigos, esos que no me quisieron por rey, traedlos aquí y degolladlos en mi presencia."[116]

El celebre aventuro y conquistador español Lope de Aguirre, en plena rebelión contra el poder de Felipe II, le escribió una carta[117], en la cual subrayó que Dios había hecho el cielo para los servidores y la tierra para los más fuertes. Sabemos que este personaje no poseía mucha educación, pero si fue un obcecado del poder. Lo curioso del caso, es que este personaje, al parecer, más bruto que fino, logró llegar a establecer claramente esta dualidad que esta en la base oculta del cristianismo.

Se trata, por consiguiente, de saber en que medida los fundadores del cristianismo habían ya llegado a la misma conclusión. Esto, en el sentido en que el reino de los cielos sólo es una ilusión que vale para los pobres de espíritu. Para los fuertes, para la estirpe de los señores, sólo tiene valor el reino de la tierra, su apropiación.

La respuesta a ésta pregunta la encontramos en el texto de la Apocalipsis: en la Revelación. Es, justamente, en este texto que la dualidad contradictoria entre el reino de la tierra y el reino del cielo encuentra su solución. Pero, para poder comprender la importancia

---

[113] Mateo 10, 34 – 36.
[114] Ibidem, 10, 37-39.
[115] La cruz que cada incircunciso, cada "hijo adoptivo", tendrá que cargar.
[116] Lucas 19,27. – En todo caso el Señor de los cielos no puede más que ocuparse de su promesa. Por esto le dice a Jesús: "Siéntate a mi derecha hasta que haga de tus enemigos estrado de tus pies". Hebreos 1,13.
[117] Este texto fue redactado, en los primeros días de octubre del 1561.

de ese escrito, su trascendencia bíblica, debemos tener en cuenta varios parámetros que están en relación con la resurrección de los muertos, el juicio final y la salvación eterna.

En efecto, como ya lo señalamos, desde un punto de vista fundamentalmente cristiano, no hay juicio después de la muerte, como es el caso en la religión egipcia. El juicio es final y corresponde al fin de los tiempos, al fin del mundo. Esto independientemente del hecho que la Iglesia católica lleva siglos hablado de juicio después de la muerte y del purgatorio, justamente para explotar económicamente el miedo de los creyentes. Como es bien sabido, durante siglos la Iglesia de Roma vendió indulgencias para acceder directamente al cielo, y para sacar almas del purgatorio. También se han vendido y continúan vendiéndose misas con esos fines. Todo esto, debido al hecho que la Iglesia decía tener derecho de atar y desatar todo en la tierra, como en el más allá. Como se sabe, esta percepción ha cambiado, de una manera significativa desde el Concilio de Vatican II, aunque se tiende à regresar a la posición anterior.

Es importante, en todo caso, constatar el hecho que, en el cristianismo, el juicio de los muertos se debe realizar con el fin de los tiempos. Este evento debe de coincidir con el segundo regreso de Cristo en la tierra, la parusía, e implica el fin del mundo, según la versión tradicional. Por esto Pedro subraya: "Se acerca el fin de todas las cosas".[118] Por su lado Juan sostiene: "Hijos míos, estamos en al ultima hora, y, como habéis oído, el anticristo viene; y ahora ya han surgido muchos anticristos; por eso conocemos que es la ultima hora."[119]

Por consiguiente, con el fin del mundo se produce la resurrección y el juicio. Luego con la salvación: "ni los hombres ni las mujeres se casaran, sino que serán como Ángeles en el cielo."[120] Esto hace que el cielo cristiano es particularmente austero, sobretodo si lo comparamos con el paraíso ubérrimo de los musulmanes. Donde hay "jardines en que corren, por debajo, los ríos."[121] Donde hay "vírgenes eternas"[122] y donde hay "efebos eternos".[123] Todo indica que es el espacio en el cual se reposan eternamente los guerreros y donde no se encuentran las mujeres (reales).

Dicho esto, regresemos al problema del juicio final en el <u>Nuevo Testamento</u>. Estrictamente hablando, como ya lo subrayamos, el juicio final corresponde al fin del mundo. Esto no quiere decir que en el seno de esos escritos, si dejamos de lado el texto de l'Apocalipsis, no haya una visión diferente. Es el caso particularmente de la primera carta de

---

[118] 1 Pedro 4,7.
[119] I Juan 2,18.
[120] Mateo 22,30.
[121] <u>El Coran</u> 22,14.
[122] 60, 56-70 y 74.
[123] 76,19.

Pablo. En la cual, después de habernos hablado del hecho que se acerca el fin de todas las cosas, como ya lo indicamos, nos dice: "Pues ha llegado el tiempo de comenzar el juicio de Dios por el pueblo de Dios."[124] Lo que es una formulación puramente judaica.

En efecto, en el <u>Antiguo Testamento</u> lo que equivale al juicio final de los cristianos, es el juicio de Dios por el pueblo de Dios. Por esto cantan los Salmos: "Que ensalcen a Dios con voz en grito, teniendo empuñada la espada de dos filos para tomar venganza de los pueblos y castigar a las naciones, para atar con cadenas a sus reyes y con grillos de hierro a su magnates, para ejecutar contra ellos la sentencia escrita."[125]

Isaías presenta el espectáculo de ese juicio en el celebre capitulo 24. Citamos aquí ese discurso que nos permitirá comprender el texto de la Apocalipsis. En efecto, según Isaías: "Ved que el Señor desvasta la tierra, la arrasa y transforma su faz y dispersa a sus habitantes."[126] Luego añade: "Desbastada será, desbastada la tierra, totalmente saqueada, porque el Señor así lo ha decretado."[127] Y termina diciendo: "Sí, la tierra esta sacudida; la tierra estallará, se agrietará; la tierra temblará, vacilará; la tierra se tambleará como un borracho... Aquel día el Señor visitará a las milicias del cielo allá en alto y aquí abajo, a los reyes de la tierra. Y serán reunidos, encarcelados en un calabozo, recluidos en prisión, y al cabo de muchos días castigados... porque el Señor omnipotente reinará en el monte Sion, en Jerusalén, y ante sus ancianos brillara la gloria."[128]

Por consiguiente el juicio del dios de Israel no es un juicio final, en el sentido que coincida con el fin del mundo. Es más bien el comienzo de un nuevo tiempo, en el cual la promesa se ha cumplido y en el cual el pueblo elegido es señor y propietario del mundo entero. Es esta, justamente, la visión que se desarrolla en el texto de la Apocalipsis.

De tal manera que el Apocalipsis de Juan, la Revelación, implica el regreso a la lógica del discurso del <u>Antiguo Testamento</u>. Por lo tanto, el rebasamiento, la superación, de la contradicción que se insinúa en el <u>Nuevo Testamento</u>, entre la promesa yavista y la promesa cristica. De tal manera que La Revelación de Juan reestablece la unidad bíblica, al demostrar que Jehová es fiel y cumple con la promesa hecha a los patriarcas de Israel.

Con la revelación de Juan, la promesa mesiánica se impone en toda su autenticidad, relegando en el olvido la promesa del reino de los cielos. La promesa del reino aparece, de esa

---

[124] 4,17.
[125] 149, 6-9.
[126] 24,1.
[127] 24,3.
[128] 24, 19-23.

manera, como el momento estratégico, de una finalidad que lo supera. Entonces, Cristo se manifiesta como el verdadero Mesía, como el gran estratega de la consagración final.

En efecto, el texto de la Apocalipsis comienza diciendo que es una: "Revelación de Jesucristo, que Dios le ha dado para mostrar a sus servidores lo que va enseguida."[129] Por eso mismo se añade: "Dichoso el que lea y los que escuchen las palabras de esta profecía y observen su contenido, porque el tiempo esta cerca."[130]

En este texto de revelación, de desvelamiento del proyecto mesiánico de Jehová, Juan nos explica, esencialmente, como un ángel le hace ver lo se manifiesta durante el gran día de la cólera, que es "el gran día de la ira", "del cordero".[131] Esto quiere decir que es Cristo quien va declarar la guerra a los hombres, para salvar, para siempre jamás, a su pueblo.

Es entonces que aparecen "los cuatros Ángeles en pie en los cuatro ángulos de la tierra, que retenían los cuatro vientos de la tierra para que no soplase el viento ni sobre la tierra, ni sobre el mar, ni sobre ningún árbol."[132]

Fue entonces cuando apareció "otro ángel"... que "lleva el sello del Dios vivo".[133] Es justamente ese ángel que con voz potente va gritar a los otros cuatro Ángeles; "No toquéis la tierra, ni el mar, ni los árboles hasta que hayamos sellado en la frente a los servidores de nuestro Dios". Y oí él numero de los sellados de todas las tribus de Israel: Ciento cuarenta y cuatro mil."[134]

Más precisamente, doce mil por cada una de las doce tribus de Israel. – Curiosamente, no se menciona la treceava, es decir la tribu de los levitas. Pero dejemos esto de lado, puesto que lo único que este olvido puede probar es el simple hecho que el autor pueda no ser judío.[135] Lo cual es poco probable.

Serán también protegidos, "los sobrevivientes de la gran persecución", los "que han lavado sus vestiduras y las han blanqueado en la sangre del cordero. Por eso están delante del trono de Dios y le sirven de día y de noche en su templo; el que esta sentado en el trono los cobijara bajo su tienda".[136] Por lo tanto, los servidores de Cristo[137] serán también protegidos

---

[129] 1,1.
[130] 1,3.
[131] 6,17. – Es de notar que en este texto a Cristo se le llama el cordero; figura que, como bien se sabe, se opone a la del lobo...
[132] 7,1.
[133] 7,2.
[134] 7, 3-4.
[135] No hay que olvidar, en efecto, que este escrito, es considerado como apócrifo. Según la Biblia de las Ediciones Paulinas: "El autor de este texto no ha sido Juan el Zabadeo." Op. cit. p. 1572.
[136] 7,14-15.
[137] Es de notar que estos servidores de Cristo, "estaban en pie delante del trono de Dio y delante del cordero" (7,9). Esto es, estos personajes no estaban en medio de las muchedumbres.

por el Mesía y no conocerán la infinidad de tormentos que se prepara para los otros incircuncisos.

Estos tormentos comienzan a producirse cuando salen las langostas, cuando el quinto ángel toca la trompeta. Esas langostas "se esparcieron sobre la tierra", y se les dió "un poder semejante al de los escorpiones de la tierra. Pero se les ordenó que no hicieron daño a la hierba, al verde y a los árboles, sino solamente a los hombres que no tuvieran la señal de Dios sobre la frente; pero que no los mataran, sino que lo torturaran durante cinco meses con un dolor semejante al que produce la picadura del escorpión. En aquellos días los hombres buscaran la muerte, pero no la encontraran; desearan morir, pero la muerte huirá de ellos."[138]
Es importante notar que todos estos tormentos tienen como fin el romper la cerviz de todas esas gentes, para condicionarlos a la servidumbre. En efecto, como lo veremos, en los tiempos mesiánicos ya no habrá más recompensa, la promesa del más allá, ya no tendrá más sentido. De ahí que el *crescendo* en el horror, no puede más que contribuir a la producción de esa finalidad.

En todo caso, se nos dice que "las langostas se parecían a caballos preparados para la guerra... sus rostros eran como los de los hombres; Tenían los cabellos como los de las mujeres y los dientes como los de los leones. Sus colas, como las de los escorpiones, con aguijones, tienen el poder de dañar a los hombres durante cinco meses."[139]

El texto añade que una vez terminados esos cinco meses: "El primer "ay" ha pasado; quedan todavía dos "ayes".[140] Para no complicar toda esta monstruosidad, conviene resumirla de la manera siguiente: En primer lugar están las torturas producidas por las langostas. En segundo el "de exterminar a la tercera parte de los hombres."[141] En tercero y último término se produce el derramamiento de "las siete copas de la ira de Dios".[142] Las cuales son vertidas por los siete Ángeles del Todo-Poderoso. No se trata aquí, claro está, de presentar los efectos de cada uno de esos actos. El tercero puede servir de ejemplo, para poder darse una idea del horror proyectado. En efecto: "El tercero vertió su copa sobre los ríos y sobre las fuentes de las aguas, que se hicieron sangre. Y oí al ángel de las aguas que decía: "Tú eres justo...tu, el santo, al haber castigado así. Ellos han derramado la sangre de los santos y de los profetas, y tu les has dado a beber sangre, se lo merecían."[143]

---

[138] 9, 3-6.
[139] 9, 7-10.
[140] 9,12.
[141] 9,15.
[142] 16,1.
[143] 16, 4-6.

Pero antes de ver como debe cumplirse el plan secreto anunciado por Jehová, "a sus siervos los profetas",[144] conviene comentar las palabras del ángel que acabamos de citar. En efecto, como ya lo subrayamos, los incircuncisos son el objeto de toda esta furia divina. Resulta, sin embargo, problemática él atribuirles el suplicio de los profetas y de los santos. Esto es evidente en el caso de los profetas y lo es también en el caso de los santos, si se tiene en cuenta que en al época de la formación del cristianismo ese termino hacia referencia a Juan el Bautista y a Jesús él mismo.

En lo que se refiere al juicio final que precede el evento mesiánico propiamente dicho, está por un lado, la salvación de los que han muerto por Cristo y por el otro lado, la reencarnación de los hijos legítimos del Todopoderoso. El primer proceso esta presentado de la manera siguiente: "Vi también unos tronos; a los que se sentaron sobre ellos, les dieron el poder de juzgar.[145] Vi a los que habían sido degollados por dar testimonio de Jesús y por la palabra de Dios, los que no habían adorado a la bestia[146] ni su estatua y no habían recibido la marca ni en sus frentes ni en sus manos. Estos vivieron y reinaron con Cristo mil años."[147]

Estos son, por consiguiente, los mártires que despreciaron al imperio romano y que se dedicaron enteramente a la obra del Mesías. Tienen, de esa manera, el privilegio de vivir mil años con Cristo. Luego esta el juicio que se produce delante del Altísimo: "Vi un gran trono blanco y al que estaba sentado sobre él... fueron entonces abiertos los libros; fue abierto también otro libro, el libro de la vida... Y el que no fue encontrado escrito en el libro de la vida fue arrojado al estanque de fuego."[148] Los otros son los verdaderos escogidos. Los que van a vivir eternamente en la nueva Jerusalén. Por consiguiente, los hijos de la promesa mesiánica, de la promesa hecha a los patriarcas.

Por esto nos dice el autor de la Apocalipsis: "Yo oí a la ciudad santa, la nueva Jerusalén, que bajaba del cielo del lado de Dios, dispuesta como una esposa ataviada para su esposo. Y oí venir del trono una voz potente que decía: "Esta es la morada de Dios con los hombres; él <u>habitara con ellos</u>, <u>ellos seran su pueblo</u> y Dios mismo morara con los hombres. <u>Enjugara las lágrimas de sus ojos</u> y no habrá más muerte, ni luto, ni llanto, ni pena, porque el primer mundo ha desaparecido."[149]

Es, por consiguiente, en la Tierra que se encontrara la nueva Jerusalén. Con la bajada de Jehová y del Cristo, el cielo se queda vacío. La promesa crística, del más allá, se desvanece

---
[144] 10,7.
[145] Se trata sin duda alguna de los apóstoles.
[146] Termino que alude al imperio romano y al emperador.
[147] 20,4.
[148] 20,11-15.
[149] 21, 2-4. – El subrayado es nuestro.

así, cual un castillo de arena al borde del mar. Esta promesa se presenta así, como la dimensión ilusoria que permite la realización de la finalidad mesiánica. La descripción de la "ciudad santa" es a ese nivel particularmente significativa. En efecto, según el autor de esta revelación: La nueva Jerusalén "tenía un muro grande y alto con doce puertas; sobres las puertas, doce angeles y nombres escritos <u>los de las doce Tribus de Israel</u>... El muro de la ciudad tenia doce fundamentos, y sobre ellos doce nombres, los de los doce apóstoles del cordero."[150] Lo cual indica claramente que en esa ciudad habitaran los reencarnados de Israel con sus descendientes y que su construcción sólo puede ser posible gracias al cristianismo.

En todo caso, por lo que es de la "ciudad santa": "A su ley caminaran las naciones, y los reyes de la tierra llevarán a ella su gloria. Sus puertas no se cerrarán núnca, pues en ella no habrá noche. A ella llevarán la gloria y el honor de las naciones."[151] De tal manera que el momento mesiánico – de la creación de la nueva Jerusalén – no implica el fin del mundo. Es más bien el comienzo de un nuevo tiempo, en le cual se ha cumplido la promesa, gracias al impulso de Cristo Jesús. En tanto que señor del mundo, el pueblo elegido recibirá la gloria y la riqueza de las naciones.

Así se realiza la celebre profecía de Isaías, el mayor de los profetas de Israel: "Tus puertas estarán abiertas siempre, no se cerrarán ni de día ni de noche, para que lleguen las riquezas de las naciones traidas por sus reyes."[152] De esta manera se cumple, sobre todo, la palabra de Jesús, cuando advirtió a los suyos que no había llegado para derogar el discurso de los profetas, sino más bien para realizarlo plenamente.

---

[150] 21, 12-14. – El subrayado no es nuestro.
[151] 21, 24-26
[152] 60,11.

VI : La ruptura cristiana.

Dicho esto, resulta particularmente difícil de concebir la ruptura. Todo parecía atado y bien atado. Esto, tanto más, que el mismo Pablo había dicho: "<u>Maldito sea el que no cumple todo lo que esta escrito en la ley.</u>"[153] Consolidando, de esa manera, la orden que Jehová había dado ya: "Guardad y poned por obra todo lo que yo os ordeno, sin añadir ni quitar nada."[154]

La ruptura que se va producir, entre el cristianismo y el judaísmo, no puede ser el resultado de una incomprensión de los textos. Esto, independientemente del hecho que ya Pablo había señalado el hecho que: "Hasta hoy, siempre que leen a Moisés, el velo nubla su mente."[155] Tanto más que se trata de una de una incomprensión mutua. Claro está, al principio la incomprensión se situó sobre todo del lado de la élite religiosa de los hebreos. No se olvide, en efecto, que en los comienzos se trató de una disputa en el seno mismo del judaísmo. Además, los apóstoles predicaban en las sinagogas, como bien lo explica el texto sobre los hechos de los Apóstoles.

Todo indica que, poco tiempo después de la muerte de Jesús, los predicadores de la nueva doctrina decidieron seguir sus caminos, sin tener en cuanta la testadurez de la casta sacerdotal judía. Esperaban que se corriese el velo, al cual hace referencia Pablo, y comprendiesen que ellos estaban obrando en vistas de la realización del fin mesiánico y no en contra. En efecto, lo que decían estaba más claro que el agua, y además no podían ir más lejos en la transparencia, puesto que los paganos no eran tontos.

Es así que el malentendido – la incomprensión de los levitas – se fue ensanchando hasta convertirse en un abismo cuajado de odio. Por consiguiente, ese proceso de ruptura va comenzar con la incomprensión de la casta sacerdotal judía, luego se va ensanchar con el hecho que los incircuncisos se sentían cada vez mas atraídos por la circuncisión. Más precisamente, por el hecho de pertenecer a una sociedad de señores y no a una comunidad de "los que se llaman judíos sin serlos, pues son mas bien una sinagoga de Satanás."[156] Al final de ese proceso de ruptura, se va producir la apropiación, por parte de los paganos, de la ética judaica y por consiguiente del papel de pueblo elegido.

Es así que todo comienza por un simple: "¡Cuidado con los perros, cuidado con los malos obreros, cuidado con los de la circuncisión."[157]

---

[153] Galatos 3,10. – El subrayado no es nuestro.
[154] Deuteronomio 13,1.
[155] 2 Corintias 3,15.
[156] Apocalipsis 2,9.
[157] Filipenses 3,2.

En todo caso, dice Pablo a Tito: "repréndelos con energía, para que se mantengan sanos, en la fe y dejen de prestar oídos a fábulas judaicas y a preceptos de hombres que vuelven sus espaldas a la verdad."[158] Más precisamente, al hecho que los circuncisos han recibido la gracia de una promesa y los incircuncisos han tenido derecho a otra. Y es este, justamente, el mensaje principal de Cristo Jesús. Es, además, la causa por la cual Pedro se lanza en la aventura de predicar la palabra del Consagrado, de ir hacia los paganos, aunque: "a un judío le está prohibido juntarse con extranjeros y entrar en su casa."[159]

Pero la ruptura va producirse, independientemente del hecho que los incircuncisos eran simples hijos adoptivos y no podían acceder al estatus de hijos legítimos. Puesto que "cuando se cumplió el tiempo, Dios envió a su hijo, nacido de una mujer... a fin que recibiésemos la condición de hijos adoptivos."[160] Es en todo caso: "Por puro amor que nos ha predestinado a ser sus hijos adoptivos, por medio de Jesucristo y conforme al beneplácito de su voluntad, para hacer resplandecer la gracia maravillosa que nos ha concedido por medio de su querido hijo."[161]

Como ya lo hemos subrayado, esta "gracia maravillosa" no es otra más que la promesa de la salvación en el más allá. Lo curioso del caso, es que los paganos si estaban dispuestos a aceptar ese mensaje de salvación, pero la casta sacerdotal judaica no quería oír hablar de ella. Por esto le dice a esos hombres de nuca rígida: "Sabed, pues, que esta salvación de Dios ha sido enviada a los paganos; ellos si que la escucharan."[162]

Pero, la ruptura no puede producirse tan fácilmente. Por esto Jesús mismo los previene: "Pues bien, os digo que se os quitara a vosotros el reino de Dios para dárselo a un pueblo que pague sus frutos."[163] Porque los hombres de tieso cogote no lograban comprender que la piedra que los constructores desechaban, era justamente "la piedra angular",[164] la que permite finalizar el edificio.

Fue, justamente, esa actitud negativa de la casta sacerdotal judaica, la que va provocar la gran ruptura. Más precisamente, la que va provocar el hecho que: "una religión expropia a otra y luego insulta, combate, persigue a la religión expropiada, y esto durante dos mil

---

[158] 1, 13-14.
[159] Hechos, 10,28.
[160] Galatos 4, 4-5.
[161] Efesios 1,5.
[162] Hechos 28,28.
[163] Mateo 21,43.
[164] Ibidem 21,42.

años."[165] Ya veremos más adelante como se desarrolla este proceso. Por el momento, lo que nos interesa es señalar la ruptura.

Porque después de todo, podemos encontrar pasajes en el Nuevo Testamento que permiten una lectura diferente. Más precisamente, la aparición de un nuevo pueblo escogido. Lo cual no puede darse, sin la existencia de una nueva alianza y, por consiguiente, de una anulación de la antigua. Como ya lo subrayamos, desde un punto puramente lógico eso no puede existir, porque si eso fuese posible, esto indicaría que ese dios no sabe lo que dice. En efecto, cuando Jehová dice, por ejemplo, a su pueblo: haré contigo una alianza que no tendrá fin,[166] o cuando afirma: estableceré con ellos una alianza eterna[167], esto significa claramente que no puede haber una ruptura a ese nivel.

Ahora bien, en la Epístola a los Hebreos se dice que Jesús es "garantía de una nueva alianza",[168] que es "mediador de una nueva alianza".[169] Pero esto no significa, desde un punto de vista puramente lógico[170], que, Jesús invalida la alianza que Jehová hizo con los patriarcas de Israel. Lo que esto quiere decir, más bien, es que Jesús prometió el reino de los cielos a los paganos que aceptan el yugo, a todos aquellos que asumen sin ninguna queja la cruz del mesianismo.

Por consiguiente, "la sangre de la alianza"[171], como ya lo hemos subrayado, no invalida el proyecto mesiánico. Antes bien, es la condición de su realización plena y entera. Es justamente lo que afirma Pablo en su carta de Tito: "Pues se ha manifestado la gracia de Dios, fuente de salvación para todos los hombres, enseñándonos a renunciar a la maldad y a los deseos mundanos y a llevar una vida sobria, justa y religiosa, mientras aguardamos el feliz cumplimiento de lo que se nos ha prometido y la manifestación gloriosa del gran Dios y Salvador nuestro, Jesucristo, que se entregó a sí mismo por nosotros para redimirnos y hacer de nosotros un pueblo escogido, limpio de todo pecado y dispuesto a hacer el bien."[172]

No es difícil constatar que éste texto es, en general, ortodoxo[173]. Se desvía, sin embargo, cuando trata a Jesús de gran Dios y salvador nuestro. Pero, antes de entrar en la discusión de esta problemática y su desarrollo en el cristianismo, conviene echarle una mirada al resto del texto. En efecto, según la doctrina de Cristo, el Dios de Israel manifestó su gracia

---

[165] Karlheinz Descher, Historia criminal del cristianismo, T.I, Ediciones Martinez Roca, Barcelona, 1990, p.100.
[166] Ezequiel 37,26.
[167] Baruc 2,35.
[168] 7,22.
[169] 9,15 y 12,24.
[170] De la lógica del Nuevo Testamento, en tanto que complemento del Antiguo Testamento.
[171] Ibidem 10,29.
[172] 2,11-14.
[173] Con respecto a la lógica del Antiguo Testamento.

al ofrecer la salvación a los incircuncisos. La cual salvación, en le reino de los cielos, no se puede obtener sin la renuncia a sus propias personas[174] y a los deseos mundanos: "La circuncisión de Cristo, que consiste en despojaros de vuestros apetitos carnales." De tal manera que la comunidad de estos creyentes debe llevar una vida sobria, capaz de poder asumir con toda humildad la justicia que viene de la fe. Esto es, el trágico destino que ofrece la perspectiva mesiánica al incircunciso. Esta infinita mansuetud que hace decir al esclavo cristiano en sus rezos cotidianos: "Señor que estás en los cielos, hágase tu voluntad en los cielos como en la tierra". Esto, antes, como bien se sabe, de pedir su pan cotidiano.

Claro esta, ésta actitud, ésta disposición del espíritu, debe mantenerse, mientras se aguarda el feliz cumplimiento de la promesa del reino de los cielos. Destinada, según el Consagrado, a aquellos que al permitir la realización de la justicia que viene de la fe, aceptan la injusticia al estado puro. Es justamente por ellos que Jesús se entregó, para hacer de ellos un pueblo escogido. Porque, como se dice desde entonces – cuando la tierra aun estaba embebida de la sangre de Cristo -, Jesús se entrego a sí mismo, para limpiarnos del pecado, para salvarnos, para que podamos acceder a la vida eterna, a la felicidad, para siempre jamás.

Por consiguiente, lo esencial de ese pasaje es totalmente ortodoxo; lo que no lo es, insistimos, es justamente cuando habla del gran Dios y Salvador nuestro Jesucristo. Ahora bien, es precisamente esta percepción que se va desarrollar, en el proceso de consolidación de la nueva creencia. Más concretamente, el hecho de hacer de Jesús un dios, el Dios como tal. Puesto que no hay que olvidar que la cristolatria no va más allá de la figura de Jesús, como nos lo explica Pierre Chaunu. De esa manera se va llegar a la idea del hombre-dios. Del hecho que una singularidad es lo absoluto. Por lo tanto, del Dios Pantocrator: del creador del cosmos y de todo lo que en él ha estado, está y va a estar.

En todo caso, no es difícil constatar que la doctrina de Jesús se va fundar en la idea del amor al que sufre, del amor al pobre, en suma del amor por el esclavo. Por esto mismo dice Santiago: "Que el hermano de humilde condición se sienta orgulloso de su alta dignidad y el rico de su humillación, porque pasará como la flor del heno. El sol ardiente se levanta y seca el heno, se marchita la flor y desaparece su belleza; así se marchitara el rico en sus empresas."[175]

Por consiguiente, llega un momento en la historia de la formación del cristianismo, en que sólo se habla de la gran recompensa que Jesús ha destinado a los que sufren injusticia. Su bondad esta fundada en éste amor y en ésta promesa. Por esto mismo Santiago añade

---

[174] "El que quiera venir en pos de mí, niéguese a sí mismo." Mateo 16,24.
[175] 1, 9 – 11.

preguntando: "¿No ha elegido Dios a los pobres según el mundo para ser ricos en al fe y herederos del reino que ha prometido a los que le aman?"[176]

Claro esta, en los textos evangélicos este amor por los pobres según el mundo, como bien lo dice Santiago, no implica una ruptura con respeto a la dimensión mesiánica. El caso de la carta de Santiago es, a ese nivel, particularmente significativo. Pues está dirigida a los miembros de su comunidad. En efecto, la epístola del apóstol comienza de la manera siguiente: "Santiago, siervo de Dios y de Jesucristo, el Señor, a las doce tribus dispersas por el mundo, salud."[177]

Se va producir de esta manera un antagonismo cada vez más grande entre la promesa mesiánica y la promesa cristiana. Jesús va aparecer cada vez más como la victima de la bondad y de la justicia. En tanto que los judíos van a revelarse, en este proceso, como los que no quieren que el proyecto bondadoso de Jesús pueda realizarse. Es en todo caso lo que expresa Pablo en su primera carta a los Tesalonicenses: "Hermanos, os habéis hecho imitadores de las iglesias de Dios que hay en Judea y que son de Cristo Jesús, pues habéis padecido de parte de vuestros conciudadanos lo mismo que ellos de parte de los judíos, que mataron a Jesús, el Señor, y a los profetas; y a nosotros nos han perseguido y desagradan a Dios, siendo enemigos de todos los hombres al impedirnos predicar a los paganos para que se salven. Con lo cual van clamando la medida de su pecado. Pero el castigo de Dios está para caer pesadamente sobre ellos."[178]

De tal manera que para Pablo, los judíos se presentan de pronto como los matadores de los profetas y de Jesús; además, persiguen a los cristianos, e impiden predicar la salvación enviada por el Padre, a través de su hijo, a los paganos. De esta manera el pecado mayor de los judíos es que se proponen impedir la salvación de los paganos. Con lo cual, según Pablo, se hacen enemigos de los hombres y recibirán el castigo que Dios está por enviarles necesariamente, puesto que está por llegar.

Ese texto muestra que el proceso de ruptura está muy avanzado. En todo caso, se ha alcanzado ya un momento superior, dentro de ese movimiento. Más precisamente, con respecto a la época que Pablo se entregó por completo a la predicación de la palabra, proclamando ante los judíos que Jesús era el Mesías.

---

[176] 2, 5.
[177] 1,1.
[178] 2, 14-16.

Pero como ellos le llevaban la contraria y lo insultaban, se sacudió la ropa y dijo: "Que vuestra sangre caiga sobre vuestras cabezas; yo soy inocente; desde ahora me iré con los paganos."[179]

Pero el proceso de ruptura va experimentar un punto culminante cuando Jesús comparece ante Pilato, el gobernador romano. Como bien es sabido, cuando el pueblo judío pide la condenación a la crucifixión de Jesús, Pilato viendo que no lograba salvar a ese hombre que él consideraba inocente: "mandó que le trajeran agua y se lavo las manos ante el pueblo diciendo: "Soy inocente de esta sangre. ¡Vosotros veréis! Y todo el pueblo respondió: "Que su sangre caiga sobre nosotros y sobre nuestros hijos".[180] Lo cual quiere decir que el pueblo judío se autocondena. Acepta, más precisamente, la condenación que está por llegar: la de pueblo deicida. Es, en todo caso, la lectura que los cristianos van a hacer de este evento, la conclusión a la cual van a llegar.

---

[179] Hechos 18, 5-6.
[180] Mateo 27, 24-25.

VII : El cristianismo de Constantino.

En su inmediata autonomía, el cristianismo no hubiese rebasado los límites de un movimiento sectario, sin la figura de Constantino. El Concilio de Nicea – de 325 – instituyó la iglesia positiva. Permitió al cristianismo dejar de estar compuesto de sectas de gentes asqueadas de existir, y que morían, porque no morían[181] ; o simplemente compuesto de bandas de esclavos abandonados, en búsqueda de una compensación ultramundana.

Poco antes del Concilio de Nicea, le Edito de Milán, de 313, había decretado la libertad de culto. Entonces, tanto el cristianismo como el judaísmo llegaron a ser religiones licitas.

Pero, fue después de haber vencido a Licinio, en 324, que Constantino – en fin sólo en el poder – organiza el primer concilio fundador: el Concilio de Nicea. Conviene recordar, a ese propósito, dos puntos importantes. En primer lugar, el hecho que en la época había tres sedes patristicas (Alejandría, Antioquía y Roma[182]) y que se revindicaban petristas, es decir fundadas por Pedro.[183] En segundo lugar, tenemos el hecho que Constantino no estaba bautizado. Por consiguiente, no era todavía miembro de la comunidad de los creyentes, en el sentido estricto del término. El bautismo de Constantino toma lugar poco antes de su muerte, momentos antes de su extremaunción.

Esto no quiere decir, sin embargo, que Constantino fuese un ignorante en lo que al Cristianismo respecta. Se sabe que el emperador participa al Concilio de Nicea de una manera muy activa. Luego esta el hecho, que impone una línea que deja ver, de una manera muy clara, que Constantino era una persona muy entendida en la materia. En ultima instancia, esta el hecho que su madre Helena[184] era una mujer muy cristiana y, se dice, de una profunda piedad.

En todo caso, el Concilio de Nicea – que es el concilio fundador por excelencia[185] de lo que será después el cristianismo oficial del imperio romano – fue organizado y dirigido por Constantino. En ese concilio va aparecer el conflicto entre Atanasio y Arrio[186], dos

---

[181] Como decía Teresa de Avila.
[182] A los cuales se van a añadir más tarde la de Constantinopla y la de Jerusalén.
[183] Por consiguiente, legitimados por él: "Tú eres Pedro y sobre esta piedra edificaré mi Iglesia, y las puertas del infierno no prevalecerán contra ella." Mateo 16,18.
[184] La futura Santa Helena, que en su peregrinaje a Jerusalén, en 326, descubre la cruz de Cristo y otras tantas reliquias que harán luego de Constantinopla una ciudad muy santa.
[185] Los otros concilios fundadores son: el de Constantinopla, en 381; el de Efeso, en 431 y en fin, el de Calcedonia, en 451.
[186] Conviene recordar que Silvestre Iero, el Obispo de Roma, participa a este concilio. Fue él quien invento la "donación de Constantino", por lo cual el Emperador había dado al papado la parte occidental del imperio, en paga a su participación al concilio.

personalidades importantes del patriarcado de Alejandría. Arrio defiende la tesis según la cual Jesús es un profeta y no un dios, en tanto que Atanasio sostiene una posición diferente. Más precisamente, la doctrina difista, es decir que Jesús es Dios hecho carne. Por consiguiente, que el nazareno es, como lo dirá más tarde el Papa León Iero (440-461): verdadero hombre y verdadero dios.

Es importante comprender que esta discusión no tiene nada de bizantina, es decir, no es vacía. Claro está, a la base de esa discusión está el problema de saber si una singularidad puede ser un absoluto. Resulta, en efecto, absurdo de concebir la idea del hombre-dios, puesto que ello implicaría la teogamia y la negación de la lógica ella misma. No es innecesario recordar, a ese propósito, que la idea según la cual Maria es Deipara – Teotokos: paridora de Dios – va ser reconocida por el Concilio de Efeso, en 431. Luego llegará la celebre expresión de Tertuliano: "*Credo quia absurdum*": Creo aunque sea absurdo.

Claro está, la posición de Arrio es mucho más racional, en la medida en que Jesús es presentado como un profeta, como un consagrado, que anuncia la existencia de un solo Dios – del "*Ein Got*" de los godos – y la nueva alianza. Pero, el problema que esta posición presenta es que, en ese caso, la doctrina cristiana no es más que un complemento de la religión judaica. Esto, en el sentido que lo hemos mostrado en este escrito. Porque el reino de los cielos es la compensación por los sufrimientos que deben experimentar los esclavos del pueblo de Jehová. Claro está, estrictamente hablando, Arrio es más próximo de la perspectiva defendida por el Cristo que no vino para negar la palabra mesiánica, sino más bien para completarla.

Es lógico que Constantino no pudiera aceptar esta lectura de las santas escrituras. La posición de Atanasio permite, por el contrario, una lectura más audaz que implica justamente la apropiación de la perspectiva mesiánica. En efecto, si Jesús es Dios, esto implica la invalidación de la primera alianza y la puesta en el candelero de la segunda alianza. En todo caso, el nazareno, en tanto que simplemente humano, no puede invalidar la palabra del Gran Dios; lo cual es posible si se le considera como igual al Padre.

Claro está, más allá de la nueva alianza – que funda la existencia de un nuevo pueblo elegido – se manifiesta la promesa, la perspectiva mesiánica de la dominación universal. Y es esta, justamente, la pieza principal del tablero sobre el que se va jugar el destino del nuevo rumbo histórico. Pero, antes de tratar de comprender la problemática general de la nueva lectura de la promesa, conviene aclarar la percepción de la nueva alianza y, por consiguiente, del nuevo pueblo elegido. En efecto la alianza implica – dentro de la lógica de este sistema de valores llamado monoteísta – la relación privilegiada de la deidad con un pueblo dado y, en última instancia, con una casta en vista de la dominación universal. Como ya lo vimos en el caso del modelo de base, las cosas son simples, el pueblo es uno y la casta es única: los levitas. Con el cristianismo las cosas se van a complicar, por el hecho mismo que el pueblo que asume esa doctrina no es una comunidad simple. Sin embargo, en la época de Constantino, todo parecía más fácil por el hecho mismo que el objeto de la alianza era en potencia la totalidad del pueblo del imperio y en acto la elite del poder imperial, sostenida por los obispos.

Más adelante, la desagregación del imperio y sobre todo en su parte occidental, va hacer que la casta sacerdotal de la iglesia católica asumiese ese papel[187]. Pero, la formación de las naciones va llevar a la lucha por la legitimación al estatus de pueblo elegido. Lo que nos va dar, sobre todo, la celebre experiencia española a partir de los reyes católicos.

Esto no excluye, sin embargo, el hecho que todos los pueblos cristianos eran en potencia pueblos elegidos. Por consiguiente, pueblos destinados al dominio de los increyentes, en vistas de ofrecerles el supremo tesoro, del más allá. Legitimando, de esa manera, las empresas de conquista de espacio vital que se desarrollaron a partir del descubrimiento del nuevo continente.

En lo que a la promesa, a la dimensión mesiánica, se refiere, todo se manifiesta de una manera diferente. El cristianismo, como más tarde el Islam, no heredan la dimensión mesiánica como tal: esta segunda fase de la vida terrestre – consecuencia de la reencarnación - en el cual ya no hay mas muerte[188] ; y en la cual los hijos del Altísimo señorean el mundo. La idea más que todo, es de participar a la lucha por la cristianización universal[189], para ganarse el reino de los cielos. La supremacía absoluta del cristianismo es la condición de la parusia: del segundo regreso de Cristo Jesús. El cual reinará entre los hombres mil años, antes de congregar a los justos en él más allá. Es lo que se ha llamado la utopía cristiana, el "chilianismo", como lo subraya Ernts Bloch en su obra El Principio de la Esperanza.

Sin embargo, esta dimensión escatológica no hace parte de la dogmática oficial. Se trata más bien de un trasfondo que tiende a emerger, de manera halucinante[190], con los movimientos llamados, con razón, milenaristas. Esto hace, por consiguiente, que para el discurso oficial, de lo que podría llamarse el cristianismo constantiniano[191], la promesa de dominación no se desenvuelve en un más allá de la temporalidad presente, sino más bien en lo

---

[187] San Agustín y Campanella fueron sin duda, los grandes teóricos de esta perspectiva. Para ellos el papado debía y tenía que asumir el papel de gobierno universal.
[188] Los mormones son, curiosamente, los únicos ha haber heredado esta dimensión del judaísmo. Por esto se dice: "El día que mi cuerpo vestirá la inmortalidad. " Evos 27.
[189] La "Propagatio fide": La extensión sin limites, y a cualquier precio, del poder papal.
[190] Entre los que viven la fiebre del tiempo final.
[191] Que se establece en Nicea (325) y se completa en Calcedonia (451).

que es – para esta conciencia cristiana – la única historicidad: el proceso que va de la resurrección a la parusía.

Dicho de otra manera, el cristianismo oficial – que se va llamar ortodoxo o católico, según la división del imperio romano – va integrar la promesa de la dominación como una dimensión efectiva, en el ahora y el aquí, y no como una perspectiva ilusoria. Esto no quiere decir que la promesa cristica del más allá desaparezca, como es bien sabido, sino que más bien se consolida como el destino natural de los bienaventurados: de los martires y de los grandes servidores de la Iglesia. Para los demás, el cielo es un lugar al cual se puede acceder, a costa de infinitos sacrificios o de mucho dinero. En efecto, la venta de las indulgencias y el pago de muchísimas misas, fueron, durante siglos, el camino más corto para los que no habían acumulado suficientes pruebas. Claro está, para los que en la ruta de esta suprema impostura, fueron machacados por las riquezas, los privilegios y el desprecio, el reino de los cielos no fue más que el tenue olor de las migajas que caían de las mesas de los señores. Esta simple abstracción tuvo[192], empero, un papel consolador de primera importancia. De ahí su fuerza.

Y es precisamente lo que Constantino y sus continuadores comprendieron. Además, sabían que la doctrina del galileo permitía la cohesión de las comunidades particulares y la sumisión de los dominados. En efecto, en lo que se refiere a la primera dimensión, hay que amar al prójimo[193] como a sí mismo. Porque "todos los creyentes tenían un solo corazón y una sola alma".[194] Por esto mismo Jesús dijo: "Este es mi mandamiento: amaros unos a otros como yo os he amado".[195] Jesús subraya además: "En esto reconoceran todos que sois mis discípulos, en que os amais unos a otros".[196] Es justamente por esto que Santiago habla de la "Ley regia" que estipula: "Amaras a tu prójimo como a ti mismo".[197]

En lo que se refiere a la segunda dimensión, esto es la sumisión de los dominados, ya vimos hasta que punto los esclavos tenían que ser obedientes. Pero además es importante notar que para Pablo "no hay autoridad que no venga de Dios"[198]. Claro está, para este apóstol la potestad que deriva de Dios es la más ordenada.[199] Por esto mismo Pablo dice a Tito:

---

[192] Y sigue teniendo, en un grado menor.
[193] Como lo indica la lengua francesa, de una manera muy precisa, el prójimo es el próximo ("*le prochain*"), el miembro de la comunidad. De tal manera, que al próximo se opone el lejano, el foráneo, el que no pertenece a la comunidad. Por consiguiente, el prójimo es el semejante; al que se opone al desemejante, al diferente: social, cultural o étnicamente hablando.
[194] Hechos 4,32.
[195] Juan 5,12
[196] Ibidem 13,35.
[197] 2,8.
[198] Romanos 13,1.
[199] Ibidem.

"Amonéstales que se sujeten a los príncipes y potestades, que obedezcan, que estén prontos a toda buena obra."[200]

No resulta, por consiguiente, difícil de comprender porque Constantino se va apoyar tanto en la doctrina cristiana y va hasta considerar la antigua religión – el llamado paganismo – como un crimen público. Lo cual va llevar a la negación de las culturas tradicionales y de la propia historicidad de esos pueblos. Con ello la historia imaginada del pueblo hebreo – la llamada historia sagrada – se va imponer como el modelo de toda historia posible. Además, las quemas de libros de las épocas llamadas paganas[201], van a imponer <u>La Biblia</u> como el libro por excelencia. De ahí la ausencia de reflexión que constatamos del lado de los intelectuales de la época. Independientemente de Porfirio que escribió una obra <u>Contra los cristianos</u>, y de la cual solo nos quedan referencia hechas por sus adversarios.

Claro esta, en los tiempos de Justiniano[202] esta critica hubiese podido haber sido hecha más fácilmente por los intelectuales de cultura griega, que por los intelectuales de lengua latina. No olvidemos, en efecto, que el <u>Antiguo Testamento</u> ya había sido traducido al griego mucho antes de la vida de Jesús, hacia él menos 260, en Alejandría.[203] En lengua latina, habrá que esperar la traducción de San Jerónimo, la cual se hará hacia le 370.

Aunque no debemos olvidar que una buena parte de los letrados de la época de Justiniano tenían conocimientos de la segunda lengua del imperio. Los latinos del griego y los griegos del latín. Sorprende sin embargo esa falta de reacción de la inteligencia de la época. Esto, tanto más, cuando se sabe que la Academia de Atenas fue cerrada definitivamente por Justiniano, en 529; y que no se puede considerar a Damasio, su ultimo director, como uno de los filósofos más endebles en la larga tradición de esta escuela.

El hecho es que la apropiación de la visión histórica del pueblo de Jehová, va conducir necesariamente a una identificación con él. Esto lo constatamos también en el Islam, como en la doctrina de los mormones. Estos últimos, por ejemplo, dicen ser descendientes de ese pueblo, pero de su rama justa. Porque "los judíos son el pueblo más maligno de la tierra".[204] En todo caso, "Dios les ha quitado su luz".[205]

En la tradición cristiana la lectura alegórica va permitir justamente esta identificación. De tal manera que las palabras que Jehová pronuncio a favor de su pueblo, serán percibidos como si fuesen dirigidos a los cristianos. Es así que cuando el dios de Israel dice a su pueblo:

---
[200] 3,1.
[201] Sobre todo bajo el reino de Teodose II.
[202] Que muere en el 337.
[203] Es la traducción llamada Septuaginta.
[204] 2 Nephi 10,3.
[205] Jacobo 4,14.

"Vosotros sois dioses, e hijos todos vosotros del Altísimo",[206] esta claro que los cristianos van a considerar que se trata de ellos. De la misma manera que cuando el apóstol Santiago – patrón de España – comienza su epístola como ya lo indicamos, diciendo: Jacobo, siervo de Dios y del Señor Jesucristo, a las doce tribus que están esparcidas, salud[207], es evidente que los creyentes españoles creen que se trata de ellos.

Claro está, esta voluntad de identificación la encontramos a niveles diferentes, en distintos periodos. Pero resulta difícil comprender la historia de los pueblos cristianos, si no se tiene en cuenta la historia llamada sagrada. La cual, como ya lo subrayamos, se conviene, para estos pueblos, en el paradigma mismo de la historicidad. De tal manera que la historia de la salvación[208], se va realizar entre rechazo e identificación con el pueblo de Jehová.

Como ya lo indicamos, el punto de partida de este proceso se encuentra precisamente en la posición tomada por Justiniano en el Concilio de Nicea. Pocos meses antes, en la última batalla contra Licinio, Constantino arbora la cruz con el lema: ¡Bajo este signo venceremos! El mismo lema va ser empleado mas tarde por Hernando Cortés[209] en la conquista de México y lo cierto es que para los príncipes y reyes cristianos eso era una evidencia. En los tiempos modernos el fundador del Opus Dei, Escriba Balaguer, sostiene que la cruz es un signo de más[210]. Nietzsche, por su lado, sostiene en El Anticristo que el cristianismo es la razón última del engaño. Habla también de mentira y de cinismo.

La finalidad de la temporalidad cristiana, que se funda en los cuatros grandes concilios, es la parusia: el segundo regreso de Cristo sobre la tierra.

Lo cual debe de producir, según la tesis dominante, el juicio final y, según los otros, que han sido siempre minoría, el reino de mil años de Cristo sobre la tierra. Esto quiere decir que de una manera general, para la conciencia cristiana, el Apocalipsis no es la revelación de al finalidad mesiánica del pueblo de Jehová, sino más bien el fin del mundo. Se puede notar, de esta manera, un desplazamiento, el cambio de significación que este concepto toma, con respecto al texto atribuido a Juan.

El juicio final se manifiesta así como el evento producido por la parusia e inaugura el castigo de los malvados y la bienaventuranza de los justos, de los santos del último día. Por consiguiente, Jesús regresa para juzgar. Los castigados serán, entonces, entregados al infierno

---

[206] Salmos 82,6.
[207] 1,1.
[208] Es decir, esta temporalidad que se manifiesta entre resurrección y parusia.
[209] En el blasón de la bandera de Cortés estaba más concretamente escrito en latín: Amigos, sigamos la cruz, y si tenemos fe, con este signo venceremos.
[210] Sostiene además que": En Cristo tenemos todos los ideales: porque es Rey, es Amor, es Dios." Camino, 426.

para padecer sufrimientos sin fin; en tanto que los justos serán recompensados según la promesa cristiaca: con el reino de los cielos.

En la versión milenarista, la interpretación escatológica es, como ya lo señalamos, diferente. En efecto, según esta visión del segundo regreso de Cristo, la parusia inaugura el reino de mil años de Cristo. Por consiguiente, la aparición de un orden de justicia y de paz. Esto en el sentido que lo expresa la segunda carta de Pedro: "Esperamos cielos nuevos y una tierra nueva, en la que reinara la justicia".[211] Conviene, con respecto a este texto, recordar que en el sentido estrictamente bíblico, el reino de la justicia es el imperio de la voluntad del dios de los hebreos. Por consiguiente, la realización efectiva del proyecto mesiánico: el reino de Dios a través de su pueblo. Porque "para siempre se acordará de su pacto. El poder de sus obras anunció a su pueblo, dándole la heredad de las gentes."[212]

Dicho esto, recordemos que para muchos alumbrados, el segundo regreso de Cristo deberá estar precedido por la total conversión de los infieles. Por esto mismo, las empresas conquistadoras fueron siempre consideradas como obras santas y pías. De tal manera que la conquista de espacio vital[213] y la destrucción de los pueblos vencidos, ha hecho parte del proyecto santo por excelencia. Siempre se han celebrado con gran pompa estos eventos. Gracias infinites se han dado por la destrucción de los malditos, de los llamados descendientes de Can. Y cuando la culpabilidad ha logrado insinuarse en el espíritu de la congregación de los justos, no han olvidado de gritar al Dios de los dioses: "Haznos olvidar la sangre derramada, y nuestra lengua celebrara tu misericordia."[214]

Es de recordar, a ese propósito, que cuando los puritanos hacían sus acciones de gracia después de las matanzas de indios, solían recitar, entre otras cosas, en coro: "Nuestras bocas llenas estan de risas y nuestra lengua de cantos".[215] Los mormones, por su lado, no podían sentirse turbados por la sangre derrada en esas ocasiones. Para ellos, en efecto, los malditos son lo Lamanitas, la gente de "piel sombría".[216] Además, según esta doctrina, de los santos del último día, "el hombre natural es un enemigo de Dios."[217]

---

[211] 3,13.
[212] Salmos 111, 6.
[213] Del "Lebensraum" de los Nazis.
[214] Salmos 51, 16. – Aunque no tiene porque haber "remordimiento, ni turbación de corazón, por haber derramado la sangre" (1 Samuel 25,31) ya que "la palabra de Dios y la oración todo lo hace bueno". 1 Timoteo 4,4.
[215] Ver : The American Holocaust, David Stanard, Oxford Press, 1992, p.270. – Lo cual es una variante del Salmo 126,2: "Entonces nuestra boca se henchira de risa, y nuestra lengua de alabanza."
[216] Jacob 3,9.
[217] Mosiah 3,19.

En los tiempos presentes, la reivindicación de la destrucción de la otredad, es expresado de una manera directa por ciertos movimientos radicales en los Estados Unidos. Es así que los partidarios de la Rahova[218] - Racial Holy War – propugnan el derecho divino al odio, el derecho divino de la destrucción de todo el que no es ario, o reconocido como tal.

El hecho es, que todo este proceso que lleva a la formación de nuevos pueblos elegidos – con derecho divino de dominación absoluta y de machacamiento de la otredad[219] - solo pudo realizarse gracias a la deslegitimación de la antigua alianza, gracias a la deificación de Jesús. Otros pueblos reivindicaron de esa manera la sustancia ética del pueblo hebreo. Los neohebreos odian siempre al pueblo de Jehová, para afirmarse en su lugar.[220]

Ahora bien, esta obra de Constantino no solamente lleva necesariamente al paradigma del nuevo pueblo elegido, sino también al desarrollo del culto de singularidades. Más precisamente, a la iconolatría. Es importante comprender, en lo que a ésta problemática respecta, como ya lo subrayamos, que la cristolatría no va más allá de Cristo. En todo caso, la deificación de Jesús en Concilio de Nicea, va llevar a la concepción de la maternidad divina (Concilio de Efeso) y al dogma de la Santa Trinidad (Concilio de Calcedonia). Es justamente este concilio[221] que cierra el proceso fundador del cristianismo oficial, del cristianismo constantiniano.

Este concilio tuvo lugar un año después de la muerte del Emperador Teodoso II. Su hermana Pulqueria, se casa con el general Marciano y son ellos quienes van a organizar y dirigir el último concilio fundador. Se sabe que el Papa León Iero asiste a este evento. Él fue, sin duda alguna, el personaje principal después de la pareja imperial.

El dogma de la divina trinidad va consolidar y legitimar la cristolatría reinante. Por consiguiente, el culto marial y la iconolatría en general. Es de notar que en este concilio se rechaza definitivamente la tesis de Orígenes: la teología de la subordinación. Según la cual el Hijo es menor que el Padre y el Espíritu menor que el Hijo. Se establece, por consiguiente, una igualdad entre las tres personas. Es decir, entre el dios de los hebreos, el espíritu de ese pueblo[222] y Jesús. De tal manera que el espíritu de ese pueblo es el mediador entre Jehová y

---

[218] Este movimiento es una continuidad del Ku Kux Klan, de los tristemente celebres lichadores de negros.
[219] "Quebrantarlos has con vara de hierro: Como vaso de alfareso los desmemenuzaras." Salmos 2, 9.
[220] Por esto mismo no han logrado una autentica producción cultural. Tan solo han reproducido el contenido de La Biblia. Han, sin embargo, destruido todas las otras producciones culturales – porque consideradas como manifestaciones diabólicas -, para no dejar bajo el sol que simples lecturas del discurso bíblico. Claro esta, muchas cosas han logrado escapar a este vandalismo absoluto, como en Egipto, en Grecia, en el Espacio del imperio romano, en Mesoamerica, en la isla de Pascua y en tantas y tantas otras regiones en el mundo. La expansión del cristianismo y del Islam produjo desolación y ruina a escala universal.
[221] El Concilio de Calcedonia es el último concilio fundador y tuvo lugar en el 451.
[222] Recordemos, a ese propósito, que todo pueblo posee un espíritu y que el espíritu de un pueblo puede darse la forma de un superego y que este puede manifestarse como un ego-trascendental.

Jesús. Lo cual implica, desde un punto de vista puramente doctrinario, que Jesús es la continuidad y no la ruptura con respecto a la ley y a los profetas.

Lo que importa aquí, por consiguiente, es la legitimidad divina de Cristo Jesús. De tal manera que una vez reconocido como Dios, la cristolatría adquiere toda su razón de ser. Luego, como lo acabamos de señalar, con la cristolatría se va a desarrollar el culto de la Madre de Dios y de los bienaventurados que participan a la propagación del cristianismo: de los santos y de las santas. Comenzando, claro esta, con los apóstoles y luego, con los mártires. Se añaden además, como se sabe, a estos los grandes doctores como Agustín de Hipona, Tomas de Aquino y Teresa de Avila, para no mencionar que a los más conocidos. Luego aparecen las grandes figuras que han contribuido a la propagación de la fe, como por ejemplo: Helena la madre de Constantino, Clotilde la esposa de Clodoveo[223], Ignacio de Loyola el fundador de los jesuitas, Escriba Balaguer el fundador del Opus Dei, etc., etc., etc. Se sabe además que, por razones diversas, ha habido procesos de canonización fallidos, como han sido los casos de Isabel la Católica y de Cristóbal Colón.

Claro está, como bien se sabe, cada santo o santa tienen sus propias funciones, que están en relación con los milagros con que ellos agracian a sus propios devotos. Se dice, por ejemplo, que San Antonio permite encontrar el dinero y las cosas perdidas, y que Santa Lucía permite curar los males de los ojos. Las vírgenes[224] por su lado tienen, según las creencias populares, un poder milagrero más importante que los santos y las santas. Ahora bien, como es de notoriedad, hay vírgenes que son más milagreras que otras. Es el caso, según se dice, de la Virgen de Lurdes, de la Virgen de Fatima, o de la Virgen de Guadalupe.

Hay, sin embargo, dentro de este sistema de creencias algunas figuras santas que juegan un papel valorifico muy importante y que va más allá de la simple función milagrera. Es el caso particularmente de Santiago de Compostela. Recordemos que la peregrinación hacia Compostela permitió durante siglos la indulgencia plenaria. De tal manera, que esos peregrinos no tenían que comprar indulgencias, papales para absolver los pecados capitales cometidos. En todo caso, como se sabe, ésta peregrinación va permitir la reconquista cristiana de la península ibérica.

Santiago será, por consiguiente, el santo de los ejércitos conquistadores. Por esto mismo, se le ha honrado y agraciado con el titulo de Santiago mata moros, mata indios y mata negros. Lo cual es un resumen tétrico y esperpéntico de la historia conquistadora del

---

[223] Primer rey franco, a quien su esposa logra hacer aceptar el bautismo en 596.
[224] No es innecesario recordar que la "Madre de Dios", se manifiesta bajo formas diferentes, según los lugares en que ha aparecido. Adquiere de esa manera diversos nombres, que son muchísimos en el mundo católico.

catolicismo español. Claro está, no se puede rendir culto a un matador tan englobante, sin producir crimen y desolación de carácter universal.

En lo que se refiere a la figura de Cristo Jesús, se trata de la imagen salvífica por excelencia. Esto, independientemente del hecho que en las tradiciones populares haya diferencias milagreras y salvíficas. Como se puede comprender, la potencia sobrenatural de cada imagen depende, en última instancia, de la capacidad promocional de cada centro religioso y, por consiguiente, de su posición en el seno mismo de la Iglesia. Es, además, sabido que esta capacidad sobrenatural de las deidades cristianas no esta únicamente ligada a sus seres, sino también a sus partes y a todo aquello que ha estado en contacto con sus cuerpos. Es lo que de una manera general se llaman las reliquias. En el caso de Cristo, por ejemplo, se ha rendido culto a pedazos de la Santa Cruz, a los clavos con los cuales lo crucificaron, al paño en el cual se le envolvió una vez muerto y al Santo Prepucio.[225]

Todo esto presenta actualmente un carácter más o menos primitivo. Asistimos actualmente a una transformación importante de la doctrina y la practica del cristianismo. El cristianismo de Constantino se consolida con el Concilio de Trento (1542-1563), pero va a ser superado por el Concilio de Vaticano II (1962-1965).

En todo caso, la cristolatría que se va a imponer, a partir de Concilio de Nicea, va llavar a la idea según la cual esta singularidad es un absoluto. Se trata de un absoluto metafísico y no de un absoluto metaetico. Por esta razón, en la tradición ortodoxa se habla de Cristo como de un Dios Pantocrator. Es decir del Dios creador de la totalidad del ser. Lo cual es lógicamente y ontológicamente problemático, en la medida en que una singularidad no puede ser un absoluto. Y además, resulta absurdo decir que una singularidad humana ha creado el Cosmos. A este nivel conviene recordar que para los budistas, Buda no es un Dios. Se trata únicamente de este ser humano que es capaz de mostrar el camino del conocimiento supremo: de la sabiduría. Y como Confusio pudo decir: yo no he inventado nada, he tratado tan solo de transmitir la substancia misma de la experiencia humana. Y es, justamente, este apoyo en la universlaidad de lo humano que da a esas doctrinas una dimensión propiamente universalista.

---

[225] Actualmente la autenticidad de todas estas reliquias ha sido puesta en tela de juicio. Pero todo eso funcionó durante siglos y continua, en parte, jugando un papel importante en los cultos populares.

VIII : La ruptura protestante.

La Reforma no implicó una ruptura con el cristianismo de Constantino. Es más bien un movimiento radical en el sentido de la divinidad de Jesús. Este movimiento de ruptura con la Iglesia de Roma, va ser la consecuencia del gangsterismo de la jerarquía romana. El papado renacentista - con Rodrigo Borgia (el Papa Alejandro VI) a la cabeza - llevó la arrogancia y el desprecio a su máxima expresión. Nos llaman bestias, dice Lutero a los Príncipes de la nación alemana.

Hasta ese entonces, había prevalecido el celebre juicio de León Iero: "La dignidad de San Pedro no se pierde ni en el caso de un sucesor indigno."[226] La ruptura se va producir, sin embargo; pero la Reforma no pone en tela de juicio la tesis principal del Concilio de Nicea: la divinidad de Cristo. Además, los protestantes continúan considerándose como los herederos de la nueva alianza, incluso como los verdaderos herederos.[227]

La ruptura del movimiento reformista se sitúa, de una manera general en el dominio religioso positivo a tres niveles diferentes: Primeramente, con respecto a la jerarquía romana; en segundo lugar, en relacion al culto de las imágenes, y en tercer plano, en lo que respecta el uso de los textos bíblicos.

La ruptura con la jerarquía fue, sin duda, el acto más espectacular de la Reforma. Se pone, de esa manera, en tela de juicio la pretensión romana al poder absoluto. Por lo tanto, del papado como simple continuador de la casta sacerdotal del pueblo de Jehová y de los emperadores. Por consiguiente, de Rector máximo no solamente de la cristiandad, sino también de la humanidad entera.

La Reforma va también operar un movimiento de ruptura con respecto a la práctica de la iconolatría, que había tomado proporciones demenciales en el catolicismo. En efecto, dentro de la práctica católica, los creyentes veneraban más a los santos y a las santas que al mismo Cristo, o a Jesús y a su madre como en la ortodoxia. Además, se trataba a menudo de santos, cuyas vidas reales se habían perdido en las brumas de la era del oscurantismo. Eran, por ejemplo, santos que, según las leyendas, habían combatido dragones o que una vez decapitados habían marchado durante kilómetros, con la cabeza entre las manos.

Por consiguiente, la Reforma va rebasar el culto de la santería y de las vírgenes. Ya no se trata, para ellos, de glorificar a los que luchan por la extensión del cristianismo, en vías de salvar las almas de los increyentes. La salvación (en el más allá) como finalidad legitimadora,

---

[226] Ver a ese propósito Karl Heinz Descher, Op. cit. T.III, p. 125 y siguientes.
[227] Se puede constatar, que la duda al respecto no tocó esta manifestación de la conciencia cristiana.

de las empresas conquistadoras pierde de esa manera su sentido, para esta nueva practica cristiana. La cristolatría es la roca sobre la cual éste movimiento va construir su fortaleza.

El programa mismo de la Reforma expresa de una manera sintética, esta nueva manera de creer en el seno del cristianismo: "Sola fide, sola scripta".[228] La fe en Cristo, la fidelidad absoluta en la esencia misma del cristianismo de Constantino, es para la Reforma la condición de la salvación. Más precisamente, la simple creencia en la divinidad del Padre y del Hijo es la exigencia de la fe reformada. Ya no es, por consiguiente, la fe en el Papa[229] la que justifica la nueva creencia, sino más bien la fe en Jesús.

A la base de esta nueva creencia esta la idea según la cual, los fideles tienen que estar firmes en su pacto con Cristo Jesús. Esto, siguiendo lo que se dice en el siguiente pasaje de los Salmos: "Los que esperan en Jehová, ellos heredarán la tierra."[230] La fe, la fidelidad pura, aparece así como el camino mesiánico por excelencia.

De ese punto de vista, el protestantismo se acerca a la posición del Islam y es el mismo que vamos a encontrar más tarde en los mormones. En efecto según El Coran: "Dios prometió a quienes creen, que les concederá la tierra en heredad como la dio a quienes les precedieron".[231] Por su lado, los mormones sostienen: "Que si nosotros somos fieles, obtendremos la tierra prometida."[232]

De tal manera que la lucha por la fidelidad al hombre-dios, será la condición misma de la nueva creencia, su principio de autenticidad. Esto, claro está, a la diferencia del judaísmo en el cual es Jehová que es fiel a su pacto. Por esto mismo, como ya lo subrayamos, Pablo explica que si Jesús se hizo servidor de los judíos, es para mostrar que Dios es fiel y cumple con la promesa hecha a los patriarcas.[233]

El otra gran cambio introducido por la Reforma esta, como ya lo indicamos, en relación con los textos bíblicos. Es de notar, a ese respecto, que la Iglesia de Roma, siempre evitó, por todos los medios, que los creyentes[234] tuviesen acceso a los llamados textos sagrados. En la época del Santo Oficio de la Inquisición, se necesitaba una autorización

---

[228] Es de notar, a ese propósito, que la Iglesia católica acaba de abandonar la teoría de la justificación que opuso a Lutero, según la cual la salvación se obtiene por las obras y por las indulgencias. Por consiguiente, por medio de los actos que llevan a la consolidación de su poder y por medio de la compra de indulgencias y de misas. Este abandono y la consecuente aceptación de la teoría luterana, se produjo el 31 de octubre del 1999, en la ciudad de Ausburgo. Por consiguiente, en la ciudad en al cual Lutero expuso, en 1517, las celebres tesis que llevaron a la a ruptura protestante.
[229] Puesto que en la tradición católica apostólica y romana, se sostiene que el que creé en el Papa, creé en Cristo y el que creé en Cristo, creé en Dios.
[230] 37,9.
[231] Azora XXIV, 54.
[232] I Nephi 7,13.
[233] Romanos 15,8.
[234] Juan dice: "Y habrá un solo rebaño y un solo pastor". 10, 16.

especial para leer La Biblia. Los creyentes de base solo tenían acceso al misal. Esto es, a una lectura expurgada de la llamada historia sagrada.

Si la Iglesia actuó de esa manera, fue justamente por evitar que las gentes no se dieran cuanta que la lectura oficial era altamente problemática y que esos textos no son el compendio de un pensamiento axiológico. Había, por consiguiente, que evitar polémicas y la multiplicación de posibles herejías.

De ahí, que para el clero católico la empresa protestante, de dejar a todo mundo leer La Biblia, no podía más que aparecer como una obra demoníaca. Ahora bien, lo curioso del caso es que esta libertad no lleva al descubrimiento del contenido misantrópico de esos textos. No llevo, ni siquiera, a la toma de conciencia de que, como se repite al infinito, Jehová es el Dios del pueblo de Israel y que el sujeto del projecto mesiánico es ese pueblo mismo. Esto, tanto más, que los protestantes son grandes lectores de Antiguo Testamento. Este juicio vale también para sus intelectuales. Con la excepción de Hegel. El cual, además, no va muy lejos.

Por consiguiente, esta␣ceguedad implica que cada vez, que en esos textos, se trata de Israel, los lectores protestantes piensan que es de ellos mismo que se hace referencia. ¿Cómo explicar ese problema? Aristóteles pensaba, a ese propósito, que los seres humanos, muy a menudo, delante las cosas mas claras y más simples, se quedan ciegos como los murciélagos delante de la luz. Claro esta, este juicio no puede concernir el fenómeno que tratamos de comprender, dado que no se trata de un asunto ocasional, sino más bien de algo que lleva muchos siglos. Como se sabe, la creencia es una causa de cegendad: dado que, como lo subrayó Nietzsche, el que cree esta envuelto en el velo de su propia creencia. Sin duda alguna, el modo de lectura juega un papel importante. Muy a menudo se leen pasajes diferentes, de una manera desordenada. Lo cual impide percibir la coherencia misma de esos textos. Además esta el hecho que algunas personas tienden a recitarlos.[235]

Empero, todo eso no explica el problema al cual hacemos alusión. Juan Ignacio Ferreras piensa que la aparición de una lectura crítica es el producto del espíritu de nuestro tiempo. Es muy posible que así sea aunque es cierto también que la enormidad del asunto tienda a inhibir y a apabullar a cualquier espíritu crítico.[236] Pero, la ética del intelectual esta por encima de todo este tipo de problema. La lucha por la verdad y la justicia, es inherente al horizonte de la universalidad de este espíritu.

---

[235] Esta forma de lectura es muy común al judaísmo y al Islam. En éste se dice: "¡Salmodia el Corán!". Azora LXXIII, 4.
[236] Mas allá de este problema, queda el hecho que los textos bíblicos no son nada herméticos y que, en general, son más claros que el agua.

Dicho esto, en todo caso, constatamos que la libertad de lectura de La Biblia, como consecuencia del movimiento protestante, no va producir el desbarajuste que tanto temía la jerarquía católica. La función legitimadora continuara a jugar un papel de primera importancia, gracias justamente a la divinidad de Cristo. En efecto, no es difícil comprender que para el buen lector de La Biblia[237], esos textos son el breviario de la dominación como tal. Por consiguiente, de la dominación del hombre sobre la mujer, del señor sobre los esclavos y de los escogidos sobre los vencidos.

En lo que a la mujer se refiere el Eclesiastés nos dice: "Y yo he hallado más amarga que la muerte la mujer, la cual es redes, y lazos su corazon; sus manos como ligaduras. El que agrada a Dios escapara de ella; mas el pecador será preso en ella."[238] Siracida por su lado afirma: "Es con la mujer que comienza el pecado, y es a causa de ellas que morimos todos."[239] Por esto mismo Pablo subraya: "que Cristo es la cabeza de todo varón; el varón es la cabeza de la mujer; y Dios la cabeza de Cristo".[240] De ahí que para Pablo: "Las casadas" deben de estar "sujetas a sus propios maridos, como al Señor."[241]

Por lo que a los esclavos se refiere, recordemos que para Pablo estos seres tienen que estar sometido a su amo como al Señor.[242] Además les dice: Todo lo que hagáis, hacedlo de animo como al Señor, y no a los hombres. Sabiendo que "del Señor recibiréis la compensación de la herencia: porque al Señor servís."[243]

En lo que a la dominación de los escogidos sobre los pueblos se refiere, ya hemos visto como los textos bíblicos son absolutamente claros. Además, subrayamos el hecho que el proyecto mesiánico – de la dominación universal – es la razón de ser de estos textos. Por consiguiente, el objetivo fundamental no es únicamente la conquista del espacio vital – la donación -, sino, sobretodo, la dominación universal. De ahí que el pueblo escogido deberá quebrantar a todos aquellos que osen levantarse. En todo caso, los pueblos que no quieran servir al pueblo de señores, tendrán que ser exterminados, como lo dice Isaís.[244] Claro esta, en toda esta atrocidad satánica, los señores deben actuar sin piedad. Porque como dice Jeremías: "Malditos los que matan con negligencia. Maldito el que retire su espada de la sangre."[245]

---

[237] Y los protestantes un poco cultivados – y no se necesita de mucho – lo son, sin ninguna duda. No hay más que darse una vuelta por el "Bible belt" del sur de los Estados-Unidos para constatarlo.
[238] 7,26. La Santa Biblia, Antigua versión de Casidoro de Reina. Versión protestante, Londres, 1963.
[239] 25,33.
[240] 1 Corintios 11,3.
[241] Efesios 5,22. – Ver también Colosenses 3,18 y 1 Pedro 3,1.
[242] Efesios 6,5.
[243] Colosenses 3,24. – Ver También: Tito 2,10 y 1 Pedro 2,18.
[244] 60, 12.
[245] 48, 10. – Es justamente este sistema de principios que va condicionar el comportamiento de los colonos cristianos – tanto católicos, como protestantes, como ortodoxos – y que va ser resumido por Tocqueville, en su

En todo caso, la ruptura protestante no representa un cambio radical en el orden doctrinario. Lutero no logra rebasar el cristianismo de Constantino, aunque si toma conciencia de la dimensión particular de esa religiosidad. Esto, en el sentido en que en su seno todo esta atado a la existencia del pueblo de Jehová. Por esta razón quiso, en un momento, suprimir el texto de l'Apocalipsis de La Biblia protestante. Dado que la consideraba demasiado judaico, como ya lo constatamos.

Se va a acoger, sin embargo, al principio de la divinidad de Jesús y va rechazar al pueblo de Jehová de una manera particularmente violenta. Estas ideas fueron expuestas en su texto sobre Los Judíos y sus mentiras, de 1543, en el cual propone la expoliación y la exterminación de ese pueblo. Ideas que, sin duda alguna, fueron conocidas por Adolfo Hitler y no dejaron de inspirarlo...[246]

Fue en el campo social que el movimiento protestante, tuvo incidencias de primera importancia. No se trata, empero, de sostener con Max Weber que el protestantismo es el espíritu del capitalismo. La tesis weberiana de la predestinación calvinista, resulta particularmente problemática. En efecto, la revolución industrial se produce en Inglaterra y no en Ginebra; se realiza a fines del diecisiete y no a mediados del dieciséis.

En el dominio social, la importancia del protestantismo se manifiesta concretamente a nivel de la repartición de las riquezas. En efecto, hay que comprender dos problemas esenciales: En primer lugar, el hecho que la concentración de riquezas en manos de la iglesia catolica era considerable, y, en segundo lugar, que la ruptura protestante provocó una desamortización de primera importancia.

En lo que toca al primer punto, es importante recordar que en la época de la ruptura protestante – entre 1517 y 1541[247] - la iglesia católica controlaba alrededor de un tercio de los bienes inmobiliarios de los diferentes reinos. En algunos lugares, esta proporción fue muy superior. Es así que en la América Española esta proporción fue del orden del 50% a fines de dieciséis, como consecuencia de las Nuevas Leyes. Hacia mediados del dieciocho, antes de la expulsión de los jesuitas (1767), esta proporción fue superior a los 2/3 de esos bienes.

El hecho es que con la ruptura protestante se va producir la desamortización de los bienes del clero. La iglesia reformada considera, entonces, no tener necesidad de todas esas riquezas para realizar su misión religiosa. De tal manera que esta desamortización, va

---

texto sobre La Democracia en América y que puede ser formulado de la manera siguiente: Consideran los pueblos de color como si perteneciesen a un género diferente. Si no les sirven, los destruyen. Libro I, Capituló 18. – Este comportamiento va dar el racismo en sus diferentes variantes y va imponer el odio y el desprecio por la eternidad. Es lo que no es difícil observar, por ejemplo, en el continente americano.
[246] Curiosamente, desde el proceso de Nuremberg, se ha impuesto un "black out" al respecto.
[247] Para fijar fechas. No obstante, es un fenómeno que duró siglos.

provocar una nivelación económica importante en los países reformados. Además, la iglesia reformada será menos intervensionista en el dominio económico. Por esta razón los Estados de Holanda declararon, en 1658, no estar ligados al principio de la prohibición del préstamo con interés. Lo cual va permitir el desarrollo del crédito, sobre todo en Inglaterra, otro país protestante.

Podemos entonces decir que la reforma crea las condiciones de la revolución jurídica y económica que se va producir más tarde. La supresión de la presión económica y social producida por un inmenso cuerpo parasitario y predatorio como la iglesia católica, no pudo más que liberar energías y permitir el acceso a un estado superior en la reproducción material y social.

IX : Las nuevas coordenadas I

Este fenómeno de ruptura, se va producir con la Revolución inglesa. Más precisamente[248], con el Habeas Corpus Act, del 27 de mayo 1679; es decir, en el momento en que el Estado reconoce y garantiza la libertad de los individuos. Por consiguiente, con la institucionalización de la seguridad jurídica, del individualismo[249]. Asistimos así al punto de partida de dos movimientos: el uno político y el otro economico. El proceso político puede expresarse de la manera siguiente: el individualismo (la seguridad jurídica), lleva al pluralismo, y el pluralismo al Estado de Derecho. Por consiguiente: el *Habeas Corpus Act* secreta los partidos politicos[250] - los liberales y los conservadores -, lo cual lleva necesariamente a la institucionalizacion del Estado de Derecho, con la celebre Declaración del 23 de febrero del 1689.

Este proceso había sido ya comprendido por la filosofía política aristotélica y griega en general. Se sabía, en efecto, que el individualismo es un producto del derecho; que el individualismo no podía más que llevar al pluralismo y por consiguiente al Estado de derecho. Hay aquí una especie de automatismo, dando que la libertad política no puede más que producir el pluralismo. Y éste lleva, precisamente a la existencia de una regla superior – una Constitución – capaz de regular la alternancia y evitar el enfrentamiento entre las élites del poder, es decir la guerra civil.

Conviene notar, que este proceso político no fue inspirado por la filosofía política griega. A la base se encuentra la reflexión de John Locke, en su <u>Ensayo sobre la Tolerancia</u>, de 1666, la cual sigue su propio derrotero. Todo indica que en la época, el pensamiento de Aristóteles estaba hipotecado por la forma de pensar que se rechazaba: la escolástica. Puesto que el pensamiento aristotélico había sido empleado para legitimar los sistemas religiosos, llamados monoteístas.

Constatamos, en todo caso, que el pensamiento de Locke no logra alanzar el contenido de las coordenadas racionales formuladas por la filosofía política griega. Esto es cierto, incluso, si se tiene en cuenta su texto Tratado sobre el Gobierno Civil, de 1688 y que va

---

[248] Recordemos que la Revolución inglesa es ese proceso que va de la Petición de los Derechos (en 1628), a la Declaración de los Derechos (en 1689). Este proceso contiene como momentos esenciales: la guerra civil, Cromwell y la Republica, la Restauración, el *Habeas Corpus Act* y la Gloriosa Revolución.
[249] Es lo que en la Revolución francesa va tomar la forma de La Declaración de los Derechos del Hombre y del Ciudadano.
[250] Los cuales aparecen con motivo de la discusión de ese texto. En Francia el pluralismo aparece unos días más tarde. En efecto, la discusión de los derechos tiene lugar entre el 20 y el 26 de agosto del 1789, en tanto que la aparición de los partidos políticos – del pluralismo-, se produce el 11 de septiembre, con motivo de la discusión sobre el derecho de veto de la producción jurídica por el Rey.

incidir en la Declaración de los derechos, del 23 de febrero de 1689, que culmina la Revolución inglesa. En efecto, la filosofía ética y política griega había subrayado el hecho que la moral social se objetiva a través de un proceso convencional. Además, esta filosofía había simplicitamente[251] formulado ya el hilo conductor de ese proceso. Más precisamente, el movimiento cuyo punto de partida es la *"isotimia"* – es decir la igualdad en dignidad de los seres humanos – y cuyo desenvolvimiento se manifiesta a través la *"isonomia"* (la igualdad jurídica) y culminar en la *"isocracia"*: la igualdad delante del poder. Es justamente este proceso que debe de llevar a la realización de la finalidad ética de lo humano: la creación de una comunidad de iguales, de una comunidad de ciudadanos. Para llevar después a la creación una verdadera comunidad de naciones, capaz de realizarse en al universalidad de relaciones. Lo cual, como se puede comprender, implica la negación de todo sistema de valores que no conciba la otredad como un ser digno de respeto, sino más bien como una cosa o como un ser que tiene que ser exterminado.

El hecho es que, para hacerlo plenamente inteligible, el proceso político que se desarrolla con la Revolución inglesa, tiene que ser integrado dentro del movimiento conceptual que se insinúa en la filosofía ética y política[252] de los clásicos griegos. Más precisamente, el movimiento de realización de lo político comienza con el reconocimiento convencional de los derechos individuales, para desarrollarse luego a través del pluralismo y del Estado de derecho. Ahora bien, el Estado de derecho no es la finalidad de ese proceso que lleva a la comunidad de iguales, sinon mas bien un simple momento. En efecto, el Estado de derecho[253] puede manifestarse ya sea como orden oligárquico, ya sea como sistema democrático.

La regla de la mayoría, condiciona ambos sistemas y permite sus manifestaciones. Porque a partir del momento en que existe el individualismo, la ley de la mayoría es la única posibilidad que tienen esos sistemas para determinarse. Esto, tanto más, que el Estado de derecho implica el principio de la soberanía popular. En efecto, el Estado de derecho surge a

---

[251] Recordemos que este pensamiento nos llega en retazos. El vandalismo cristiano, en la época de su avance conquistador, destruyo infinitamente. De tal manera, que del gran pensamiento de los presocráticos, por ejemplo, sólo nos quedan fragmentos. Podemos, sin embargo, tratar de reconstruir las coordenadas principales de ese espíritu.

[252] A ese propósito, es importante tener en cuenta que por Aristóteles la ética se manifiesta, en su objetivación, a través del derecho, de la política y de la economía. De esa manera, el orden social es un producto de la convención. El cual orden es, en tanto que ordenamiento institucional, el resultado de la concretización del derecho. Por consiguiente, el orden social es derecho objetivado.

[253] Conviene recordar que el concepto de Estado de derecho implica, convencionalmente, la existencia de una regla fundamental. Porque, generalmente hablando, todo Estado es una entidad producto de la normatividad.

partir de la soberanía del soberano, para pasar a la soberanía popular. Por consiguiente, a la ley de la mayoría.

Esto hace que no es el sufragio popular lo que caracteriza la democracia. El pueblo que detiene la soberanía, dentro del Estado de derecho, puede coincidir más o menos con la totalidad de la sociedad civil, en tanto que comunidad de adultos. El hecho que esta comunidad sea más que menos vasta, no es la condición de la democracia. Ambos sistemas – el oligárquico y el democrático – pueden reposar sobre una comunidad retringinda, como lo implico el sistema censitario que existió en el diecinueve y que excluía a las mujeres, y a los hombres que no eran poseedores de bienes raíces. Estos sistemas políticos pueden también reposar sobre una comunidad racial y religiosa muy restringida. Fue el caso de los Estados Unidos, en la época de su formación que excluía del sufragio y de la participación al juego político, de todo ser que no fuese un hombre blanco, protestante y propietario de bienes raíces. Lo cual excluía, como se puede comprender, todas las mujeres, los hombres blancos que no eran protestantes y propietarios, y, claro esta toda persona de color.

El desarrollo del sistema electoral, por llegar al sufragio universal, no es, por consiguiente, el resultado del hecho de pasar de un sistema oligárquico a un sistema democrático. Se trata, más bien, de un proceso de extensión del principio de la igualdad, propio de la lógica del Estado de derecho. Como ya lo indicamos, el Estado de derecho reposa sobre el principio de la *"isonomia"*, de la igualdad jurídica y tiende a realizarse plenamente en la *"isocracia"*, la igualdad delante del poder. Esto quiere decir que dentro del proceso político asistimos a un movimiento de realización de la igualdad jurídica y de la igualdad política.

Aristóteles había ya notado que en el orden oligárquico, siempre son los mismos los que ocupan el espacio público. En tanto que en la democracia, se produce la alternancia pura. Por consiguiente, el derecho de todos a participar, según el principio de la alternancia, al espacio del poder. De tal manera, que la existencia de una casta de permanentes – de lo que actualmente llamamos la nomenklatura – es contraria a la lógica de la democracia y corresponde, mas bien, a la lógica de la oligarquia.

Es importante comprender que la irrupción de lo político, como regulador social, no implica solamente la soberanía popular, sino también el reconocimiento de la cosa publica como la propiedad común, como el bien de todos los miembros de la comunidad. Esto hace, por consiguiente, que la cosa pública no puede ser objeto de apropiación dentro de la lógica de este orden, como era el caso en el orden que llamamos, por convención, el Antiguo régimen. En el cual la cosa publica pertenecía al Soberano. La nobleza y el clero participaban al festín, según la voluntad del soberano.

De tal manera que, dentro de la lógica de lo político, la cosa publica no puede ser objeto de apropiación privada. Con la irrupción de esta nueva lógica, se establece una diferencia radical entre el dominio de la propiedad privada y el dominio de la propiedad pública. Ahora bien, una vez la apropiación excluida, queda el problema del control de la cosa publica, por una minoría, por una casta de señores de la cosa publica. Es, justamente, esta problemática que se resuelve con la democracia, puesto que éste sistema político implica la alternancia pura; es decir, la alternancia tanto de la elite política como de la élite administrativa.

Esta diferencia, puede también explicarse de la manera siguiente. En un sistema oligárquico, la elite administrativa secreta la élite política, en tanto que en la democracia es la elite política que produce la elite administrativa. De tal manera que el principio de la alternancia pura permite, al máximo de ciudadanos, de acceder a los puestos públicos. – Antes de ir más adelante, conviene notar que el pacto oligárquico[254] es un orden prepolitico, en el sentido en que el principio de la soberanía no es eficaz. En efecto, son los jefes de los partidos quienes deciden la alternancia política y no la mayoría de los ciudadanos.

Para continuar con la problemática que nos interesa inmediatamente, hay que subrayar que en el orden oligárquico, no hay "*isocracia*", puesto que los que acceden a los puestos políticos son esencialmente miembros de la elite administrativa. El orden político francés, que conocemos actualmente, es a ese nivel un modelo. En efecto, en éste sistema la estructura principal de la administración esta compuesto de permanentes. La cual esta instituida según la lógica de la nomenklatura. Lo altamente modelico es, sin embargo, el hecho que la elite administrativa esta formada y sale de la misma escuela: la Escuela Nacional de Administración (la ENA)[255] De tal manera que, como en un sistema oligárquico, la elite administrativa produce la elite política en el orden político francés. Por consiguiente, la elite política francesa esta compuesta esencialmente de enarcas. Lo cual hace que esta casta controla lo esencial del espacio público y por fin de una parte importante del espacio económico. Esta ultima parte del control social, esta en relación con la importancia de la participación publica en la economía.

El hecho es que en un sistema oligárquico hay dos tipos de ciudadanos: los que lo son en el sentido aristotélico, en tanto que sujetos del poder, y los que tienen la función de

---

[254] Tal como existió, por ejemplo, en España después de la primera Republica, hasta la dictadura de Primo de Rivera, en 1923.
[255] Conviene notar que los miembros de esta escuela son llamados enarcas. Además, esta escuela fue creada en 1946. – Es de notar también que la escuela Politécnica proporciona el segundo nivel de esta elite. La cual, de una manera general, esta formada por las llamadas Grandes Escuelas, y no por las universidades, como en los otros países occidentales.

legitimar a los que acceden al poder. La diferencia establecida por Sieyes, en la época de la Revolución francesa, entre ciudadanos activos y ciudadanos inactivos, puede ser también comprendida en este sentido. Por consiguiente, esta relación política entre sujetos del poder y ciudadanos legitimadores, desaparece con la democracia.

De tal manera que este orden tiene como finalidad: de un lado, el rebasamiento de la dualidad política entre verdaderos ciudadanos y seudo-ciudadanos, y del otro lado, el impedir el monopolio de la cosa publica por una casta de señores. Esto hace que la democracia realiza plenamente el Estado de derecho, al concretizar la *"isocracia"* y permite el respeto de la cosa publica, en tanto que propiedad común del conjunto de la comunidad social.

Ahora bien, el proceso político no se realiza plenamente con la democracia. Ya hemos visto que esta finalidad es la comunidad de iguales, tanto al nivel de las naciones en particular, como a nivel de la comunidad de las naciones en general. Concretamente hablando, el Estado de justicia es el deber ser del Estado democrático. Y el Estado de Justicia es este orden que se da como finalidad la creación de la igualdad de posibilidades, tanto a nivel particular como a nivel universal.

En lo que a la dimensión particular se refiere, es importante comprender que el sistema electoral determina a los que acceden al poder y no lo que estos hacen con el poder. Esto es, más precisamente, la relación concreta del poder con su finalidad ética. Porque no hay que olvidar que el discurso político, en su forma pervertida, tiende a tomar la lógica de la demagogia. Todo puede ser legitimado, incluso las monstruosidades más grandes, al adoptar, como decía Protágoras, la mascara de la justicia.

Por consiguiente, el Estado de justicia no es el orden en el cual los dirigentes, se glorifican con los valores universales y los privilegios, sino más bien el orden en el cual, la comunidad de iguales es el fin práctico de la acción política. Es así que la política del Estado de justicia, se manifiesta concretamente en la producción normativa, como al nivel de la utilización de los recursos comunes. Esto es, de la formación y de la distribución e la cosa publica. Se trata, en todo caso de crear las condiciones de la comunidad de iguales, tanto en el orden particular de la nación, como a nivel de la comunidad de las naciones.

Por lo que se refiere a la formación y a la distribución de la cosa pública, debemos tener en cuenta que se trata de lo que Aristóteles llamaba la justicia contributiva y la justicia distributiva. Como ya lo subrayamos estas practicas, como toda manifestación social, presupone la producción normativa. En efecto, la practica de la razón, tiene como fundamento la razón teórica. Es, justamente, en este proceso de realización axiológico de la sociedad, que el ser humano toma conciencia que lo que se desenvuelve en esta practica es la manifestación de la razón universal

Por consiguiente, el contenido axiológico de la practica social que se da como finalidad la comunidad de iguales, se manifiesta como conciencia clara en el proceso de la producción normativa que se objetivaza en la justicia contributiva y la justicia distributiva. Aristóteles había ya señalado el hecho que la justicia se manifiesta en la sociedad a dos niveles, de un lado, la justicia correctiva y del otro, la justicia distributiva. Es importante notar que la justicia correctiva se realiza en al sociedad civil y tiene como finalidad el establecimiento de la igualdad proporcional. En tanto que la justicia distributiva esta en relación con la distribución de la cosa publica y contribuye a la justicia política y a la nivelación social. Pero antes de desarrollar la manifestación de la justicia distributiva y de la justicia contributiva que asegura su manifestación, vamos a tratar de comprender la lógica de la economía que se desarrolla con el *Habeas Corpus Act*.

X : Las nuevas coordenadas II

Como ya lo indicamos con el *Habeas Corpus Act*, va producirse el fenómeno de la seguridad jurídica. Esto quiere decir que, en Inglaterra, a partir de ese momento las clases populares van a poder disponer con toda seguridad de sus reservas, sin temor a que los señores se acaparasen de ellas. Es importante notar, en efecto, que en el llamado antiguo régimen los señores – del clero como de la nobleza – eran, muy a menudo, al mismo tiempo patrones, recaudadores y jueces. De tal manera, que si se enteraban que un campesino poseía oro lograban quitárselo de una manera u otra. De tal modo que los campesinos no tenían, posibilidad de recurso delante la arbitrariedad de los señores. Esto, tanto más, que los campesinos – la inmensa mayoría de la población en esa época – vivían endeudados[256] con sus amos.

Es así que con el *Habeas Corpus Act*, con el principio de la seguridad jurídica, va aparecer algo nuevo: la posibilidad para todos los miembros de la sociedad civil de poder disponer y emplear libremente sus propios recursos. Más precisamente, las disponibilidades monetarias. Ahora bien, los miembros de las comunidades inferiores, estaban aterrorizados en los órdenes sociales anteriores a la aparición de la seguridad jurídica.

Para hablar de ese mundo, de una manera general, se emplea el concepto de sociedades precapitalistas. Llegamos de esta manera a la noción de capitalismo. Concepto que hay que tratar de especificar, para evitar confusiones; en todo caso, juicios problemáticos con respecto a la realidad. Conviene recordar, además, hasta que punto desde el siglo diecinueve se ha empleado ese concepto de una manera tan arbitraria e irracional que se ha convertido en una noción particularmente equivoca.

Para salir de esta lamentable confusión, debemos tener en cuenta en primer lugar que, de una manera general, el *Habeas Corpus Act*, del 27 de mayo 1679, crea una línea divisoria en el proceso de esta historia que tratamos de comprender. Ya indicamos la importancia de esa ruptura, en el capitulo anterior, al hablar del derecho y de la política. Más precisamente, al señalar que ese evento marca el surgimiento de una nueva era: el del reino del individualismo.

Conviene notar, en segundo lugar, que esta diferencia se manifiesta concretamente con el pasaje de la acumulación simple a la acumulación ensanchada. Es decir, del mundo precapitalista, al orden capitalista. No es innecesario recordar que ese proceso se produce primero en Inglaterra y se va extender después poco a poco en el resto del mundo. De tal

---

[256] Esto es lo que los Chilan Balam, los letrados mayas, en la época colonial, llaman de una manera altamente significativa: las deudas pagadas a las espaldas.

manera, que a partir de ese momento, asistimos al nuevo despegue del logos de la razón. El cual había comenzado a manifestarse en la civilización griega y romana, como ya lo indicamos. Lo importante de este nuevo momento es que, a partir de entonces, va ir adquiriendo una dimensión cada vez más universal.

Concretamente hablando, con la seguridad jurídica va surgir el fenómeno de la acumulación ensanchada; por consiguiente, se va producir el rebasamiento de la acumulación simple. Esto es, del atesoramiento. Se pasa así, de la prohibición del préstamo con interés, a la legalización del crédito. Constatamos, por consiguiente que en el mundo precapitalista – que corresponde, en esta historicidad, al mundo católico y ortodoxo – la acumulación ensanchada no podía existir. Esto, comenzando por la simple razón que el préstamo con interés era considerado como un mal.

Es de notar, a éste respecto, que esta prohibición no esta formulada de una manera directa en El Nuevo Testamento, como es el caso del Coran. En efecto, el préstamo con interés es considerado como la usura en este ultimo. Por eso se dice: "Dios ha permitido la venta, pero ha prohibido la usura". Añade además: "Que los que se nutren de usura, no se levantaran el día del juicio."[257] Por consiguiente, si los creyentes "no renuncian a la usura" deberán esperarse a la guerra que les hará Dios y su Profeta.[258]

La prohibición impuesta por el cristianismo dominador, se dice que tiene su fuente en el Antiguo Testamento; se le atribuye tambien a Aristóteles. En realidad, este fenómeno es un tanto más complejo, porque ni el uno, ni otro son la causa de esa prohibición. En efecto, en lo que a La Tora se refiere, las cosas son claras: "Podrás obtener interes del extranjero, pero no podrás obtenerlo de tu hermano."[259] Se añade además: "Prestarás a muchas gentes, y tu no tomarás prestado."[260]

Esto quiere decir, por consiguiente que esta prohibición impuesta por Jehová, solo concierne los miembros de la comunidad de sus elegidos. No puede haber logro entre ellos. Les prohíbe también endeudarse con los otros. Sin embargo, el préstamo hacia los otros es totalmente permitido e incluso aconsejado. No se puede, por lo tanto, decir que el Antiguo Testamento se prohíbe la práctica del préstamo con interés.

No olvidemos que los hijos de la segunda alianza se consideraban, en todo, herederos de los de la primera. De tal manera que, normalmente, estos últimos hubiesen tenido que

---

[257] Azora II, 275.
[258] Ibidem.
[259] Deuteronomio 23,20. – Debe de notarse que en el Levítico se afirma: "Vuestros hermanos, los hijos de Israel". Ver también: 1 Reyes 12, 24.
[260] Deuteronomio 28, 12.

haber asumido las ordenes de Jehová. Es decir, prestar sin interés a los miembros de la comunidad de creyentes. Por consiguiente, practicar la usura únicamente con los increyentes, con los que no adoran al hombre-dios. Esto, tanto más, que Jehová liga el préstamo con interés con la dominación. Por esto le dice a su pueblo: "Prestarás a muchas gentes, más tu no tomarás prestado; y enseñorearte has de muchas gentes, pero de ti no se enseñorearan."[261]

En vez de esto, ¿a que asistimos, en esta larguísima historia del cristianismo dominador? Asistimos, como se sabe al hecho que la Iglesia prohíbe el préstamo con interés por parte de los cristianos[262]. En tanto que los judías tenían, en principio, ese derecho, lo cual es como lo acabamos de señalar, conforme a las palabras de Jehová. Ahora bien, conviene notar que, en esa época, el crédito no estaba reglamentado. Lo cual hacía que las tasas de crédito eran altísimas. Provocando de esa manera endeudamiento masivos y levantamientos de las poblaciones endeudadas. Recordemos, en efecto, que los pogromos anti judíos fueron muy a menudo provocados por el endeudamiento. De tal manera, que los judíos aparecían como estafadores y usureros. Luego les llovían las acusaciones de deicidio y otros tantos males inventados por las masas fanatizadas. No se olvide, que muchísimas veces la nobleza conocía también el fenómeno del endeudamiento.

En todo caso, la actitud de la Iglesia en esta problemática del crédito con interés, parece haber estado condicionada por el hecho que en la economía lo que les interesaba era la ganancia fácil, el pelotazo, la política del golpe[263] a los tontos, a los quebrantados y a los que ya estaban por tierra. La venta de las indulgencias, el derecho de soqueo y de esclavitud[264], de los llamados increyentes, eran para ella prácticas muy beneficiosas.

Más allá de esta problemática del comportamiento económico del Papado con respecto al préstamo con interés[265] es importante tratar de comprender la razón de esa prohibición. En efecto, si nos referimos a la historia anterior al cristianismo, nos damos cuenta – a partir de Momsen y de otros historiadores – que en ese mundo el préstamo con interés tendía a presentar dificultades, por el hecho mismo que la tasa de crédito legal, no se respetaba, no

---

[261] Ibidem. 15, 6.
[262] Hubieron muchas excepciones. Fue el caso, particularmente, de los grandes banqueros italianos de Florencia. Los lombardos, sin embargo, no practicaban, en principio el crédito. Sus actividades se limitaban al cambio y a la transferencia de fondos.
[263] El papado siempre tuvo presente al espíritu las palabras de Isaías: "Y mamaras la leche de los pueblos, las riquezas de los reyes chuparás". (60, 16)
[264] La verdad es que Juan Pablo II, pidió perdón a los africanos en 1992, cuando fue a la isla de Gorea, por los, algo así, como 54 millones de muertos que provocó el comercio triangular y que duró casi cuatro siglos. Lo cual implica, como se puede comprender, reconocimiento y no borradura de lo acaecido. Es de notar que el Papado no ha alcanzado aún esa magnanimidad con los indios. Con respecto a los cuales las cifras son muy superiores.
[265] Esto, independientemente del hecho que en algunas circunstancias, las congregaciones hayan avanzado fondos a las autoridades, en diferentes reinos y diferentes periodos históricos. Lo cual se hacia, además, frecuentementoe en cambio de privilegios y no de interés.

era eficaz. Por consiguiente la tasa real era muy superior al tipo legal. Esto provocaba una tendencia al sobreendeudamiento y, por consiguiente, al empobrecimiento cada vez mayor de la sociedad.

Para comprender la importancia de ese fenómeno, hay que tener en cuenta dos problemas esenciales. En primer lugar el nivel de desigualdad social que constatamos en esa sociedad, y en segundo lugar, justamente, los altos niveles de las tasas reales de crédito. En efecto, en lo que al primer punto se refiere, debemos de recordar que esa sociedad compuesta de patricios, plebeyos y esclavos, es un orden en el cual una minoría muy reducida poseía la parte principal de las riquezas sociales. La clase de los plebeyos era más bien pobre y los esclavos dependieron siempre de la magnanimidad de sus señores. De tal manera que el sobreendeudamiento era una especie de sistema a producir esclavos. Puesto que en la tradición griega y romana, los insolventes, sus familias y sus bienes eran vendidos para indemnizar a los acreedores.

Por lo que es de las tasas reales de crédito, todo indica, según Momsen, que la tasa legal se situaba alrededor de 12%. Lo cual implica que esa tasa corriente podía situarse en torno al 20%. Ahora bien, para comprender la exageración de esos tipos, hay que tener en cuenta que en esas civilizaciones el oro era el patrón monetario. Se habla de bimetalismo – oro y plata -, pero en última instancia era el metal amarillo que determinaba el valor de las monedas en circulación. Por eso constatamos la variación de la plata con respecto al oro. Por consiguiente, esas civilizaciones poseían un instrumento monetario muy estable, esto es sin inflación. Lo cual hace que tasas de 12 y más por ciento, no podían más que provocar el sobreendeudamiento. En efecto, históricamente sabemos que con una moneda estable los tipos de intereses inferiores a 5% permiten la reactivación económica y los tipos superiores tienden a producir el estancamiento económico. Esto, tanto más, - como se puede comprender – si esos tipos se alejan de ese nivel medio. De todas maneras, conviene recordar que el nivel de actividad económica de una sociedad depende de los tipos de intereses en razón inversa.

Además de estos problemas económicos, conviene recordar que en esas sociedades el atesoramiento provocaba el fenómeno de la rareza de moneda en circulación. Pasamos, entonces al desarrollo de este problema del nivel de atesoramiento. El cual nos va permitir comprender muchas cosas. Particularmente, los altos niveles del crédito en las sociedades precapitalistas. En efecto en estos sistemas – en los cuales hay que incluir la civilización greco-romana y la civilización cristiana, en sus dos fases: la feudal y la burguesa clásica – la acumulación monetaria se hacía abajo la forma del atesoramiento. Es lo que llamamos la acumulación simple. Esto es, las gentes escondían en sus hogares las disponibilidades monetarias que no necesitaban para vivir.

Normalmente lo que se acumulaba bajo esta forma era: en primer lugar el oro y en segundo lugar la plata[266]. De tal manera que estos metales circulaban muy poco. Solo circulaban, en abundancia relativa, las monedas de cobre y las diferentes aleaciones[267]. De tal modo que esta forma de acumulación provocaba no solamente rareza de moneda en circulación, sino que también la esterilizaba.

Por consiguiente, esta forma de acumulación hacía que la riqueza de una sociedad no dependía de la abundancia de los metales preciosos que controlaba, sino más bien del nivel del intercambio, es decir de la actividad económica. – A ese nivel, la España de Felipe II fue justamente un modelo de una sociedad inmensamente rica en metales preciosos y pobre económicamente. La expulsión de los moros y el desdeño por el trabajo de los cristianos viejos, no hizo más que empobrecerla. De ahí que España tuviese que importar cada vez más bienes[268], provocando de esa manera el enriquecimiento de los otros reinos.

El hecho es que se pensaba en los tiempos posteriores a Augusto, con el comienzo de la era cristiana, que la rareza de moneda era provocada por la práctica del crédito. EL préstamo con interés tendía, se decía, a provocar la sobreacumulación. El banquero, más precisamente, el prestamista, apareció entonces como el avaro que acumulaba dinero de manera obsesiva y, además, lo multiplicaba por medio de la usura. Es justamente, a este nivel, que va producirse la incidencia del pensamiento Aristóteles[269]. De tal manera que el crédito va aparecer como la causa de la rareza de moneda; por lo tanto, del emprobecimiento generalizado y de la explotación de los que viven de su salario. Además, es justamente este sentimiento que se va exacerbar con el triunfo del cristianismo y que va llevar a posiciones anti-monetarias y por consiguiente al pensamiento anti-crematístico de los primeros padres de la Iglesia. Para los cuales la moneda es el cagajón del diablo, por lo tanto, la sustancia misma del mal.

---

[266] De una manera general, se sabe que en la civilización greco-romana la relación de valor entre el oro y la plata fue un poco superior al 1 por 10. Fue de un poco más de 1 por 11 antes de Donación papal del nuevo continente, y paso de 1 a 16, más o menos, a fines del dieciseite. Este cambio, fue sobre todo el resultado de la gran producción de plata en las colonias hispanoamericanas y particularmente a partir de Potosí y Zacatecas. Por ejemplo, entre 1556 y 1783, Potosí produjo algo así como 45.000 toneladas de plata.
[267] Es lo que va ser expresado por la ley de Greenham, a fines del dieciséis: la mala moneda rechaza la buena. Esto quiere decir que el oro tendía a ser atesorizado, por lo tanto a desaparecer de la circulación.
[268] Dado que el poder adquisitivo existía.
[269] Recordemos que Aristóteles sostiene, en La Política (I, 9-10) que la función de la moneda es la circulación de mercancías y no su propia reproducción. La reproducción, el hecho que la moneda produzca moneda por medio del interés, es para él una perversión.

Vamos asistir, entonces, a la formación de un orden de reproducción material, en el cual la moneda se va marginalizar, de la misma manera que la juridicidad; y con ello vamos a asistir a la disparición de la esfera política. Este orden no es otro más que el llamado sistema feudal. – Es importante comprender a este propósito que la objetivizacion de la moralidad se manifiesta, en primera instancia por medio de la justicia correctiva; por consiguiente, a través del principio de la igualdad proporcional. Como lo señala Aristóteles, la moneda es justamente uno de los instrumentos de esta justicia. Pero la moneda, como lo indica su denominación en griego (la *"nomisma"*)[270] es un producto del derecho. De tal manera que con la negación de la moneda se produce la desaparición de una manifestación básica de la juridicidad, del *"nomos"* contenido en el concepto mismo de la economía[271]. Ahora bien, es justamente esta negación de la moneda que lleva al eclipse total de la esfera del derecho. Por consiguiente, tanto de la economía, como de lo político. Puesto que la política y la economía son manifestaciones del derecho, como nos lo explica Aristóteles.

Esta posición del cristianismo medieval con respecto a la moneda, nos permite comprender la extrema fragilidad de esa cultura con respecto al Islam. Recordemos, en efecto, que el Islam condena el préstamo con interés, pero no la moneda. En El Corán se dice a ese propósito concretamente: "Dios ha permitido la venta, pero ha prohibido la usura."[272] De tal manera que el uso de la moneda está legitimado por esta religión. Lo cual nos explica la superioridad socio-económica y cultural del Islam con respecto al cristianismo, y esto hasta el regreso del derecho romano en occidente[273] y la reacuñacion de la moneda[274]. Como se sabe, esta situación se va invertir con el desarrollo de la economia (monetarizada) en los países occidentales. En los cuales se va practicar marginalmente el crédito[275], lo cual no se podía producir, en el mundo islámico. Para esta religión, la prohibición del crédito con interés juega un papel de primer orden, lo cual no es el caso del cristianismo, desde el punto de vista de los textos fundadores. Conviene subrayar que para el Islam no se trata únicamente de prohibir el crédito con interés, sino también de tener en cuenta que este entredicho tiene un papel fundador. En efecto, para el autor de El Corán la ruptura de la primera alianza es la

---

[270] De *"nomos"*, ley, derecho.
[271] Recordemos que ese concepto viene de *"oikos"*, hogar y de *"nomos"*, ley, derecho.
[272] Azora II, 275.
[273] 1 074 es la creación de la Universalidad de Boloña y por consiguiente de la enseñanza del derecho.
[274] Primero con el Florin de Florencia y el Ducado de Venecia.
[275] Antes de desarrollarse plenamente con la Revolución inglesa. Mas precisamente a partir de la ley del *Habeas Corpus*.

consecuencia del hecho que los judíos practican "la usura que tienen prohibida"[276]. Por eso añade: "Rompieron la alianza con nosotros, los maldijimos e hicimos duros sus corazones".[277]

Todo esto nos muestra hasta que punto la concepción, la comprensión, del fenómeno monetario va jugar un papel de primera importancia en esta historia. A partir de nuestras circunstancias, podemos comprender fácilmente la dimensión problemática de los argumentos utilizados por los unos y los otros. En todo caso, nos damos cuenta que la causa principal del papel negativo del crédito con interés, era precisamente el fenómeno de la acumulación simple. El alto nivel de atesoramiento tenía dos consecuencias: por un lado, un poder adquisitivo global muy limitado, y por el otro lado, el excesivo costo del crédito. Estos dos fenómenos, como se puede comprender están ligados al problema de la rareza de la moneda en circulación y, por ende, al alto nivel del atesoramiento.

De tal manera que para rebasar esa dimensión negativa del crédito con interés, había que salir de la lógica de la acumulación simple. Ahora bien, ese proceso no se podía producir por medio de los simples mecanismos de la moneda. Era necesario crear las condiciones de la seguridad jurídica. Por consiguiente, había que ir más allá del reino de la arbitrariedad, de la lógica de un orden puramente depredatorio. Es justamente lo que se va producir, como ya lo indicamos, con el *Habeas Corpus Act*.

En efecto, la seguridad jurídica va dar nacimiento en Inglaterra a un sistema bancario regional[278], cuya función era de obtener depósitos para hacer trabajar los fondos acumulados. Sabemos que este sistema bancario se va desarrollar rápidamente, con la institución de la seguridad jurídica. Vamos asistir, por consiguiente, con la aparición de ese sistema bancario, al desarrollo de la nueva lógica de la acumulación: de la acumulación ensanchada. Más precisamente, del ahorro, del crédito y de las inversiones, a una escala cada vez más importante. Esto quiere decir que la seguridad jurídica va permitir el paso de un orden en el cual la base monetaria social estaba esterilizada, a un orden en el que el nivel de eficacia de la moneda es cada vez más grande. Este mundo va a ser conocido bajo el nombre de sistema capitalista. El capitalismo aparece, de esa manera, como el resultado de la elevación del nivel de eficacia de la moneda. – Aparece, por lo tanto, problemático sostener que ese proceso es le resultado del paso del mercado al capital[279]. No hay que olvidar, en efecto, que las estructuras económicas son sistemas mercantes. Además conviene recordar que el capital no puede existir sin el mercado. Por ello se habla de mercado de capitales.

---

[276] IV – 159. – Lo cual, como ya lo indicamos, no es cierto.
[277] V, 16.
[278] Los *"county banks"*: los bancos regionals.
[279] Tesis que encontramos actualmente y que ha sido sobre todo difundida por Ferdinand Braudel.

Los *"county banks"*, los bancos regionales, aparecen entonces como instituciones de ahorro y de emisión de moneda. Más precisamente, este sistema recibía depósitos metálicos y emitía papel moneda – billetes bancarios – para remunerar el ahorro. Este sistema de emisión monetaria, va funcionar en Inglaterra hasta la ley de Peel[280], en 1844. Entonces la Banca central británica va asumir el monopolio de la emisión monetaria. Los otros países van a seguir el movimiento, con algunos años de diferencia. – No se olvide, en efecto, que Inglaterra fue la primera potencia económica de la época del capitalismo clásico. Esto es a partir de la revolución industrial; la cual se produce, como nos los indican los manuales de historia de la economía, a partir de los primeros años del siglo dieciocho.

El hecho es que la práctica del ahorro va permitir en primera instancia el rebajamiento de la lógica de la acumulación simple. Esto es, de la práctica de la esterilización de la moneda. De tal manera que por medio del ahorro la base monetaria de la sociedad[281], va a ser reactivada. Se va pasar, de esa manera, de la penuria a la abundancia relativa de moneda.

En segunda instancia, la practica del ahorro, va permitir la aparición de la tasa de remuneración del ahorro. La cual es la tasa de base de la jerarquía monetaria y juega, como tal, un papel muy importante en los mecanismos económicos que condicionan el nivel de las riquezas de las naciones. Esto quiere decir que la tasa de ahorro condiciona el flujo y el reflujo de la moneda dentro del sistema del patrón oro. Por consiguiente, dentro de este sistema, el nivel de ahorro esta en relación directa al nivel de esta tasa. No hay que olvidar, en efecto, que dentro de este sistema se produce un movimiento entre el nivel de atesoramiento y el nivel del ahorro. Lo cual esta ligado al fenómeno de los ciclos económicos, que ya veremos más adelante.

En tercera y última instancia el ahorro va condicionar el crédito. En realidad, como se puede comprender, ese sistema bancario va remunerar el ahorro para hacer trabajar el dinero así recolectado. Esta suma es lo que se llama la base monetaria bancaria. La cual se hace fructificar por medio del crédito. Ahora bien, hay que tener en cuanta, además, que dentro de este sistema, el crédito estaba garantizado hipotecariamente. De tal manera que el crédito estaba orientado hacia las inversiones. Por consiguiente, hacia el desarrollo de la capacidad productiva. Por esto se sostenía, en la época, que el nivel de inversión dependía del nivel del ahorro.

Constatamos, en todo caso, que con la institucionalización de la seguridad jurídica, se va producir ese movimiento que en economía va permitir el rebajamiento de la lógica de la

---

[280] Apellido del Primer ministro conservador de la época.
[281] Su stock de oro; puesto que ese sistema va funcionar a partir del patron oro.

acumulación simple. Por consiguiente, la acumulación ensanchada es el resultado de un proceso de cambio institucional y no, como se ha creído, el resultado de los automatismos de la historia. Debemos sin embargo tener en cuenta que ese proceso esta condicionado por el nivel de eficacia de la moneda. Es decir, más allá del fin de la esterilización monetaria, conviene tener en cuenta el fenómeno de la eficacia de la moneda, lo que John Locke llamo su velocidad de circulación, en su celebre texto intitulado: <u>Algunas consideraciones sobre el valor de la moneda</u>, de 1691.- Es importante señalar que este texto y los dos otros ensayos sobre la monda de Locke – <u>Further</u> <u>considerations</u> y <u>Short considerations</u> - no han sido aun traducidos en lengua española, ni en lengua francesa. Lo cual es un error muy impotante, puesto que esos escritos contienen el fundamento de la teoría quantitativa. A la cual todos los economistas hacen referencia desde Marx.

En lo que se refiere al valor de la moneda, es importante recordar que Aristóteles había señalado el hecho que el valor de la moneda[282] varia, pero que esas variaciones eran mínimas; de ahí que no era necesario tener encuenta esas variaciones. Por eso, Aristóteles trata de definir las funciones de la moneda y no dice nada más con respecto a su valor. En realidad, el primer teórico a interrogarse sobre las causas de las variaciones del valor de la moneda fue Jean Bodin. El cual va reflexionar sobre el problema de la inflación[283] del oro en su época.

El hecho es que Jean Bodin se va dar cuenta – en 1578, en su controversia con el Señor de Malestroit - que ese fenómeno estaba en relación con la entrada masiva del oro americano - como consecuencia de la conquista, y del pillaje de ese continente y de la gran producción de plata y oro en esa parte del mundo -, como lo acabamos de indicar. Recordemos, en todo caso, que la cantidad de oro que Atahualpa pagó a Francisco Pizarro, para obtener su liberación fue de 6,7 toneladas de oro y de 13 toneladas de plata. Y es justamente este flujo de metales preciosos que va a producir por un lado, la inflación del oro y por el otro lado, la pérdida de valor de la plata con respecto al oro. Puesto que, como ya lo indicamos, la ralación del oro a la plata pasa de 1 x 11 al 1 x 16.

De tal manera que para Bodin el valor de la moneda est en relación a su cantidad. Esto quiere decir, más concretamente, que el aumento de la cantidad de moneda en circulación produce la inflación, en tanto que su disminución produce el efecto contrario: la deflación. Por consiguiente, la inflación y la deflación son fenómenos puramente monetarios y se

---

[282] No es innecesario recordar que en su época, como en las épocas siguientes, se trataba del oro. Esto es, el oro era la moneda internacional, es decir la metamoneda. Y el oro garantizaba la plata, las monedas de las ciudades. Recordemos que la moneda de Atenas era la dracma que tenia representada la diosa Atena por un lado y una lechuza por el otro.
[283] La cual comienza hacia el 1510 y va durar hasta el 1630.

producen en relación inversa a la cantidad de moneda en circulación. – En lo que se refiere a esta problemática del valor de la moneda, es importante tener en cuenta que bajo el patrón oro, en el sentido estricto del término, el valor de intercambio[284], es el valor dominante. Por lo tanto, de la relación de la moneda con respecto a las mercancías y al trabajo. El valor de cambio a nivel internacional – de las monedas entre ellas – es un fenómeno que va desarrollar con el reino del papel moneda. En efecto, de una manera general el valor de cambio[285] es el resultado de la relación de la moneda con ella misma. Se dice, por ejemplo, cámbiame un billete de 100 pesos por dos de cincuenta. Hablamos también de cambio cuando metemos en relación dos monedas diferentes. Se dice entonces: cámbiame dólares por euros, etc., etc. Es justamente esta última dimensión del cambio que no presentaba problema bajo el patrón oro, por la simple razón que en última instancia se trataba de la misma moneda. No es, por consiguiente, una casualidad si el valor de intercambio va interesar la reflexión de la época y no el valor de cambio.

Por su lado John Locke, se va dar cuenta – en el desarrollo de su teoría cuantitativa, a la cual acabamos de hacer referencia – que además de la cantidad de moneda hay que tener en cuenta la velocidad de circulación. Esto quiere decir que una misma cantidad de dinero vehicula un volumen de mercancía más o menos importante. Es, por consiguiente, más o menos eficaz. De tal manera, que siguiendo la teoría de Locke se puede decir que el volumen de transacciones, en una sociedad dada, en un momento dado, es el resultado de la cantidad de moneda en circulación, multiplicada por su velocidad de circulación. Lo cual puede formularse de la manera siguiente: $VT = C \times VC$[286] Es decir que una cantidad dada de moneda tiene un nivel de eficacia más o menos importante.

Conviene, entonces, saber que lo que determina el nivel de eficacia de la moneda, es su velocidad de circulación. De ahí, la impotancia del crédito; puesto que el nivel de eficacia de la moneda depende del crédito, en relación inversa. Esto quiere decir que si el crédito es abundante y barato, su nivel de eficacia es elevado y bajo en el caso contrario.

David Hume es justamente el primer teórico a haber subrayado el hecho que la riqueza de las naciones depende del nivel del crédito, en relación inversa. Esto quiere que si la tasa de crédito corriente es alta, el nivel de la actividad económica es bajo, y el fenómeno contrario se

---

[284] Esto es "exchange" en inglés y "échange" en francés.
[285] Por consiguiente, "change" en inglés y "change" en francés. La misma escritura, pero no la misma pronunciación.
[286] No se trata de explicar aquí la diferencia que hay entre esta formula y las formulas de Lewis y de Friedman. Lo importante es tener en cuanta que, en última instancia, estas formulas son lecturas diferentes de la tesis cuantitativa de Locke. Hay, sin embargo, que tener en cuenta que para Lewis y Friedman lo importante es la teoría de los precios.

produce cuando la tasa de crédito es baja. Se trata entonces de saber que es el interés – el tipo de interés - lo que determina el nivel del crédito. Por consiguiente, se trata de saber porque los tipos de interés suben y bajan y en que medida las autoridades responsables pueden intervenir en un sentido u otro. Lo cual equivale a saber: si la política puede condicionar la práctica de la economía.

XI : Desarrollo y crisis de la política de la economía.

No es innecesario insistir sobre el hecho que, para nosotros, el mundo de la razón práctica comienza a desarrollarse con la institucionalización de la seguridad jurídica. Más precisamente, con el rebajamiento de la inseguridad y de la arbitrariedad del absolutismo. Este movimiento, como ya lo indicamos, implica a nivel económico, el paso de la acumulación simple à la acumulación ensanchada. De tal manera que le crédito con interés va convertirse en al categoría fundamental de ese proceso.

Conviene a ese propósito subrayar el hecho que en ese mundo – del capitalismo clásico – los tipos de interés[287] estaban condicionados por los automatismos del mercado, más precisamente por la oferta y la demanda de moneda. Ahora bien, el movimiento de estos tipos estaba inscrito en la lógica de los ciclos económicos. En efecto, con el sistema de la acumulación ensanchada, va aparecer el fenómeno de los ciclos económicos, de los celebres ciclos de crisis del capitalismo clásico.

Es importante comprender que con el crecimiento va aparecer su contrariedad: la recesion. Esto, por el simple hecho que no puede darse el crecimiento al infinito y que no se puede salir de la ley de los contrarios. Por consiguiente, el crecimiento económico implica la aparición de fases recesivas. El problema principal de la teoría económica va ser, entonces, el de saber: ¿cómo acortar esas fases recesivas? Esta interrogación se va perfilar en medio de la polémica entre el respecto de los automatismos del mercado y la necesidad de rebasarlos.

Pero antes de entrar en esta polémica sobre los cielos económicos, conviene describir su funcionamiento. Para ello tenemos que comenzar por constatar que en el sistema de la acumulación ensanchada la capacidad de producción, es siempre más importante que la capacidad de consumo. Este fenómeno es particularmente evidente en el sistema capitalista clásico[288]; en el cual el crédito estaba orientado hacia las inversiones y en el cual la demanda global estaba condicionada por la cantidad de moneda en circulación. Por consiguiente, en el sistema clásico además del simple hecho que de una manera general en el capitalismo el problema no es de producir sino de vender, había el problema de la ineslasticidad de la demanda global con respecto a la oferta global.

Es así que los ciclos económicos se manifestaban al interior de esta diferencia entre la capacidad de producción y la capacidad de consumo. De tal manera que en un momento dado del ciclo, la capacidad de producción rebasaba la capacidad de consumo. Lo cual implicaba la

---

[287] En el sentido estricto del término, la política monetaria se va desarrollar con el reino del papel moneda.
[288] Esto es, en el sistema capitalista fundado sobre el patrón oro.

sobreproducción, la reducción de la capacidad productiva y el paro masivo. En otros términos, el ciclo recesivo se producía como consecuencia de la sobreproducción y del hundimiento de la capacidad adquisitiva; la cual se contractaba con el aumento del paro.

Esta fase recesiva – que fue generalmente corta en la época clásica – no podía absorberse si no había reducción del sobrestocage, tanto en los circuitos comerciales, como en las empresas. Todo esto se regulaba por medio de los mecanismos de la oferta y de la demanda. En la medida en que la disminución de la demanda – como consecuencia de la contracción del poder adquisitivo – provoca necesariamente baja de los precios. La absorción de la sobreproduccion permite, entonces, el comienzo de un nuevo ciclo de crecimiento.

Es justamante en el interior de ese proceso cíclico que conviene comprender el papel de los tipos de interés. En efecto, al final de todo ciclo clásico[289] el nivel del ahorro era muy bajo; lo cual implicaba un nivel importante de atesoramiento. En esas condiciones, la demanda de capitales era marginal, por el simple hecho de la sobreproducción. Lo cual implicaba tasas de interés muy bajas; propiciando, de esa manera, las posibilidades de un nuevo ciclo de crecimiento. Por consiguiente, la reducción de los tipos de interés, como consecuencia de la sobreproducción, creaba las condiciones de una nueva fase del ciclo económico.

En esas condiciones, el aumento de la demanda de capitales – debido a su bajo costo – permitía el crecimiento del ahorro. Por lo tanto, el aflujo de las reservas metálicas. Este aumento de la oferta de moneda permitía, por lo tanto, el mantenimiento de bajos tipos de interés. Lo cual sostenía el proceso del crecimiento cíclico. Pero, llegaba un momento en que la fuerte demanda de capitales, provocaba el aumento de los tipos de interés, reduciendo por ello mismo la propensión a investir. – Desde un punto de vista puramente cuantitativo se piensa que con una moneda estable, como lo fue el patrón oro en la época clásica del capitalismo, la tasa de interés media es del orden de 5%. Esto quiere decir que los tipos inferiores a éste nivel, tendía a facilitar el crecimiento; en tanto que los tipos superiores producían el efecto contrario. Estas incidencias son la consecuencia del hecho que los tipos de interés determinan, en relación inversa, la velocidad de circulación de la moneda. Más concretamente su nivel de eficacia. Por consiguiente, entre más bajos son los tipos corrientes de interés, más alto es el nivel de eficacia de este instrumento.

Todo indica que el nivel medio de los tipos de interés, al cual hacemos alusión, es la consecuencia del hecho que la tasa media de rentabilidad del capital invertido, se sitúa

---

[289] Es decir de los ciclos que se producían bajo el reino del patrón oro.

alrededor de 12%. Claro está, como se puede comprender, esta media no excluye diferencias importantes en la realidad. Además, como lo explica Ricardo, es esta diferencia la que asegura la circulación de los capitales. Puesto que el interés privado, que condiciona su circulación, busca la rentabilidad más importante. Abandonando así las empresas o los sectores que funcionan en sobreproducción, para invertirse en las empresas o los sectores económicos en los cuales la demanda es superior a la oferta.

En todo caso, por lo que se refiere a la fase superior del ciclo económico clásico, se puede constatar que el aumento de los tipos de interés tiende a marcar el fin del proceso del crecimiento. Esto, debido al hecho que llega un momento en que los intereses tienden a absorber la tasa de rentabilidad media. Lo cual hace que el crédito se vuelve costoso para los inversores. Dejando el autofinanciamiento como única posibilidad de inversión. De tal manera que la reducción de las inversiones tiende a disminuir el poder adquisitivo y provocar el desenlace de la fase recesiva.

Conviene notar que esta disminución de la demanda de capitales, provoca a su vez la reducción de la remuneración del ahorro. Por lo tanto, la tendencia a la preferencia por el atesoramiento. Es decir, la concretización monetaria de la fase recesiva.

Todo esto indica, claramente, que el sistema del capitalismo clásico se autorregulaba en vistas de proporcionar, como lo subraya A. Smith, la oferta suficiente a la demanda efectiva. Ahora bien, la autorregulación no se situaba únicamente al nivel de la relación entre la producción y el consumo. Se producía también la autorregulación entre los mercados nacionales y el mercado internacional.

A este propósito conviene recordar que la economía clásica era una economía nacional. Esto, en el sentido que su nivel de apertura era muy limitado. La verdadera internacionalización de la economía se va producir como consecuencia de los Acuerdos del 1944; para llegar, en la epoca actual, a lo que llamamos la globalización.

El hecho es que, en la economía clásica, la relación de las economías nacionales con el mercado internacional, estaba regulada por los automatismos del patrón oro. Es así que la balanza de cuentas corrientes[290] se equilibraba con el oro. De tal manera que los países excedentarios recibían oro, en tanto que los países deficitarios pagaban sus déficits con sus reservas metálicas.

Esos movimientos hacían que en los países excedentarios había aumento de la cantidad de moneda en circulación. Por consiguiente, bajos tipos de interés. El fenómeno

---

[290] En la época se tenía en cuenta, esencialmente, de la balanza comercial. La balanza de invisibles era marginal, de la misma manera que lo era la balanza de capitales.

contrario se producía en los países deficitarios. Esto es, disminución de la moneda en circulación y, por lo tanto, altos tipos de interés. En el caso de estos últimos aparecía tarde o temprano la necesidad de tomar medidas proteccionistas para evitar el agotamiento de las reservas. Dado que sin reservas de oro no podía haber moneda en circulación y por ende mercado interno. En esas circunstancias, solo quedaba la posibilidad del trueque, del regreso a la barbarie, del fin de la civilización[291].

Aparecía de esa manera, en el caso de los países deficitarios, la necesidad de tomar medidas proteccionistas para regresar al equilibrio. Ahora bien, dado que lo esencial del intercambio internacional consistía en mercancías, esos países tenían entonces que aumentar las barreras aduaneras. De tal manera a reducir las importaciones y a aumentar las exportaciones. Lo cual permitía le regreso al equilibrio e incluso al excedente. Posibilitando, de esa manera, el regreso a una fase de libre intercambio.

El mercado internacional se manifestaba de esa manera entre el libre intercambio y el proteccionismo. Conviene recordar que la Gran Bretaña era, en esa época, el país librecambista por excelencia. Esto, dado a su posición de primera potencia industrial y exportadora del mundo. Los otros países pasaban por fases proteccionistas y por periodos librecambistas. De tal manera, que los mecanismos proteccionistas van a impedir el sobreendeudamiento y la bancarrota de las naciones. Fenómenos que conocemos actualmente. Es justamente por esto que decimos, que el mercado internacional se regulaba, entonces, por medio de los automatismos del patrón oro.

Ahora bien, es importante tener en cuenta que este orden monetario reposaba sobre la libre convertibilidad. Es decir que toda persona podía convertir su papel moneda en oro. Esta preferencia por el oro se manifestaba, como ya lo subrayamos, en las fases recesivas. Sobre todo cuando se anunciaba el proceso de la crisis. Estas erupciones de pánico – muchas veces difíciles de controlar – hacían parte de los mecanismos reguladores; por consiguiente, del movimiento de reflujo de la masa metálica y del proceso cíclico al cual hemos hecho referencia.

A partir de nuestras circunstancias, nos damos cuenta que ese sistema tenia su propia coherencia. En todo caso, el proteccionismo no era una dimensión negativa, como se va sostener a partir de la Gran Crisis. Ese sistema poseía su propia racionalidad y su fracaso no fue el resultado del desarrollo de su propia lógica, como lo va sostener K. Marx. Resulta, en efecto, particularmente problemático el afirmar que las crisis de superproducción son la

---

[291] Conviene recordar que el concepto de civilización viene de "civitas" y que la ciudad, dentro de esta concepción es el espacio mercante por excelencia.

manifestación del hecho que el sistema de la acumulación ensanchada constituye un obstáculo al desarrollo de las fuerzas productivas.

Como ya lo indicamos, los ciclos económicos hacen parte de la lógica de ese orden, por el hecho mismo que no puede haber crecimiento sin crisis. Esta contradicción, como se diría en lenguaje marxista, es una manifestación de la ley de los contrarios. Por lo tanto, de la potencia que es parte inherente al fundamento del Ser. El problema fundamental de la teoría económica no es, en esas condiciones, el de saber como salir de esa contrariedad, sino más bien el de evitar la agudización de su fase negativa, el de acortar el proceso recesivo. Es justamente, a éste nivel, que se sitúa uno de los grandes aportes de la obra principal de A. Smith.

Para el autor de La Riqueza de las Naciones, es importante tener en cuenta que el aparato del Estado corresponde al sector improductivo de la sociedad. De ahí, la necesidad de evitar el aumento inconsiderado de su peso económico. Hay, además, que tener en cuenta que la actividad económica no es siempre progresiva; que hay períodos de recesion. De tal manera que los ingresos públicos no son estables, sino que varían en relación directa al nivel de actividad económica.

Por estas razones, según Smith, la solución más adecuada para evitar la sobrecarga pública, es de respetar la ley del equilibrio del presupuesto público. En todo caso, los ingresos tienen que condicionar los gastos, y no de manera contraria, como se pasa actualmente. Esto hace, por consiguiente, que el Estado tiene que estar en condiciones de poder reducir sus gastos, en época de mareas bajas, para evitar el déficit público; y, sobretodo, el aumento de las contribuciones durante los periodos recesivos.

Se trata, por consiguiente, de establecer un orden institucional capaz de adaptarse a las coyunturas producidas por los ciclos económicos. Este orden, como ya lo subrayamos no puede ser otro más que el de la democracia. Es decir, un orden en el cual los puestos públicos no son vitalicios, sino que son temporales. En esas condiciones, el Estado crea empleos cuando los ingresos son suficientes y los reduce cuando esos medios disminuyen.

Resulta, por consiguiente, que para A.Smith el problema principal de l'economía política es el de la sobrecarga del Estado. Por esto mismo, el autor de La Riqueza de las Naciones considera que la economía es ante todo un discurso dirigido al poder para decirle que nos es él quien da de comer al pueblo, sino que más bien es éste que le procura los medios de su bien estar y de su potencia. Para él, el Estado no tiene porque ser el intendente de la industria de los particulares. Pues, no posee ni los medios, ni la capacidad para ello. En efecto, para A. Smith, la sociedad moderna es un orden individualista coherente, la realización del interés privado esta condicionado por la mano invisible. Lo cual no implica la existencia de una Trascendencia reguladora, como muchos han creído, sino más bien la objetivación de mecanismos reguladores. Los cuales hacen que los intereses particulares, permiten el cumplimiento del interés general. El empresario que crea riquezas no lo hace, como él lo subraya, con el fin de contribuir al bienestar general – creación de trabajo y de riquezas sociales -, sino más bien en vistas de su propio interés.

Lo cierto es que A. Smith no piensa que ese sistema podía desembocar en una crisis generalizada. Consideró, sin embargo, que el orden monetario fundado en el patrón oro podía ser superado. En efecto, por él la substitución del oro por el papel moneda[292] implicaba un proceso tan importante como el del desarrollo tecnológico. Esto, por el simple hecho que con el papel moneda el capital circulante cuesta infinitivamente menos de producir y de mantener en un estado conveniente, que en el caso del patrón oro. Claro esta, como se sabe éste cambio no fue el producto de la practica de la razón, sino que fue el resultado de la purísima necesidad. De esto ya hablaremos más adelante

El hecho es que, en general, para A. Smith ese sistema se autorregulaba de una manera adecuada. Para él, la Gran Crisis de los años treinta no podía ser más que del orden de lo inconcebible. En otros términos, esa crisis no entra dentro de la lógica de su teoría. Constatamos que Smith no habla de crisis generalizada como sucede con Ricardo y con Marx. Todo esto debido al hecho que para el gran clásico de la economía política la cantidad de bienes producidos tiende a corresponder a la demanda efectiva. Este movimiento es un proceso de regulación efectiva. Además, este movimiento de regulación lo encontramos, según el, a todos los niveles de la economía. De tal manera que la economía clásica parecía inscrita en la solidez de la temporalidad histórica. Su porvenir parecía no poder manifestarse más que en el desarrollo de su propia potencialidad. En efecto, de la misma manera que el Estado de derecho no puede más que desembocar en el Estado de justicia, de la misma manera la economía clásica, no podía más que conducir a la economía posclásica. Esto es, en un sistema capaz de contribuir al desenvolvimiento de la dimensión ética de lo humano. Empero, la terrible ironía de la historia, ordenó su llegar a ser de una manera diferente.

---

[292] Esta problemática esta desarrollada en el Libro II, capitulo II, de <u>La Riqueza de las Naciones</u>.

XII : **Del imperio del Ego-trascendental al reino de la razón abstracta.**

Con la Revolución inglesa va surgir la idea según la cual el Estado tenía que ser limitado y condicionado por el derecho. Luego, con A. Smith, se va manifestar la tesis según la cual el Estado tiene que estar limitado por la economía. En fin, con Kant va aparecer la idea del Estado condicionado por los valores universales, por la razón axiológica.

Estas tres determinaciones constituyen momentos esenciales en la teoría moderna del Estado. Es el caso particularmente del aporte de A. Smith, dado que encontramos ya trazos de las dos otras tesis en la teoría política de Aristóteles. Podemos, en todo caso decir, de una manera general, que durante este periodo histórico – que va de la Revolución inglesa a la Revolución francesa[293] - se va tomar conciencia del hecho que el Estado tiene que estar limitado y condicionado por el derecho, la economía y la ética. Por consiguiente, que un Estado sin límites, sin esas determinaciones, no podía ser más que ser una potencia negativa, capaz de producir miseria y desgracia: capaz de destruir su propia sociedad. Y es, justamente, ésta trágica experiencia que va conocer el siglo veinte.

Resulta, por lo tanto, esencial comprender: ¿cómo se produce ese llegar a ser? En otros términos: ¿cómo se llega a la idea del Estado en tanto que potencia capaz de producir la negación de la razón y de la justicia, a partir de su propia determinación? Es justamente el camino de ésta perdida que vamos a tratar de rehacer.

En efecto, es importante comprender que el siglo dieciocho va tomar conciencia del hecho, que se estaba viviendo una época de ruptura. Que el mundo parecía poder salir del imperio de las tinieblas para encaminarse hacia el reino de la luz. Para algunos, ese movimiento era el resultado del hecho que la humanidad había entrado en un proceso evolucionista, de progreso continuo. Esta idea del evolucionismo va encontrar su máxima expresión en al filosofía de Hegel. Según él, en efecto, la verdad es el todo y el todo es lo que se realiza a través de su propio desarrollo. Por consiguiente, el crecimiento económico, que se manifestaba claramente con la revolución industrial, no era más que la concretización de ese proceso.

No es difícil constatar, en todo caso, que el pensamiento de este periodo histórico es particularmente optimista. Para la ilustración, el Ego-trascendental tenía que abandonar la escena histórica y dar lugar al desarrollo de la razón. Por esto mismo Hegel considera que la filosofía nos muestra no solamente que la razón puede gobernar la historia, sino también que

---

[293] Esto es del 1689 al 1789. Justamente, un siglo separa estos dos eventos de la historia occidental y universal.

tiene que hacerlo. De tal manera que para la conciencia de la época, la filosofía es filantropía y se opone a la misantropía vehiculada por el cristianismo. Esta idea la encontramos en personajes tan diferentes como Voltaire, Diderot y Alejandro von Humboldt[294].

Este optimismo en al capacidad del pensamiento de poder llevar al reino de la razón, se va focalizar en la Revolución francesa. Conviene recordar, en efecto, la exaltación que vive el viejo Kant cuando llega a Koenisberg, su ciudad natal, en Alemania Oriental, la noticia del comienzo de esa revolución. Hegel, por su lado, recuerda en La Fenomenología del Espíritu que ese evento fue para él y los estudiantes de su escuela, en Tubingan, como una verdadera aurora; como el anuncio de una época feliz para la humanidad. Claro esta, el impacto engendrado por el horror producido por la Revolución francesa, estuvo a la altura de la esperanza desencadenada.

Conviene, por consiguiente, tratar de comprender la lógica de ese proceso negativo. Para ello debemos tener en cuenta que para el pensamiento ilustrado la razón teórica había llegado a su madurez, y era capaz de producir un mundo conforme a su propia exigencia. En efecto, desde un punto de vista político, parecía claro que la ruptura con el antiguo régimen no podía ser más que la manifestación de la razón instituyente. La revolución inglesa fue para los teóricos políticos franceses – como Montesquieu y Voltaire, por ejemplo – el modelo por excelencia. Por esto mismo se dice que los ilustrados franceses eran anglófilos.

Ahora bien, ¿qué nos muestra la Revolución inglesa? Este movimiento de ruptura nos indica claramente que el individualismo es el producto del derecho. En todo caso, como ya lo subrayamos, el individualismo lleva al pluralismo y el pluralismo implica el principio de la soberanía popular – la ley de la mayoría – y del Estado de derecho. De tal manera, que es esta lógica la que se va reproducir en el proceso revolucionario. Empero, lo que no está contenido en la idea, ni en su practica, es el hecho que ese movimiento va llevar al terror y al reino de la desigualdad. Lo cual es contrario a la idea que condiciona su llegar a ser; por el hecho mismo que ese proceso tiene como fin, la pacificación de las relaciones sociales y la construcción de una comunidad de iguales.

Pero antes de mirar la práctica política del proceso revolucionario y las razones de su desvirtuación, es importante indagar su base filosófica. En efecto, como ya lo indicamos, el reino del individualismo parte de las tesis según la cual todas las singularidades humanas son iguales. Lo cual lleva al principio de lo que Aristóteles llama la justicia numérica, es decir el

---

[294] Este ultimo nos dice a ese propósito: "En nuestros días no son los devotos, sino los filósofos, los que mueven la cuestión de sí es licito tener esclavos". Ensayo Político sobre el Reino de la Nueva España, Editorial Porrua, México, 1991, p.88.

hecho que uno vale uno y no más de uno. Ahora bien, el fundamento teórico de este principio de justicia no es el mismo en el caso de la filosofía primera que en el de la filosofía ilustrada.

Para la filosofía primera, en efecto, el principio de la *"isotimia"* encuentra su fundamento en el hecho que toda singularidad – de la misma manera que toda particularidad[295] - es, al mismo nivel, una manifestación de su propia universalidad. Esto es, que todo ser humano expresa en él mismo la condición de este ser. De tal manera que no hay seres humanos que son, ontológicamente[296], más humanos que los otros. Esto de la misma manera que no hay perros que sean mas perros que otros perros.[297] Puesto que como se dice en lenguaje popular: todo ser perruno es un perro, de la misma manera que todo ser gatuno es un gato.

Por consiguiente, el principio de la igualdad contenido en la *"isotimia"* es de orden lógico y se manifiesta en la igualdad en dignidad. Es decir, en el simple hecho que todo ser humano tiene que ser respetado, por el hecho mismo de ser un ser humano. – Como se sabe, no es este el principio de la igualdad que encontramos en las Declaraciones de los derechos del hombre y del ciudadano[298]. En efecto, en estas declaraciones se habla de igualdad natural. Es decir, que somos, iguales por naturaleza. Por ejemplo, en el artículo 3 de la Segunda Declaración de los Derechos de Hombre y del Ciudadano – Preámbulo de la Constitución del 24 de junio del 1793 – se dice: Todos los hombres son iguales por naturaleza y delante de la ley.

Esta tesis de la igualdad tiene su fuente en Rousseau y, a través de él, en la filosofía holandesa del derecho natural. Esto es, de Grocio, Tomasio y Pufendorf. Recordemos, en efecto, que según Rousseau los hombres nacen iguales, pero en muchísimos circunstancias yacen bajo las cadenas. Claro está, esta diferencia teórica no es la causa de la desvirtuación de la revolución francesa. Es importante, sin embargo, subrayar el hecho que desde un punto puramente teórico, la igualad lógica es el fundamento de la igualdad ética. Hace parte, por consiguiente, del *"logos"* de lo humano. En todo caso, resulta altamente problemático sostener que la igualdad es natural. Podemos, claro está, hablar de naturaleza ética de lo humano.

Ahora bien, en lo que se refiere a la puesta en marcha de la Revolución francesa, constatamos que se trata de un proceso conforme a su propia lógica. Más precisamente, al hecho que ese movimiento no puede ser más que el resultado de la razón instituyente. La cual

---

[295] Agrupación humana, conjunto social.
[296] Lo cual no es cierto a nivel ético. Decimos, en efecto, que hay seres éticamente superiores a otros.
[297] Podemos también decir a nivel particular, que no hay razas de perros que sean más perrunas que las otras. En efecto, en los géneros animales, no hay razas superiores, ni razas elegidas.
[298] Tanto en la del 1789, como en la del 1793.

razón, se da como finalidad la producción de una ley fundamental – de un Constitución – capaz de asegurar la existencia de un Estado de derecho.

Recordemos que este proceso se realiza a partir de este orden que llamamos, por convención, el Antiguo Régimen. Esto es, más concretamente, de un orden propio a la realidad francesa de la época. Cuya característica principal era la existencia de una nobleza de toga. Por consiguiente, de una casta social fundada sobre el principio de la venalidad de los puestos públicos. Esta casta, es importante notar, no pertenecía a la nobleza[299], sino más bien el tercer estado.

Es importante recordar también que esta casta fue formada como consecuencia de la guerra de los cien años. Más precisamente, debido a la necesidad en la cual se encontró la monarquía francesa, en 1360, para pagar el rescate exigido por los ingleses, en vista de la liberación del rey Juan II, llamado El Bueno.

De tal manera, que para recaudar la suma considerable que pidieron los ingleses, la monarquía comenzó la práctica de la venta de los puestos públicos. No es innecesario rememorar el hecho que esta práctica existió de una manera marginal en el imperio romano y que la simonía – la venta de las funciones y de los títulos - fue bastante corriente dentro de la Iglesia católica. Pero, es en Francia que esta practica, de la venta de los puestos públicos, va determinar la existencia de un orden institucional. Conviene recordar que este fenómeno se desarrolla bajo el reino de Francisco Iero[300] y muy particularmente durante el reinado de Enrique IV. Es decir, con el Edito de la Paulette, en 1604. En efecto, con esta ley la nobleza de toga se vuelve hereditaria, y los oficios – los puestos públicos – se incorporan en el patrimonio de sus poseedores.

De tal manera que con la consolidación de la nobleza de toga, la cosa publica entra en el dominio de la cosa privada. Además, como lo acabamos de subrayar esta casta constituye la elite del tercer estado. Hace, por lo tanto, parte del pueblo en el Antiguo Régimen, sin tener nada que ver con la masa popular.

El hecho es que cuando Necker regresa al poder el 26 de agosto del 1788 – con la misión de evitar la bancarrota del Estado francés – obtiene de Luis XVI la concesión fundamental, para el curso de la nueva historicidad que se anunciaba: la duplicación de la representación del tercer estado[301]. Puesto que en la tradición cada estamento – la nobleza, el clero y el tercer estado – constituya un tercio de la representación en los Estados Generales, la

---

[299] Al primer estamento que, con el clero, formaba la elite de los privilegiados.
[300] Cuando el reinado francés tuvo que pagar el rescate exigido por Carlos Quinto, para liberar a su rey; el cual había sido aprisionado durante la batalla de Pavia, en 1525.
[301] El 27 de diciembre del 1788.

duplicación – a la cual hacemos alusión – va llevar al hecho que el tercer estado va ser la mitad de la nueva asamblea.

Es de recordar que esta duplicación de la representación del tercer estado, fue justificada por el hecho que era éste estamento quien tenia que soportar el necesario aumento de la fiscalidad. En efecto, en el Antiguo Régimen, ni la nobleza ni el clero pagaban impuestos. El hecho es que éste aumento de la representación del tercer estado, auguraba el logro de la mayoría. En efecto, no faltaba más que la deserción de un solo de los miembros de cualquiera de los otros dos estamentos, para obtener esa mayoría. Lo cual se produce rápidamente. Esto, tanto más, que esos dos estamentos privilegiados no representaban más que el 3% de la población. Por esto mismo Sieyes podrá decir en su panfleto[302] sobre el tercer estado, que éste estamento representaba la nación, por el simple hecho que constituía la mayoría.

De tal manera, que cuando los representantes de los diferentes estamentos se reúnen, el 5 de mayo del 1789 a Versailles, la delegación del tercer estado – compuesta esencialmente de cuadros, es decir de miembros de la nobleza de toga – se consideraba como la expresión misma de la voluntad general. El hecho es que el 17 de junio el tercer estamento se constituye en Asamblea Nacional. Por consiguiente, en representante de la totalidad de la nación. Claro está, una parte cada vez más importante de los miembros de los otros estamentos van a adherir a la nueva institución. Puesto que como se dice: si no puedes luchar contra ellos, tienes que integrarte. Todo esto, en vistas de luchar desde el interior.

En todo caso, unas semanas más tarde, el 7 de julio, la Asamblea Nacional se convierte en Asamblea Nacional Constituyente. Lo cual demuestra claramente el nivel de conciencia de los miembros de la Asamblea. Puesto que el objetivo que esa institución se da, entonces, es la creación de un Estado condicionado por una Constitución.

Como es lógico, la monarquía absolutista va reaccionar. La reina, Maria Antonieta – de origen austríaco -, encabeza el movimiento que lleva a la expulsión, de Francia, de Necker. De ese personaje, de origen Suizo, que había propuesto y obtenido, como ya lo indicamos, la duplicación de la representación del tercer estamento.

El hecho es que la expulsión de Necker, va provocar el levantamiento del pueblo de Paris y las jornadas que llevan a la caída de la Bastilla, el 14 de julio de 1789. Sabemos que el Rey Luís XVI logra, entonces, obtener el regreso de Necker. Pero, cuando éste personaje trata de calmar al pueblo parisino, el 16 de julio, no logra nada; ya estaba rebasado: la revolución

---

[302] Recordemos que este texto – ¿Qué es el Tercer Estado? - con acento revolucionario, fue publicado el 25 de Enero del 1789. Esto es, poco tiempo antes de la reunión de los Estados Generales: el 5 de mayo del 1789.

estaba en marcha. Es entonces cuando va comenzar, en el conjunto del reino, ese evento conocido con el nombre del Gran Miedo y que va durar del 20 al 30 de julio. En efecto, durante estos días los campesinos, la inmensa mayoría de la población, se atacaban a los castillos, con el grito: ¡Guerra a los castillos, paz a las chozas!

Es justamente este fenómeno de ruptura revolucionaria de la sociedad francesa, lo que va llevar al celebre acontecimiento de la noche del 4 de agosto. Al cual, muchos historiados y teóricos de la revolución, consideran como el evento fundador.

Esto es, como el acontecimiento que produce la Revolución francesa ella misma. No cabe duda que este evento constituye un momento cumbre en el proceso revolucionario. Ahora bien, se trata de explicar esta importancia. Porque de una manera general, se le considera como el momento revolucionario como tal. Sin embargo, los especialistas no han visto, o han dejado de lado, el hecho que en ese entonces se produce al mismo tiempo el evento desvirtuador de la revolución.

Por consiguiente, la noche del 4 de agosto del 1789 da nacimiento a un proceso en el cual se manifiestan dos fuerzas antagonistas. De un lado, la que lleva a la creación de la comunidad de iguales, y del otro lado, la que lleva justamente a la negación de esta dimensión: al imperio de la desigualdad.

Conviene entonces detenerse un momento para comprender las incidencias de este evento. En efecto, se sabe que esa noche el Vice Conde de Noailles pide la abolición de los privilegios. Más precisamente: la igualdad civil y fiscal, la abolición de los privilegios de la nobleza y la venalidad de las cargas públicas. – Ahora bien, antes de tratar de comprender la trascendencia de esta petición, conviene saber: ¿quién es ese personaje? Sabemos que Luis María Vice Conde de Noailles es nieto del duque de Noailles, quien fue presidente del Consejo de finanzas durante la regencia (1715-1720). Y luego fue nombrado mariscal en 1734 y que, además, fue ministro de asuntos exteriores entre 1744 y 1745. Sabemos, por además, que el Vice Conde de Noailles era cuñado de La Fayette y que combatió con éste por la indepencia de los Estados Unidos.

Todo esto nos indica, que este señor era un aristócrata de pura cepa y no un revolucionario, independientemente de su participación en las tropas de La Fayette. Recordemos, en efecto, que esta participación francesa a la independencia de los Estados Unidos, no fue condicionada por un fervor revolucionario, si no que fue más bien una acción de venganza contra Inglaterra. En efecto, esta nación había impuesto a Francia el duro Tratado de Paris – que pone fin, en 1763, a la guerra de los siete años – por medio del cual

Inglaterra se apropia del Canadá francés, de una parte importante de la Luisiana[303], y de sus establecimientos comerciales en India.

El hecho es que es el Vice Conde de Noailles quién va proponer, durante la celebre noche del 4 de agosto, la abolición de los privilegios, lo cual va dar nacimiento a las fuerzas antagónicas a las que hemos hecho referencia. Resulta, por consiguiente, importante ir más adelante en el análisis este evento. En efecto, como lo acabamos de subrayar, esta petición implica por un lado, la igualdad civil y fiscal, y por el otro, la negación de los privilegios feudales y de la venalidad de los cargos públicos. En lo que a la primera parte se refiere, se trata de la abolición de las leyes particulares[304], para dar lugar al desenvolvimiento del derecho común, de todos los franceses, como se decia entonces. Ahora bien, es este derecho común el que lleva a la igualdad jurídica. Por consiguiente, a la *"isonomia"* y a la participación de cada cual, según sus capacidades, a la constitución del presupuesto publico.

En lo que a la segunda parte de la petición se refiere, conviene subrayar que en la noche del 4 de agosto, la Asamblea Nacional Constituyente se pronuncia por la abolición de los privilegios feudales y de la venalidad de los cargos públicos; pero estos últimos tienen que ser indemnizados. Esto es, se decide la abolición de los privilegios feudales sin indemnización[305] ; en cambio se suprime la venalidad de los cargos públicos y se indemniza a sus propietarios.

Es justamente esta resolución la que va provocar, en parte, la desvirtuación del proceso revolucionario. Decimos en parte, porque como ya veremos más adelante hay otros factores que intervienen en la lógica de ese movimiento. Por el momento, conviene tener en cuenta que, fuera de este problema, la Asamblea Nacional Constituyente va continuar su obra de ruptura con el antiguo régimen. Es así que algunos días mas tarde, el 12 de agosto, se decide la abolición de la diezmo. Por consiguiente, el impuesto de 10% pagado a la Iglesia. Se encadena luego, entre el 20 y el 26 del mismo mes, con la discusión y la votación de la primera Declaración de los derechos del hombre y del ciudadano. En la cual se anuncia el principio de la igualdad de todos los hombres y, por consiguiente, la exigencia de la igualdad ante la ley.

Como ya lo señalamos, la idea de la igualdad universal, no puede tener como fundamento que un principio y no una ley particular. El derecho solo fundamneta la normatividad de una realidad jurídica. Un derecho particular, no puede ser fundamento de la universalidad. La

---
[303] Más precisamente, de la Luisiana oriental.
[304] Recordemos que le concepto privilegio deriva de la noción latina "lex privata", esto es: leyes particulares.
[305] Lo cual es confirmado un poco mas tarde, con el edito del 17 de julio de 1793, donde se reafirma la abolición de todos los derechos feudales sin ninguna indemnización.

universalidad ética solo puede tener como fundamrnto un principio axiológico, y, filosóficamente hablando, este no puede ser otro más que el principio de la *"isotimia"*: de la igualdad en dignidad de todos los seres humanos. Por esto decimos que todo ser humano es un ser humano. De la misma manera que decimos que todo ser perruno es un perro, como ya lo subrrayamos. Por consiguiente lo que se afirma en la redundancia de la proposición, según la cual, todo ser humano es un ser humano, es justamente el hecho que la universalidad – la dimensión genérica – es la primera determinación de toda singularidad, como de toda particularidad.

En lo que se refiere a la Declaracion de los derechos del hombre y del ciudadano, del 26 de agosto del 1989, es importante comprender que su intención no era de tener una dimensión universal. No solamente las mujeres no fueron comprendidas en este derecho, si no además los esclavos negros. Puesto que el Codigo negro mantiene su eficacia, en las Antillas francesas, hasta la liberación de los esclavos en 1848. En lo que a las mujeres respecta, estas obtuvieron el derecho de voto solamente en 1946.

En todo caso, la Declaración de los derechos del hombre y del ciudadano funda el individualismo en la sociedad francesa[306]. Por consiguiente, crea las condiciones de la formación del pluralismo[307]. Lo cual se produce el 11 de septiembre, cuando en la Asamblea se discute el problema del derecho de veto del Rey. Más precisamente, su posibilidad de vetar la producción jurídica. Es justamente este asunto fundamental que lleva a la división de la Asamblea en dos tendencias: la derecha y la izquierda. Es decir, al hecho que los que los querían mantener el derecho de veto del Rey se pusieron a la derecha del presidente de la Asamblea, en tanto que los que se oponían (a ese derecho) se metieron a su izquierda, tal como éste la había pedido. Además, la mayoría de los representantes se puso al lado izquierdo. Por consiguiente, el cambio revolucionario, seguió su propia lógica.

En efecto, si los partidarios del derecho de veto del Rey, hubiesen sido la mayoría, es evidente que el proceso revolucionario se hubiese detenido. Esto, por el simple hecho que, como lo estipulo la declaración inglesa de los derechos, dentro de la lógica del Estado de derecho, el Rey no puede estar por encima de la ley. Por consiguiente, si el Rey veta la producción jurídica de los representantes de la mayoría, esto quiere decir que el soberano esta

---

[306] Nótese que esta Declaración implica, en principio, el reconocimiento de la universalidad del individualismo en la sociedad francesa. Esto, independientemente del hecho que la Constitución del 3 de septiembre del 1791, no reconoce más que el voto masculino de los propietarios de bienes raíces. Puesto que en el espíritu de la época se trata, en verdad, de la igualdad de los hombres franceses y no de todos los hombres. En la época, Olympe de Gouges va denunciar esta dimensión machista y va revindicar el derecho à la igualdad de las mujeres. Por eso va a ser guillotinada el 3 de noviembre del 1793.
[307] Como ya lo indicamos, hay un automatismo en ese proceso que lleva a la constitución del Estado de derecho. Puesto que el individualismo lleva al pluralismo y éste al Estado de derecho.

por encima de la ley. Por lo tanto, la soberanía le pertenece y esta no es del dominio del pueblo. Ahora bien, como ya lo indicamos, el cambio institucional que se estaba manifestando en ese proceso, era precisamente el paso de la soberanía del soberano, a la soberanía popular. Claro está, la dimensión del pueblo soberano está determinada por la ley. Esto quiere decir que la comunidad de ciudadanos puede estar compuesta de de una simple minoría. Como se puede constatar, en el caso de Francia, a principios del XIX. Pero, la existencia del Estado de derecho, crea las condiciones de la universalización de la igualdad ante el derecho: de la *"isonomia"*. Y es por esto que vamos a asistir a la universalización del dercho de voto, por ejemplo.

En lo que la problemática de la soberanía se refiere, conviene notar que en ese periodo de la revolución, el objetivo de la Asamblea Nacional Constituyente, no era el de abolir la monarquía, sino más bien al de crear una monarquía constitucional, como en Inglaterra. Y es justamente lo que se va producir el 3 de septiembre del 1791, cuando Luís XVI jura lealtad a la nueva Constitución. Esto, independientemente de la tentativa de fuga del Rey y de su familia, la cual se produce el 20 de junio del mismo año. Pero ya el proceso se había descarrilado. Y es precisamente, lo que vamos a tratar de explicar.

Pero, antes de entrar en esa dimensión negativa, es importante constatar la coherencia misma de ese proceso revolucionario. Por ejemplo, el hecho que el 3 de octubre del 1789 la Asamblea autoriza el crédito según la tasa determinada por la ley. Esto quiere decir concretamente que los revolucionarios comprendieron que el crédito no era un mal y que la ley tenía que determinar los límites de los tipos del crédito, imponiendo una tasa de base y una tasa de usura. Esto es, en lo que a este último se refiere, imponiendo un límite máximo de los tipos corrientes del crédito, evitando de esa manera toda forma de usura.

Un evento importante se va producir el 2 de noviembre, cuando la Asamblea pone los bienes de la Iglesia a la disposición de la nación[308]. Claro está, la Iglesia va reaccionar, aunque no lo hace inmediatamente, sino más bien cuando ya se percibían los nubarrones. En efecto, en marzo del 1791, el Papa Pio VI condena la obra de la Asamblea Constituyente.

En todo caso, como se puede comprender, la represión y el terror que se va anunciar a partir de la primavera[309] del año siguiente, no puede desgajarse de la lógica misma de ese proceso. Esto, tanto más, que – como ya lo indicamos – la Revolución no se presentó como un

---

[308] Conviene subrayar que esta expropiación – que se llama también desamortización, o venta de bienes de manos muertas – corresponde normalmente a la redistribución que se opera con el protestantismo. La recuperación de ese retraso, corresponde a la lógica misma de ese movimiento.
[309] Recordemos que fue el 20 de abril del 1792 que la Asamblea legislativa declara la guerra a Austria, la potencia germánica de ese entonces.

movimiento antimonárquico. El republicanismo va surgir con la agravación de las condiciones sociales y económicas. Es decir, con la Comuna de Paris, a partir del 10 de agosto del 1792[310]. Por esto mismo se habla, con respecto a ese evento, de segunda revolución.

Tratemos entonces de comprender porque esta historia va tomar un rumbo tan negativo. Porque, como nos lo muestra la Revolución inglesa el movimiento que lleva de la legitimación trascendental[311] a la legitimación jurídica, no puede producir el terror ni el aumento de las desigualdades sociales. Y es justamente lo que se va producir con la Revolución francesa.

Como ya lo indicamos más arriba, el punto de partida de la desvirtuación de la revolución se va producir la celebre noche del 4 de agosto. Más precisamente en el momento en que la Asamblea Nacional Constituyente decide de indemnizar los oficios, es decir el valor de los cargos públicos. Lo cual no se hace, como ya lo subrayamos, con los privilegios feudales. En efecto, para los revolucionarios franceses, los privilegios feudales eran el resultado del abuso, del expolio y de la depredación. Por consiguiente, de la lógica de la fuerza y de la opresión. En cambio, la nobleza de toga había cimentado su poder por medio de la compra de los cargos públicos y no por medio del pillaje.

Todo indica, por consiguiente, que esta indemnización no fue decidida en nombre del respeto del principio de la propiedad. En efecto, debe de tenerse en cuenta que los nobles eran también propietarios de sus castillos y sus privilegios hacían parte de sus patrimonios, como el valor de los cargos públicos lo era para la nobleza de toga. Constatamos, en todo caso, que los revolucionarios van a hacer la diferencia entre los bienes bien adquiridos, de aquellos que fueron mal adquiridos. Además, estaba el hecho que la nobleza como el clero, se sentían culpables, lo cual no fue el caso de la nobleza de toga. Esta se sentía, más bien, apuntalada, sostenida, por el sentido mismo de la Historia. Va lograr, entonces, la indemnización del valor de los cargos públicos, que el Estado revolucionario estaba nacionalizando.

Para alcanzar esta finalidad, el gobierno revolucionario va emitir al comienzo obligaciones públicas – el 18 de diciembre del 1789 – que daban un beneficio de 5%. Ahora bien, no fue con esta cantidad emitida que se va lograr la indemnización del valor de todos esos puestos. Es esto justamente, al mismo tiempo que las acuciantes necesidades fiscales, que empujaron al gobierno revolucionario a convertir las obligaciones en papel moneda, con curso forzado. Esto se produce a mediados de septiembre del año siguiente.

---

[310] Es entonces cuando el Rey y su familia son apresados y comienza el proceso que llevara a la condenación a muerte de Luís XVI y a su ejecución el 21 de enero del 1793.
[311] Se decía, por ejemplo: Rey de Francia por la gracia de Dios. Lo que implica en este sistema de valores una legitimación bíblica.

De tal manera que los celebres asignados, se convirtieron en el papel moneda del nuevo orden, bajo la dirección de Cambon. Sin embargo, es importante comprender que el poder revolucionario – durante esta segunda fase que va durar hasta la reacción termidoriana del 27 de julio de 1794 – va continuar emitiendo papel moneda para cubrir sus necesidades de financiamiento. Y particularmente, claro esta, por indemnizar a la nobleza de la toga.

El hecho es que el Estado revolucionario va disponer, durante esta segunda fase - para garantizar toda esa emisión monetaria – de los bienes expropiados a la Iglesia, a la Corona y a los emigrados. Este conjunto de bienes, es el que los historiadores de la revolución llaman de primer origen. A estas ingentes riquezas hay que añadir los bienes de segundo origen. Esto es, los bienes expropiados a los que sin ser nobles, van a ser condenados por ser contrarrevolucionarios. Será el caso, particularmente, de los comerciantes que serán condenados como enemigos de la revolución, por practicar la especulación, es decir la alza de los precios. En efecto, la inflación era considerada, entonces, como el producto de la especulación. Esto quiere decir, concretamente, que los revolucionarios no hicieron, durante los primeros años, la relación entre la sobre emision monetaria y el alza de precios.

Esto hace, por consiguiente, que entre los bienes de primer origen y los bienes de segundo origen, el Estado revolucionario va llegar a controlar una masa considerable de bienes inmobiliarios; que puede calcularse haber sido equivalentes, a los dos tercios de los bienes raíces de la nación. De tal manera que el volumen de bienes inmobilarios que cambió de manos, como consecuencia de la forma que tomó ese proceso, fue considérable. Es justamente esta transferencia, este cambio en el orden de la propiedad, de los bienes raíces[312] que vamos a tratar de comprender.

En efecto, como lo acabamos de subrayar, el poder revolucionario decide, en septiembre 1790, de transformar las obligaciones (los títulos públicos) en papel moneda.[313] Este papel va tener curso forzado y va ser aceptado en cambio al par. Esto quiere decir que el poder revolucionario va reconocer, en sus transacciones, el valor nominal de esta moneda, independientemente de su perdida real de valor. Recordemos, en efecto, que los asignados van a ser suprimidos en marzo del 1796; cuando este papel había perdido el 99% de su valor.

---

[312] Si nos limitamos aquí a los bienes inmobiliarios, no es que queramos excluir los bienes mobiliarios, sino más bien para facilitar la comprensión del fenómeno. Conviene, sin embargo, tener en cuenta que entre los bienes mobiliarios hay muchos bienes preciosos, como el oro, las obras de arte, las joyas, etc., etc.
[313] Los especialistas hablan de asignados de primera versión ("première manière") y asignados de segunda versión: de "deuxième manière".

Antes de ir más adelante, conviene indicar que este papel estaba garantizado, según la ley, por los bienes nacionales[314], por el patrimonio controlado por el Estado. El hecho es que la sobre emisión monetaria, va provocar la perdida de valor – en este caso debido a la hiperinflación - de este instrumento. Además, como el poder revolucionario partía de la tesis según la cual el valor de la moneda podía ser determinado por el Estado, su curso forzado fue impuesto[315], de la manera más violenta, por la fuerza pública.

De tal manera que esta fuerza pública no aceptaba el aumento del precio de los bienes corrientes. Para ella, la inflación era la consecuencia del sabotaje de los contrarrevolucionarios. Es así que en los momentos más duros del terror[316], la policía revolucionaria llegó a visitar los mercados importantes con la guillotina. El hecho es que esta política del curso forzado del papel moneda, tuvo como consecuencia la reducción brutal de la producción. Lo cual agravó la penuria de bienes[317] y la hiperinflación.

Es justamente esta pérdida brutal del valor de la moneda, la que va facilitar los negocios de los indemnizados, esto es de los antiguos propietarios de los puestos públicos. Lo cual va producir el enriquecimiento de la antigua nobleza de toga. Es decir, de los que hasta la noche del 4 de agosto del 1789 eran propietarios de los puestos públicos.

Pierre Chaunu[318] nos dice que esa minoría compró esos bienes raíces entre le 15 y el 20% de su valor real[319]. Lo que lleva a la gran concentración de la propiedad que se puede observar después de la Revolución. De tal manera que esta revolución va producir: no solamente violencia infinita, sino también aumento de las desigualdades sociales. Dicho esto, no es inútil subrayar que los revolucionarios no comprendieron que la producción de moneda – de la *fiat* moneda se dice actualmente - no podía más que provocar la inflación. En la época no comprendieron que el valor de la moneda está condicionado por su cantidad y su velocidad de circulación, como lo había subrayado John Locke, como ya lo indicamos, en sus textos sobre el valor de la moneda de principios de los años noventa de siglo anterior. Creyeron, por lo tanto, que el Estado revolucionario podía determinar el valor real de la moneda jurídica. Esto, tanto más, que el oro monetario era entonces rechazado como un asunto del Antiguo

---

[314] En esos billetes apparence la mencion : "Hypothéqué sur les Domaines Nationaux". Por consiguiente, garantizados por los bienes nacionales.
[315] Sobretodo durante el periodo del terror: entre la Comuna y Termidor. Esto es, entre agosto del 1792 y julio del 1794.
[316] Más precisamente, entre el asesinato de Marat, el 13 de julio del 1793, y la caída de Robespierre: el 27 de julio del 1794.
[317] En la época se habla de crisis de subsistencias.
[318] Baptême de Clovis, baptême de la France, Balland, Paris, 1996, p. 287.
[319] Lo cual es un termino medio. – Ver tambien, a ese propósito, el ensayo de Michel Bruguière sobre los asignados en : Dictionnaire Critique de la Revolution française, Paris, Flammarion, 1988, pages, 462 à 472.

régimen. No se debe, a ese nivel, olvidar que la cultura económica de los revolucionarios franceses era casi inexistente. Al máximo habían leído a fisiócratas, como Quesnay y Turgot, pero no habían aún integrado la economía política inglesa. De la cual Marx va hablar más tarde, a partir de mediados de los años cuarenta de siglo diecinueve.

XIII : Ideología y utopía

Estos conceptos de ideología y utopía van a jugar - después de la revolución francesa y hasta los tiempos presentes -, un papel de primera importancia. El primero de esos conceptos va a aparecer ya cuando la revolución misma había dejado de ser práctica concreta. Porque, independientemente de la dimensión catastrófica de la práctica de ese proceso, quedaba aún la necesidad de pensar el llegar a ser del nuevo mundo. En efecto, el término de ideología aparece por primera vez en 1796, en un texto presentado por Destutt de Tracy al Instituto Nacional de las Ciencias y de las Artes de París. Inmediatamente después un grupo de jóvenes filósofos[320] se va a formar, y cuya finalidad era la de comprender el origen de las ideas, y sobre todo de los valores de orden universal. Claro está que este grupo de sensualistas trataba de llevar a cabo, sin enterarse, lo que Kant acababa de desarrollar en su Crítica de la Razón Pura.

No se trata de desarrollar aquí la inteligencia teórica de éste grupo de amigos. No parece, sin embargo, inútil de recordar que esta problemática del origen de las ideas estaba en el meollo mismo de la disputa de las escuelas escolásticas. Entre los partidarios del realismo y los seguidores del nominalismo. Por consiguiente entre los que consideraban que las ideas son "*a priori*" y los que sostenían la tesis contraria

El hecho es que éstos pensadores - hijos legítimos de la Ilustración francesa - no llegaron a hacer la diferencia entre los conceptos y las ideas del orden universal. Esta diferencia va a aparecer con Kant y se va a desarrollar en Schopenhauer. Claro está el punto de partida de esta reflexión la tenemos en los griegos y principalmente en la obra de Aristóteles.

En todo caso, no es ésta interrogación general sobre el origen de las ideas que ha hecho históricamente sobresalir a éstos filósofos. Es muy probable que sus nombres se hubiesen hundido en el olvido total, si Napoleón Bonaparte no los hubiese tildado de ideólogos. Porque fue éste elemento principal que hizo que ese concepto entrase en el teatro de la gran historia, de la historia intelectual de los tiempos modernos.

En lo que a este evento se refiere, conviene subrayar que Bonaparte empleó ese término de una manera irónica. Todo indica que quiso significar que esa gente se ocupaba de ideas, abstracciones y no de lo que para él era efectivamente concreto: l'acción en el mundo.

---

[320] Este grupo estaba formado principalmente por Destutt de Tracy, Volnay y Cabanis. Es de notar además que ''La Década Filosófica'' fue el órgano de los ideólogos. Pero este movimiento fue muy efímero.

Poco tiempo después Carlos Marx[321] va emplear ese término con una connotación aún más negativa. Puesto que para Marx el pensamiento ideológico es el que invierte la realidad de las cosas y, por ello mismo, la deforma y la pervierte. Se trata, para él, por lo tanto, de poner los seres y los hechos sobre sus pies.

Por consiguiente, el término de ideología va a conocer desde su comienzo una aventura muy curiosa, pasando de la connotación despectiva a la connotación negativa. Pero este desliz no impidió el que ese concepto jugase un papel de primera importancia, en la lucha intelectual, en la guerra de los paradigmas. Por tanto, los diferentes actores van a hechar mano a ese concepto para imputárselo al adversario, porque según este modo de pensar, es el idealista, el que pervierte la realidad.

Lo curioso del caso es que en el llegar a ser de ésta trifulca, los actores y sus inspiradores no se dieron cuenta que ese concepto contiene y vehicula algo más importante de lo que se afirma[322]. Más precisamente el hecho que lo intrínseco de esa noción, es justamente el problema del *"logos"*. Más precisamente, cual es el *logos* de la idea política. Es decir, el *logos* que condiciona su llegar a ser. –Pero antes de abordar esta problemática, que nos va dar el hilo conductor de este proceso socio-histórico, pasemos a la presentación de éste otro concepto que va a jugar un papel muy importante en la modernidad: la noción de utopía.

Como bien se sabe este término fue creado por Tomás Moro, con motivo de la publicación de la novela que lleva ese título. Con ello Moro quiso significar que se trataba de una experiencia basada en un lugar que no existe[323]. Se significa, por ello mismo, que se alude a un producto del espíritu[324]. Algo así como a lo que Castoriadis llamó el imaginario social.

El concepto de utopía no va a impregnar su época, el siglo XVI. Es justamente a partir de la revolución francesa que ese término va a adquirir relevancia social. Es así que Marx y Engels van a hablar, en El Manifiesto Comunista de socialismo utópico, en oposición a su socialismo científico. De esa manera pensadores como Babeuf, Fourrier et Saint Simon van a entrar en esa categoría. De tal manera que la utopía va a ser considerada como la proyección social producto de la buena voluntad. Como un idealismo propio a aficionados sociales.

---

[321] Es justamente en este texto de juventud, La Ideología Alemana, que Marx va a introducir una nueva connotación a ese concepto.
[322] Notemos que incluso Karl Mannhein, en su obra maestra Ideología y Utopía (1926), no logra entrar en esta dimensión diferente. En este texto Mannheim desarrolla sobre todo la teoría de la movilidad social.
[323] Este país ideal, imaginado por Moro, es más exactamente un lugar en el que reina la seguridad material dentro del orden. No se trata por consiguiente, de este ideal que llamamos la comunidad de iguales y en el cual tiene que reinar la seguridad material y la igualdad de posibilidades.
[324] Recordemos, sin embargo, que esta obra pertenece a la tradición platónica. Más precisamente a la tradición de La República de Platón. La cual encontramos en La Ciudad de Dios de San Agustín y más tarde en La Ciudad del Sol de Campanella. –Notemos que en estas obras se trata de la formación de un orden castificado, en el cual reina el orden impuesto por una minoría que pretende conocer la verdad y la justicia.

Ahora bien, esta percepción del concepto de utopía, va dar paso a una connotación más positiva. Y ésta nueva comprensión va imponerse a medida que la práctica marxista va a estrellarse contra la realidad social, hasta quebrantar su contenido. La utopía va a aparecer entonces como la única vía hacia el ideal social. Es entonces que la así llamada ciencia alemana - el marxismo -, va comenzar a perder la plenitud de sus colores para transformarse en grisácea y pardusca idealidad.

Este desfazamiento de la práctica con respecto a la teoría, va producir como consecuencia el hecho que el concepto de utopía se va a arropar de idealidades; abandonando así el contenido que le dió a luz.

Por consiguiente, este concepto va a adquirir su propia autonomía, lejos de la pila bautismal de Tomás Moro. En todo caso, la consciencia de la nueva utopía ya no quiere oír hablar del contenido de ésta obra, sin tildarlo de ''utopía negativa'' (Adorno).

Empero, lo importante no es tanto el contenido del texto de Moro, sino el tomar consciencia del hecho que la sustancia del proceso utópico, tiende a encontrar su contenido primero, en una fuerza producto de su propia indeterminación. Es justamente la lógica de ese proceso fáctico que vamos a tratar de comprender. Esto, sin dejar de lado la consciencia del hecho que estas dos categorías - cuyo llegar a ser tratamos de comprender - hermanas son del ideal.

Pero antes de visitar los diferentes momentos de ese proceso, es conveniente recordar que la historicidad que se abre camino, a partir de la revolución francesa, es principalmente un producto de la ilustración francesa y alemana. En efecto, en estos países y particularmente en Alemania – con Kant y luego con Hegel - se había desarrollado una visión del mundo del tipo evolucionista. Según la cual el Ser es producto de un proceso de desarrollo que va hacia su plena realización. La nueva cosmología, producto de la ''Revolución copernicana''[325] (Kant) – por lo tanto de la ruptura con el geocentrismo - va llevar a la idea de un desarrollo linear. Esto, en el sentido que el proceso de realización del cosmos, se prosigue en el dominio

---

[325] Conviene notar el hecho que, en la época, el pasaje del geocentrismo al heliocentrismo se atribuye a Copérnico. No se sabe, en ese entonces, que esta teoría fue por primera vez desarrollada por Aristarco, alrededor del 280 antes de la era cristiana. Sabemos actualmente que la teoría de Aristarco reaparece a principios del Renacimiento gracias a su resumen en El Método de Arquímedes. En efecto, según Aristarco la tierra gira sobre sí misma en 24 horas y en torno al sol en un año. Esto quiere decir, por consiguiente, que Copérnico no hace más que desarrollar una de las dos tesis de Aristarco. La otra será desarrollada más tarde por Galileo, en 1632.

biológico y se realiza plenamente en la historia humana.[326] De tal manera que el proceso histórico realiza plenamente las potencialidades contenidas en los momentos precedentes.

Claro está, esta visión evolucionista no es, como tal, el producto del giro copernicano. Solo puede, sin embargo, manifestarse en una percepción estrecha del cosmos. En todo caso esta lógica evolucionista no puede encajar dentro de la percepción del cosmos infinito, que conocemos actualmente. Por consiguiente, no es el heliocentrismo que va a condicionar el evolucionismo que encontramos en Hegel, de una manera coherente. Esta nueva forma de pensar nos parece ser más bien la consecuencia del crecimiento económico que a manifestarse, en ese entonces. No se olvide, en efecto, que la revolución industrial – el paso de la manufactura al sistema de las fábricas - fue el resultado de la revolución inglesa. Como ya lo subrayamos, ese cambio institucional va a dar nacimiento no solamente al fenómeno individualista, sino también a la acumulación ensanchada, al crecimiento económico.

De tal manera que con el fenómeno del crecimiento económico, la conciencia de la época, va sentir la apertura de nuevos potencialidades. Este sentimiento de que todo puede ser posible, va caracterizar la conciencia de ese período histórico. El rebasamiento del reino de la necesidad, de la lucha por la existencia, aparece entonces como una posibilidad concreta.

Ahora bien, ese optimismo histórico no se presenta claramente como una potencialidad de la voluntad humana, sino más bien como producto del desarrollo del Ser. De tal manera que esta visión *"holista"*, totalizante, va llevar a la idea según la cual cada momento desarrolla sus propias posibilidades. Por consiguiente, según esta forma conciencia, la humanidad estaba embarcada en un proceso que la llevaba necesariamente a la plena realización de sus posibilidades y particularmente al dominio de la naturaleza.

Dicho de otra manera, el evolucionismo va llevar a la idea y al sentimiento que ese proceso no podía más que realizarse según su propia necesidad; habida cuenta de los automatismos de la historia. Es justamente la lógica de ese proceso que Marx, explica de una manera clara cuando nos dice que cada momento histórico desarrolla sus propias posibilidades y que ninguna formación social desaparece sin haber agotado sus propias potencialidades.

En todo caso, la dialéctica hegeliana afirma que el proceso del ser es un movimiento de realización plena y entera de todas sus posibilidades. Por esto mismo, el autor de La Fenomenología del Espíritu nos dice, como ya lo indicamos, que la verdad es el todo y que el

---

[326] Por consiguiente, de la nube de polvo cósmica al desarrollo de la historia, hay un proceso compuesto de momentos que se encadenan necesariamente. Es precisamente esta lógica del Ser que vamos a encontrar en el materialismo dialéctico de Marx y Engels.

todo es lo que se realiza plenamente a través de su desarrollo. De tal manera que dentro de ésta lógica[327], cada momento es superior al que le precede e inferior a ese hacia el cual tiende[328].

Es precisamente esta forma de conciencia la que va a impedir al mundo posrevolucionario de encontrar el camino de su autorrealización. En otros términos, este inmovilismo va a encontrar su razón de ser ya sea en la creencia en los automatismos de la historia, como lo acabamos de explicar, ya sea en la simple confianza en el reino de la razón que se pensaba que había reemplazado definitivamente al imperio del obscurantismo. A este propósito, Hegel nos dice que con la revolución francesa, el absoluto que es Dios deja su lugar a la razón. Afirma además que la filosofía nos enseña que la razón puede gobernar la historia y que la razón tiene que gobernar la historia. Queda, sin embargo, el problema de saber ¿cuál es el discurso de esta razón? En otros términos ¿cuál es el *"logos"* de esta idea?

Ante la clara ausencia de respuestas, la conciencia progresista de la época va a vivir la esfera del discurso liberador según el gran programa de la razón. Y en la esfera de ese discurso, el mundo posrevolucionario[329], se va dejar llevar por el simple movimiento de la facticidad. Para ese mundo el llegar a ser se presenta, más bien, como la conformidad a las reglas simples del orden positivo. Había que tratar, por consiguiente, de evitar toda forma de revolucionarización del mundo de las ideas, para no conocer la negatividad de una realidad destructurada. El pragmatismo[330] más simple, exigía la conformación con el orden del mundo. Augusto Comte va a hablar de *"orden y progreso"*[331] de tal manera que el progreso solo puede ser obtenido a través del orden, de la aceptación de lo que es. De tal manera que la positividad, se opone a la negatividad del reino de las ideas. Y por esta razón, el ser que piensa va a ser considerado como un animal peligroso.

En lo que se refiere a la conformación con la lógica del orden existente, es importante subrayar que para esta forma de conciencia la radicalidad en la economía política, se reducía a

---

[327] Llamada lógica dialéctica.
[328] Esto quiere decir, concretamente, que en un proceso de desarrollo compuesto de tres momentos A, B y C, se puede afirmar que B es superior a A, pero que B es inferior a C. Todo esto debido al hecho de que en ese movimiento de desarrollo C es la etapa superior. Es precisamente esta percepción evolucionista que lleva a Hegel a afirmar que en el proceso de realización de la totalidad hay acumulación de positivo. Marx va a emplear el término de desarrollo de las fuerzas productivas. De tal manera que la superioridad, a la cual hace referencia, es del orden de la productividad.
[329] Hacemos referencia aquí a la revolución francesa. Pero desde el punto de vista de la problemática del llegar a ser de la sociedad posrevolucionaria como tal, es evidente que la experiencia es la misma. Esto quiere decir que el espíritu del Tiempo no habla el lenguaje del *"logos"* de la idea.
[330] Término que se va desarrollar en los Estados Unidos.
[331] Recordemos que este lema del positivismo esta aún inscrito en la bandera del Brasil.

la regla del equilibrio del presupuesto público y en la política, a la regla del sufragio universal masculino.

Pero independientemente del terror que acompañó la revolución francesa, vamos asistir, durante el diecinueve, a la radicalización de las masas acosadas por las crisis económicas y el aumento de las desigualdades sociales[332].

La necesidad social de nuevas perspectivas, va movilizar las voluntades. El orden positivo se va presentar, entonces, como el último obstáculo a la realización del reino de la igualdad y de la fraternidad universal. Mijaíl Bakunin (1814-1876) decía a ese propósito que ese reino no podía concretizarse al menos de haber colgado al último cura, con la tripa del último burgués.

De tal manera que para los menos revolucionarios, el fin del mundo de la infamia[333] no había dado lugar al reino de la libertad, de la igualdad y la fraternidad, por causa de la aparición de una nueva clase de explotadores. Es a la sombra de estos nuevos referenciales que va a surgir el pensamiento de Marx y Engels. Por lo tanto, de la construcción intelectual que va a marcar teórica y prácticamente el mundo moderno. No es exagerado decir - ni es tampoco una provocación - que el marxismo se va a presentar ante el espíritu revoltoso de su tiempo, como la palabra tan esperada, como el programa mismo de la Razón. Desde luego, Marx no trató en ningún momento de desvelar el ''*logos*'' de la Idea. El marxismo es un producto puro de la teoría evolucionista. Para Marx y Engels el desarrollo de la historia es la culminación del desarrollo del ser. Para ellos, no es la voluntad la que puede y debe condicionar el llegar a ser del mundo, sino más bien las fuerzas materiales que condicionan las formaciones sociales. En otros términos, para los padres del llamado socialismo científico, la ideología era no solamente perversión de la realidad, sino también verborrea vacía, idealismo absurdo.

Para Marx, el impedimento al llegar a ser plenitud del mundo - al advenimiento del reino de la comunidad - es la existencia misma de la relación burguesa, capitalista, de la producción. La cual fue un producto de la revolución francesa. Esto quiere decir, concretamente, que para él, la revolución francesa, fue una revolución burguesa. Por consiguiente, el evento que produce la sociedad capitalista.[334]

---

[332] Es conveniente recordar el papel de las desamortizaciones – de las ventas de los bienes de la Iglesia y de las propiedades comunales - en lo que al aumento de las desigualdads sociales se refiere. Esto, si nos referimos a la historia de España y a la historia de la America de lengua española.
[333] Recordemos que para Voltaire, la Iglesia es la potencia de la infamia objetivizada.
[334] Es importante constatar que tanto Marx como Hegel, no tuvieron en cuenta la revolución inglesa. Para el autor del Manifiesto Comunista, en todo caso el capitalismo aparece con la revolución francesa. No toma

En todo caso, para Marx las órdenes sociales – caso del el sistema capitalista - no son el producto de la convención, sino más bien de los automatismos de la historia. Cada momento socio-histórico, cada modo de producción, es el resultado del desarrollo mismo de las fuerzas productivas. Esto quiere decir, concretamente, que para Marx la substancia[335] del ser social es el desarrollo de las fuerzas productivas. Lo cual indica claramente no sólo el hecho que el marxismo participa de la lógica evolucionista en el sentido estricto del término, sino que, además, para el autor del Capital la economía es el fundamento de la realidad social.

En lo que a la dimensión evolucionista se refiere, conviene subrayar que si bien es cierto que Marx hace parte del movimiento evolucionista, es también cierto que no se puede decir que todos los partidarios del evolucionismo siguen la misma lógica. En efecto, si tomamos los casos de Hegel y Marx, nos damos cuenta, en lo que al evolucionismo se refiere,[336] que para Hegel el proceso de llegar a ser es infinito. Según la dialéctica hegeliana no puede haber fin en el proceso de la autorealización de la totalidad, porque, según su manera de pensar, la negatividad está siempre enfrente – en oposición - a la positividad. Este no es el caso de Marx. En efecto, para Marx el proceso histórico – en el cual culmina el movimiento de autorealización del ser - llega a su conclusión, con la sociedad comunista.

De tal manera que en el caso de Marx hay interrupción del proceso dialéctico,[337] en la medida en que hay rebasamiento de la contradicción fundamental. En otros términos, para Marx el mundo pre-revolucionario es dialéctico, en la medida en que en cada uno de sus momentos hay una negatividad determinada, que se opone a su propia positividad. Es precisamente esto lo que no se produce en el mundo post-revolucionario. En efecto, en este mundo no hay más contradicción entre el fundamento – el desarrollo de las fuerzas productivas - y su manifestación superior: el modo de producción comunista.

Esto nos permite comprender un problema fundamental – que va a tener una dimensión principal en la práctica del marxismo - y es el hecho que en el mundo pos-

---

consciencia que, por ejemplo, Adam Smith describe ya en su obra principal - La Riqueza de las Naciones, publicada en 1976 - un orden socio-económico individualista y capitalista.
[335] Recordemos que el concepto de substancia proviene del latín: *"sub"* y *"estare"*. Que quiere decir, por consiguiente, que se trata de esta dimensión fundamental – de orden ontológico - que se encuentra a la base del mundo fenomenal.
[336] Dejamos de lado aquí, por consiguiente, el problema de la primacía de las ideas o de la materia, tal como este conflicto se ha presentado de una manera general. Porque no se olvide que en el caso de Hegel, lo primero es la lógica. La cual se manifiesta en primera instancia en la materia y luego en el reino de las ideas. Es por esto mismo que La Lógica es la obra principal de su sistema del pensamiento.
[337]Es importante notar que este concepto de Hegel es enteramente asumido por Marx. Se trata de la lógica – de la ley - de los contrarios. Claro está, el término deja mucho que desear. Esto, dado que la dialéctica hace referencia al diálogo. Platón hablaba, por ejemplo, de la dialéctica socrática. Por consiguiente, del modo que Sócrates tenía de dialogar – en la realidad, más bien de interrogar - con sus adversarios.

revolucionario no puede haber oposición,[338] lo que Hegel llamaba la negación determinada. Ahora bien, más allá de esta dimensión, de la ausencia de oposición, hay que tener en cuenta que el rebasamiento de la contradicción, implica aquí necesariamente el fin de la ley de los contrarios. Lo cual significa que ese mundo es un orden positivo al estado puro, una realidad fuera de toda la realidad. Esto, dado que toda realidad es en ella misma la unidad de los contrarios.

Por consiguiente, Marx anuncia la existencia de una realidad, en la cual la ley de los contrarios no juega ningún papel. Por la simple razón de la desaparición de la negatividad. Lo cual quiere decir que en ese mundo la justicia existirá por ella misma, sin su contrariedad. Lo mismo la verdad, el bien, la vida, la felicidad y, así, al infinito. Como se puede comprender todo esto tiene que ver más con el delirio[339] que con la realidad y menos aún con la ciencia.

No es por lo tanto una aberración si esta práctica va a producir no solamente pérdida de racionalidad, sino también negación de la realidad social ella misma. Ahora bien, esta negación no es el resultado únicamente del rebasamiento de la regla de los contrarios, sino además de la lógica misma del proceso de ruptura.

En efecto para Marx la finalidad del proceso histórico, es la creación de una comunidad de seres autónomos capaces de satisfacer sus necesidades por ellos mismos. Esto quiere decir concretamente que en el mundo comunista cada uno se da sus propias reglas (autonomía) y satisface sus necesidades por medio de la producción de valores de uso. Puesto que para el autor de los <u>Fundamentos a la crítica de la economía política</u>[340] la moneda y el valor de cambio son una manifestación de la vanalidad y de la prostitución universal. Lo cual quiere decir que para el fundador del socialismo, llamado científico, en el reino del comunismo no hay producción en vistas del intercambio. De tal manera que cada uno satisface sus necesidades por medio de su propia actividad productiva. Esto de la misma manera que Robinson Crousoé,[341] el personaje de la novela de Daniel Defoe, antes de haber atrapado a su esclavo Viernes.

En lo que a ésta realidad se refiere, es importante tener en cuenta que es muy diferente de la comunidad de iguales proyectada por Aristóteles. En efecto, para el autor de <u>La Política</u>, el proceso que lleva a esta realidad es de orden convencional. Se trata, por consiguiente, de

---

[338] Más precisamente, de lo que en política llamamos el pluralismo.
[339] Pero no olvidemos que esta forma de pensamiento se va a imponer como saber efectivo en el mundo, como la manifestación última del reino de la Razón.
[340] Recomendamos que Marx escribió este texto en 1859.
[341] Es curioso de constatar, a ese propósito, que fue Marx quien acuñó el término robinsonadas, para referirse a la ficción puramente individualista de ciertos economistas. En todo caso, es ésta, según él, la manera de manifestarse de las singularidades comunistas, en sus reproducciones materiales.

un proceso de producción normativo. Y para él, esta razón práctica está condicionada por la razón teórica.

Por esto mismo Aristóteles considera que el orden social es un ordenamiento institucional. Esto es: producto de la normatividad. De ahí que para él, el derecho es el fundamento del orden social. La economía[342] y la política[343] no son, por consiguiente, más que manifestaciones del derecho. De tal suerte que el derecho, la economía y la política son, para Aristóteles, medios que existen en vista de la realización de esta finalidad que es, generalmente hablando, la comunidad de iguales.

Ahora bien, para Marx se trata justamente de lo contrario. En efecto para él, el camino que lleva a la creación de la comunidad de singularidades autónomas (el reino del comunismo) pasa necesariamente por la negación del derecho[344] y de la política.[345] La economía - que es para Marx el fundamento de la vida social-,[346] en lo que a ella respecta, es la manifestación de automatismos de la historia que llevan al rebasamiento del mercado y de las categorías que le son inherentes, como la moneda, el crédito, la oferta y la demanda, etc.

Por lo tanto, para Marx el proceso histórico lleva necesariamente a la negación de la economía y por consiguiente a la disolución del derecho y de la política. La cual es totalmente coherente con la finalidad de ese proceso revolucionario, que es la creación de un mundo sin mercado. En el cual la reproducción material se manifiesta por medio de la creación de valores de uso y no de valores de intercambio. No se olvide, en efecto, que para Marx, como lo señalamos un poco más arriba, la producción de valores de intercambio es una manifestación de la venalidad y de la prostitución universal.[347]

Aristóteles por su parte nos enseña que el intercambio es consubstancial a la existencia social; que no puede haber, por consiguiente, vida social sin intercambio. No es, por lo tanto, un accidente si la negación de la economía, según la práctica marxista, va a llevar la negación de la vida social y a la aparición de un excedente de población que fue destruida en los

---

[342] Recuérdese que el concepto de economía viene del griego "*oikos*" (hogar) "*nomos*" (ley, normatividad). Por lo tanto, la economía es una manifestación del derecho.
[343] Conviene notar que la política práctica tiene por fundamento un texto de base: la Constitución. Por consiguiente un texto jurídico.
[344] En su Crítica del Programa de Gotha, Marx habla del ir más allá del horizonte del derecho burgués.

[345] Por consiguiente: de la alternancia y del parlamentarismo burgués.
[346] En efecto la economía es para el marxismo el fundamento de la estructura social; en tanto que el derecho y la política hacen parte de la super-estructura. Por consiguiente, estas instancias dependen de los cambios en las relaciones de producción.
[347] Recordemos a ese propósito, que lo Jemeres Rojos, en Cambodia, ejecutaban a toda persona que se le sorprendía intercambiando bienes. En cuyo caso, por medio del trueque. Malraux comentó este fenómeno diciendo que se trataba de un marxismo visto por imbéciles. Esto muestra hasta qué punto Andres Malraux no llegó a comprender la dimensión decididamente anti-económica de Marx.

campos de concentración o en los caminos que levaban hacia ellos. Por la Unión Soviética se habla de 55 millones de muertos.[348]

Claro está, la capacidad de destrucción humana estaba en relación directa a la radicalidad de la doctrina puesta en práctica. No se puede, en efecto, sostener que esa práctica teórica tuvo en todas partes la misma incidencia. En Checoslovaquia y en Hungria, por ejemplo, se fue más moderado – revisionista, se decía- que en Combodia o en Corea del norte. Esto, de la misma manera que lo fue el Estalín que toma el poder después de la muerte de Lenín, con respecto al Estalín de los años treinta.

En todo caso, lo que tratamos de explicar es que el marxismo se va a presentar al espíritu de la época, como el discurso mismo de la Razón universal[349] que debía reemplazar al Dios único y trino de la tradición monoteísta. Como ya lo subrayamos el pensamiento social de ese entonces, se pierde con la tesis del evolucionismo. Para esa forma de pensar – y particularmente para Hegel y Marx que son, además, los teóricos que van a jugar el papel más importante antes de los años ochenta de siglo veinte -, el desarrollo de lo humano es el resultado de la plena realización de la totalidad del ser. Es esto precisamente, lo que impidió comprender que el ser humano no es un ser que está enteramente condicionado, en su comportamiento, por la naturaleza. En efecto, este ser tiene la capacidad, fundada en su dimensión racional, de construir su propia historia.

Se presenta entonces el problema de saber cual es el principio de donde procede el movimiento y la causa final. Los elementos de la respuesta los encontramos en la filosofía primera y fundamental, en la filosofía griega. Claro está, la gran dificultad que tenemos con esta filosofía es que solo nos quedan huellas, retazos dejados por el vandalismo monoteísta y particularmente cristiano.[350] De tal manera que es necesario recomponer ese rompecabezas.

Darse cuenta, en todo caso, que el pensamiento saca su coherencia de una fuente única y que es de ella que la reflexión obtiene su unidad y su lógica finalista. Por consiguiente, si el

---

[348] Nótese que demógrafo I. Kourganov habla por su parte de 117 millones de muertos, comprendiendo las dos guerras mundiales
[349] Los Jemeres Rojos afirmaron, más tarde, a ese propósito, que: la ideología es la verdad y que la verdad resulta de la práctica.
[350] Recordemos a ese propósito que las grandes bibliotecas de la civilización griega y romana – de Roma, Atenas, Antioquía, Pergamo y Constantinopla - fueron destruidos entre los reinados de Teodosio I y Teodosio II. Groso modo, entre el 380 y el 450. La última gran biblioteca de esta civilización, y la más importante, la de Alejandría, fue destruida en el 642 por el Emir Amr ben al-As, bajo las órdenes del Califa Umar. En efecto, después de la conquista del Egipto por las huestes musulmanas, el Emir notificó a su jefe la existencia de la biblioteca - con su casi millón de escritos - y este le dijo que si esos textos eran conformes al Corán, no servían de nada y si eran contrarios, había que destruirlos. El hecho es que el resto de la gran cultura del mundo conocido, de los siglos anteriores a al surgimiento del monoteísmo, sirvieron de combustible para los baños públicos de esta ciudad por espacio de seis meses.

punto de partida es el Dios de Israel o una de sus diferentes figuras, como Alá o el Dios trino de los cristianos -, es evidente que eso implica la existencia de un pueblo elegido, por ende el derecho divino de dominación universal.[351] En tanto que si partimos de una dimensión axiológica, no se puede más que construir un orden capaz de asegurar y promover la igualdad de posibilidades entre los miembros de la comunidad.

Ya Heráclito había subrayado, a este propósito, como ya lo señalamos, que las leyes justas se nutren del uno divino, y que éste Uno es el Logos. Ahora bien este Uno no es, no pretende ser, un dios Pantocrátor. No es, por lo tanto, una potencia metafísica, como lo es el primer motor Aristotélico; tampoco es el todo de Xenofanes, ni el Omoteotle de los Aztecas. Se trata simplemente de un referencial ético: de una potencia metaética.[352] Que en tanto que simple unicidad es lo que en filosofía llamamos un en-si: el En-si ético. Es en su desvelamiento que esta instancia nos da la idea del Logos. Más precisamente, la substancia ética del ser humano y es por esta razón que desde los tiempos de la filosofía primera y fundamental, se dice que en el mundo está presente una ley universal de carácter racional: un Logos gobernador de la Historia.

Se trata ahora de saber: ¿Cuál es el contenido de ésta instancia? Desde un punto de vista estrictamente filosófico, este contenido no puede ser más que el de los valores universales: La idea de la Verdad, de la Justicia y del Bien. Por consiguiente, este En-si ético[353] es en Verdad la unidad simple y la finalidad de los valores universales. Su desenvolvimiento se realiza a través de la Justicia y su finalidad es la idea del Bien, del ''*Sumum Bonum*'', como decían los latinos.

Debe de tenerse en cuenta, que estos valores son el producto racional de estos sentimientos propios al ser humano que son las nociones del bien y del mal, de la justicia y de la injusticia, de la verdad y de la mentira. En efecto, como lo subrayó Aristóteles, son estos sentimientos los que engendran la familia y la vida en comunidad. Empero, estos

---

[351] Por lo tanto, lo que en la tradición bíblica se llama la promesa, la dimensión mesiánica, la consagración final.

[352] Por consiguiente, el papel de esta potencia no es el de ser el creador del Todo, sino simplemente el de condicionar la práctica axiológica del ser humano. Se trata entonces, de una instancia puramente humana, que solo corresponde y concierne a este ser, en la infinidad del cosmos. Este Uno, por lo tanto, tampoco tiene que ver con el Uno de Plotino. En efecto, Plotino nos dice que es solamente por el Uno que llegan a la existencia todos los seres. Lo cual hace que este Uno es una potencia creadora del cosmos y del Ser como tal. Sin embargo, el Uno de Heráclito es el espíritu de las luces que ilumina el mundo de lo humano.

[353] Lo que en la época de la ilustración se llamó el dios de los filósofos. A est propósito, recordemos que cuando le preguntaton a Einstein si creía en Dios, respódió: "Creo en el Dios de Espinoza que se desvela en la armonía de lo que existe, no en el Dios que tiene que ver con el destino y las acciones de los hombres". Citado por: Trinh Xuan Thuan, Le Cosmos et le Lotus, Albin Michel, Paris, 2011, p. 236). Esto quiere decir que el Dios de Einstein es una potencia panteísta. Aquí hablamos más bien de una potencia metaética.

sentimientos adquieren una dimensión diferente a través de la razón. Es por medio de la razón genérica que estas nociones se transforman en valores universales, en ejes o cuadros referenciales.[354]

Por consiguiente, de un lado tenemos la intuición de los valores universales y del otro, la racionalidad misma de estos valores. En tanto que En-si ético, y desde un punto de vista metaético, estos valores constituyen el Absoluto ético de lo humano. De tal manera que es esta instancia que califica y da valor a todo lo que pretende tener valor. Es así que decimos que de tal o cual dios es bueno o es una potencia maléfica.

Por consiguiente la deidad, cualquiera que sea, no puede ser, en-si, ''a priori'', la Verdad o Justicia en ella misma. De tal modo que es la instancia que califica, que es la fuente misma de los valores. Por estas razones podemos decir que el Absoluto ético es una potencia trascendente[355] con respecto a la conciencia, por ser de orden genérico; pero esta potencia está anidada en la conciencia ella misma, por ser objeto de la intuición ética.

En todo caso, como lo acabamos de señalar, los valores universales están íntimamente ligados. La Justicia no puede existir sin la Verdad, ni el Bien puede darse sin la Justicia. Por esto mismo podemos decir no solamente que la unidad de estos valores es su verdad, sino además que la verdad de esta verdad es su fin. Por consiguiente, su desenvolvimiento en tanto que substancia ética de lo humano. Pero, además, la verdad de una cosa es tanto su desarrollo, como la realización de su finalidad.

En efecto, la verdad de una cosa es su fin, puesto que es en el cumplimiento de sus potencialidades que decimos que esta cosa es lo que tiene que ser. De tal manera que todo en el ser de esta substancia, es movimiento hacia su propia realización. Ahora bien, como ya lo subrayamos, el proceso de realización de la substancia ética se manifiesta a través del desenvolvimiento de la idea de la justicia. La cual requiere, según Aristóteles, la benevolencia mutua y la equidad de los acuerdos.

---

[354] De ahí el concepto de axiología, de la ciencia de lo que vale, que tienen efectivamente valor; puesto que da valor a todo valor.
[355] Esto no quiere decir, sin embargo, que esta potencia sea un ego-trascendental, una persona. Aunque bien sabemos, como nos lo explicó el sofista Antifón, que el hombre pretende ser de todos los animales el más parecido a Dios.

XIV: Del llegar a ser de la razón instituyente.

Debemos tener en cuenta que el desvelamiento de la substancia ética es, en primera instancia, el producto de la razón teórica; luego, es por medio de la producción normativa que esta razón se vuelve razón práctica. Por consiguiente, la razón práctica no hace más que aplicar las exigencias de la razón teórica, a través de la convención. A ese propósito el sofista Licofrón nos dice que la ley es una convención, por lo tanto una garantía de los derechos recíprocos.[356]

Hay que tener en cuenta además que la convención se objetiva en las instituciones. Por consiguiente, el resultado de esta práctica – que es, en principio, la práctica de la razón - es la producción de un ordenamiento institucional. Cuya finalidad axiológica es la comunidad de iguales. De tal suerte que la razón práctica, es la manifestación de un proceso cuya finalidad es el desarrollo de la substancia ética de lo humano.

Por consiguiente, la razón práctica es la actividad racional que plantea normas, en vistas de un fin que es la creación de una comunidad universal generatriz de paz. Por esta razón misma, Kant subrayó la idea de una historia universal que posee un hilo conductor ″a priori″. En otros términos, a nivel sociohistórico, la práctica racional es la operación conforme a la finalidad ética de lo humano. Se trata por lo tanto, de una práctica capaz de hacer que el ser humano pueda ser conforme a la destinación de su universalidad.

Como ya lo vimos, al hablar de la revolución inglesa, este proceso implica desde el punto de vista político el movimiento que va de la creación del individualismo a la formación del Estado de derecho. Por consiguiente, el orden político es el sistema cuyo desarrollo se realiza por medio de la convención. Claro está, como ya lo subrayamos, en este proceso los automatisismos son limitados y corresponden al comienzo mismo de ese movimiento. Puesto que el individualismo lleva al pluralismo y por ende al Estado de derecho.[357]

Ahora bien, lo que no hay que olvidar es el hecho que esta práctica política es la manifestación de la razón teórica. Más precisamente de su plasmación en el espíritu social. Porque puede haber conocimiento del desenvolvimiento teórico, pero puede faltar la conciencia clara de su relación con la práctica política. Por consiguiente, en un mundo social

---

[356] Por su lado Voltaire subraya que si las leyes humanas son producto de la convención, no queda más que negociarlas de la manera la más adecuada. Y como lo acabamos de indicar, Aristóteles consideraba que la justicia reside en la equidad de los acuerdos.

[357] Esto no excluye la existencia de impedimentos, en la lógica de ese proceso. Como la existencia de una falta de seguridad jurídica, o la existencia de pactos oligárquicos o el fenómeno de la soberanía compartida entre el Rey y el parlamento. En estos casos no podemos hablar de sistemas políticos en el sentido estricto del término, sino más bien de sistemas pre-políticos. Esto implica que el orden político como tal se da con el principio de la soberanía popular, con la ley de la mayoría.

en el cual no hay un mínimo de humanismo – de la conciencia que todos sus miembros son semejantes -[320] no puede haber proceso de individuación generalizado. En cuyo caso las reglas de la seguridad jurídica pueden existir, pero no son eficaces.

En todo caso, lo que el proceso instituyente (de lo político) pone en marcha, es justamente lo que desvela la razón teórica. Es decir el hecho que toda singularidad es una manifestación de su propia universalidad. Por esto, todo ser humano tiene derecho a reivindicar su propia humanidad. De tal manera que toda singularidad es, en potencia, igual a cualquier otra.

Es justamente este principio, de la igualdad numérica, que el proceso político va a realizar. Lo cual va a concretizarse en el principio según el cual: un ser humano adulto vale un voto. Por consiguiente, lo que a nivel teórico se presenta como una potencialidad – como ya lo indicamos, los griegos hablaban de *"isotima"*: de igualdad en dignidad -, en la práctica tiene que concretizarse como una realidad, la *"isonomia"*: la igualdad ante el derecho.

Pero este proceso de igualdad ante el derecho no aparece inmediatamente con el advenimiento del Estado de derecho. En su forma primera este orden - la práctica histórica nos lo muestra - tiende a ser censitario. Esto es, en los albores de este ordenamiento solo una minoría es considerada como ciudadana, más precisamente con derecho de voto.

En efecto, no olvidemos que el Estado de derecho es, en su forma primera, la consecuencia de la ruptura con respecto a un mundo en el cual solo una ínfima minoría tiene derecho al reconocimiento, al respeto y al bienestar, el resto de la población es considerada como seres próximos de la animalidad. A los cuales, por *"bondad"*, se les reconoce el derecho de la servidumbre. Y esta bondad solo se manifiesta, cuando estos seres aceptan la dominación en sus formas más radicales. Porque como dice el mayor de los profetas, Isaías: los pueblos y las naciones que no querrán servirte, deberán ser exterminados.[321]

Es importante, en todo caso, comprender que el poder político es el producto de la convención. Más precisamente, es un proceso de realización condicionado por la producción jurídica; en el cual las instancias de legitimación juegan un papel de primera importancia. Es por esto que constatamos, en la práctica histórica, un movimiento que va del voto censitario al sufragio universal.[322] Por consiguiente, al simple hecho de reconocer que la dimensión genérica esta contenida igualmente en todos los seres humanos.

---

[320] Esto es el derecho a la universalidad de lo humano. Por lo tanto, del simple hecho que cada uno pueda ser considerado como manifestación de la misma dimensión genérica.
[321] 60,12.
[322] El lector no tiene más que pensar en el tiempo que tomó en las sociedades más avanzadas el paso del sufragio universal masculino al sufragio universal masculino y femenino.

Es, por lo tanto, dentro del orden del Estado de derecho que se realiza el principio de la igualdad numérica, el hecho que uno vale uno y no más de uno. Pero el Estado de derecho no es un ordenamiento simple. Presupone dos fases diferentes: por un lado el sistema oligárquico y por el otro, el sistema democrático. En el sistema oligárquico una minoría controla el poder. De tal manera que es un orden en el cual solo una minoría es sujeto del poder. Dentro de este sistema podemos constatar la existencia del sufragio universal masculino y femenino, pero esto no impide la existencia de un orden oligárquico.[323]

Por consiguiente, la existencia del sufragio universal, no es la condición suficiente para producir el orden democrático. Lo que caracteriza el orden democrático es el principio de la alternancia pura. Es decir la existencia de la *"isocracia"*: de la igualdad ante el poder. Y es, justamente, esta dimensión que no se manifiesta en los órdenes oligárquicos. En estos órdenes, como ya lo indicamos, es una minoría la que controla el poder. En otros términos, en este orden no hay alternancia pura[324] y el papel de la mayoría, por medio del sufragio universal, es el de legitimar a los que controlan el poder.

Pero antes de comenzar a tratar la democracia, es conveniente anotar el hecho que con la creación del Estado de derecho, la cosa pública deja de ser objeto de apropiación privada. En efecto, en los órdenes pre-políticos - antes de la formación del Estado de derecho - la cosa pública pertenecía al Rey o al déspota de turno. Antes de la revolución francesa se decía, por ejemplo, que el Rey vivía del dominio público. Y en ese orden, en el cual la nobleza de la toga va jugar un papel importante, los cargos públicos se vendían y entraban en el dominio privado.

De tal manera que con el Estado de derecho va aparecer el principio según el cual la cosa pública no puede ser objeto de apropiación. Puesto que la *"res-pública"* es, por definición y en principio una propiedad común,[325] la propiedad de todos. Es, por consiguiente, con la formación del orden político que se va realizar esta exigencia. Sin embargo, en su primera manifestación - en el orden oligárquico - la cosa pública no adquiere

---

[323] Es lo que constatamos actualmente, por ejemplo, en el caso de Francia. La elite del poder – política, administrativa y económica - es aquí producto de la Escuela Nacional de la Administración (ENA). Esta institución produce los altos directivos de la administración y por su medio la elite política y la elite económica.- Desde la llegada al poder de Nicolas Sarkozy, el 6 de mayo del 2007, ha habido un cambio fundamental y del cual no se hablado, curiosamente. Y este cambio consiste en el hecho de que la nueva elite política ya no es enteramente producto de esta escuela. Ahora son abogados. Ya hablaremos más delante de la lógica de este cambio. Ahora bien, esto no quiere decir que esta élite haya desaparecido. Su evaporación no puede más que ser el resultado del cesamiento de la Grandes Escuelas, de la síntesis de la Grandes Escuela y de las Universidades, de la cual se habla. Claro está, la defuncionarización, sería el camino más corto.
[324] Ya determinaremos este concepto, un poco más adelante. En todo caso según Aristóteles la democracia implica el derecho que tienen los ciudadanos de gobernar y de ser gobernados por turno.
[325] En lengua inglesa se habla precisamente de *"commonwealth"*.

su verdadera dimensión, puesto que en este sistema la *"res-publica"* es objeto de monopolio de una minoría. La cual tiende a convertirse en una casta de señores de la cosa pública. Es precisamente esta casta de permanentes que llamamos actualmente – desde la revolución soviética - la nomenklatura.

Por consiguiente, en este proceso político, que tratamos de explicar, la cosa pública tiende a adquirir su verdadera dimensión de propiedad de todos, para llegar a jugar un papel de primera importancia en la realización ética de la sociedad. En efecto, en primer lugar – con el Estado de derecho - la cosa pública deja de ser objeto de apropiación y luego, con la democracia, este dominio deja de ser objeto de monopolio. Es por esto mismo que el artículo 30 de la segunda declaración de los derechos del hombre y del ciudadano[326] se dice: Las funciones públicas son esencialmente temporales. No pueden ser consideradas como distinciones, ni como recompensas, sino más bien como deberes.

Lo que caracteriza, por consiguiente, la democracia, no es sufragio universal[327], sino más bien el hecho que las funciones públicas no son vitalicias. De tal manera que con la democracia, va aparecer el fenómeno de la alternancia pura. Claro está, cuando hablamos de alternancia, nos referimos a la totalidad de las funciones públicas. Por consiguiente, la democracia juega un papel regulador, en la medida en que asegura la circulación de las elites e impide la formación de una casta de permanentes, de señores de la cosa pública.

En lo que se refiere al fenómeno de la alternancia, es importante notar que la circulación de los elites,[328] no es la misma en los órdenes oligárquicos que en los órdenes democráticos. En efecto, en los órdenes oligárquicos modernos, la elite administrativa está compuesta de permanentes.[329] Esto hace que la elite administrativa secreta la elite política. En efecto, esta casta de permanentes tiene facilidad para pasar a la elite política y en caso de fracaso, sus miembros pueden siempre recupera sus puestos. Lo cual no es el caso de los que están sometidos a la inseguridad del mercado de trabajo.[330]

En todo caso, es importante comprender – y se puede constatar fácilmente - que en las oligarquías la elite administrativa produce la elite política. Por consiguiente, en este orden la

---

[326] Es importante recordar que la segunda Declaración corresponde a la Constitución de 1793, que es una Constitución republicana, producto del espíritu revolucionario. En tanto que la primera Declaración – que es la universalmente conocida - sirve de prólogo a una Constitución monárquica.
[327] Como lo sostiene el discurso dominante.
[328] Esto es lo que los sociólogos llaman la movilidad vertical en la esfera de lo político.
[329] Esto da los llamamos puestos vitalicios, que no lo son enteramente, porque los funcionarios se jubilan a partir de una cierta edad.
[330] En lo que se refiere a este mercado, conviene tener en cuenta que en las estructuras oligárquicas hay los que están sometidos a la inseguridad de este mercado y los que están en el sector protegido. De ahí que no haya, en esas condiciones, igualdad de posibilidades. La cual es, como ya lo subrayamos, la finalidad ética del orden social.

alternancia es el resultado de ese movimiento a partir del seno mismo de la nomenklatura. Esto hace, por ende, que la alternancia política es el resultado del paso de una tendencia de la nomenklatura a la que se le opone. Puesto que en última instancia el pluralismo es bipartidismo. La tendencia de la izquierda reemplaza a la tendencia de la derecha, que a su vez es reemplazada por la precedente, etc., etc.

En estas condiciones queda claro que la nomenklatura es la verdadera elite del poder y la mayoría ejerce su derecho de voto para legitimar la tendencia que accede al poder. Por consiguiente, en este orden no hay comunidad de ciudadanos, de sujetos del poder.[331] En todo caso, esta distancia entre la inmensa mayoría y la casta nomenklaturísta tiende a argumentar, con la existencia de un sector público, en el dominio económico.

Esto quiere decir, concretamente, que la formación de la economía mixta[332] va agravar ese fenómeno. Debido al hecho que la nomenklatura va encontrar en este espacio económico, una dimensión de reproducción sociológica de primera importancia. De tal suerte que en este orden la nomenklatura circula en el espacio de la elite administrativa, política y económica. Se consolida, por consiguiente, en tanto que elite efectiva del poder y casta social.[333]

Esto quiere decir que en este proceso, de consolidación de la casta nomenklaturista, llega un momento en que esta minoría se transforma en lo que Hegel llamó la clase universal.[334] Por consiguiente, en esta clase que se ocupa del interés general, de la existencia social. Que afirma, en todo caso, tener la universalidad como la finalidad de su actividad.[335] Pero esto no es más que una pretensión, porque en la realidad esta casta no encuentra en su actividad más que la satisfacción de su interés particular.

En efecto, la realización de la substancia ética de lo humano, no depende de la pretensión universalista de tal o cual casta, sino más bien de la puesta en práctica del contenido axiológico de la razón teórica. Por esto mismo Aristóteles decía ya que no se trata

---

[331] Aristótele decía ya, a ese propósito, en La Política que cuando son los mismos los que siempre están en el poder, esto quiere decir que el resto de la población esta marcada por la indignidad.
[332] Recordemos que la economía mixta aparece con la crisis de los años 1930. Este sistema va implicar la racionalización de una parte importante de la economía del sector secundario (industrial), como del sector terciario (servicios). Este orden se va desarrollar, entonces, sobre todo con la llamada tercera vía: ni capitalismo, ni comunismo. Es decir con el fascismo. Ya veremos más adelante, en el próximo capítulo, la lógica de este sistema.
[333] La castificación es aquí el resultado de la reproducción simple de esta minoría: los nomenklaturistas engendran futuros nomenklaturistas.
[334] Principios de la Filosofía del Derecho, párrafo 205.
[335] Recordemos que Marx Weber, por su lado, pensaba que el Estado burocrático, es el Estado racional por excelencia.

de dar el poder a los hombres, sino más bien a la razón. Y esta razón lleva necesariamente al rebasamiento de la lógica oligárquica. Es decir, a la realización del orden democrático.

Como ya lo subrayamos, la democracia implica la alternancia pura. En este orden, es la elite política la que secreta su propia administración. De tal manera que en este ordenamiento, la elite política es el producto de la ley de la mayoría, de la voluntad general, que pone en sus manos los instrumentos de la justicia distributiva. Puesto que la cosa pública es, desde un punto de vista contable, el conjunto de medios que se pone a la disposición de los que detentan la legitimidad popular. En otros términos, la elite política crea su propia administración, al poner en práctica los gastos de la función pública. Por consiguiente, los gastos necesarios al funcionamiento del aparato del Estado.

Ahora bien, es importante tener en cuenta que cada partido político llega al poder con un programa que trata de realizar. De tal manera que tiene que nombrar a las personas capaces de poner en práctica la perspectiva que le ha permitido llegar al poder. Por lo tanto, en la lógica misma de la alternancia se manifiesta la necesidad de que cada elite política pueda crear su propia elite administrativa.

De tal modo que por medio de esta práctica el orden democrático asegura el principio de la alternancia pura, e impide la existencia de una casta de señores de la cosa publica. Por consiguiente, la creación de la *"isocracia"* es el aporte ético principal de la democracia. Esto no solo porque impide el monopolio de la cosa pública, sino también porque con la *"isocracia"*, la democracia realiza plenamente la*"isonomía"*. Creando, de esta manera, las condiciones de la comunidad de iguales.

Dicho esto, conviene comprender que el Estado democrático no es la fase última del proceso político. Más allá del Estado de derecho se manifiesta, el Estado de justicia. Por consiguiente el ordenamiento político que se da como finalidad la creación de la comunidad de iguales, tanto a nivel particular (de su propia sociedad), como a nivel universal: de la comunidad de naciones. En otros términos, el Estado de justicia es el que objetiva – tanto a la altura de la particularidad, como en el horizonte de la universalidad - la plena realización de la substancia ética de lo humano.

De tal manera que la potencia que condiciona, en este orden, la práctica del poder, no es solamente la ley de la mayoría, sino también los valores de orden universal: la axiología fundamental. En efecto, conviene ser consciente del hecho que la ley de la mayoría no produce la justicia.[336] Su papel es, por un lado, de regular la existencia del pluralismo y por el otro lado de legitimar el poder legal.

Esto quiere decir, concretamente, que la idea de la justicia es el producto del desenvolvimiento de la substancia ética de lo humano. Y que la substancia ética se realiza plenamente bajo el reino del Estado de justicia,[337]

Es decir, con la realización de la justicia contributiva y la justicia distributiva. Por consiguiente, de un lado, la formación justa de los presupuestos públicos y del otro lado, la asignación de los gastos de funcionamiento del Estado y de los subsidios sociales.

En lo que se refiere a la justicia contributiva, conviene tener en cuenta que la fiscalidad juega un papel muy importante en el proceso de la nivelación social. Por consiguiente, la fiscalidad, la colecta de los impuestos, no sólo sirve para dar al Estado medios en vistas de asegurar su funcionamiento y su papel social, sino también para promover y asegurar la igualdad de posibilidades.

En otros términos, el ordenamiento de la fiscalidad puede ya sea aumentar las desigualdades sociales, ya sea reducir esas desigualdades, en vistas de la nivelación social. En efecto si tomamos el caso del mundo actual, podemos constatar muy fácilmente que los países más desiguales son aquellos en los cuales la fiscalidad está basada en los impuestos indirectos. Esto quiere decir que en esas realidades todo mundo paga los mismos impuestos y que los afortunados no contribuyen en función de sus capacidades. Por lo tanto, los ricos se enriquecen cada vez más mientras que los pobres tienden a pauperizarse.

En el caso contrario, en los países más nivelados, constatamos no solamente que los impuestos directos juegan un papel muy importante, sino también que los impuestos indirectos son bajos o nulos para los productos de primera necesidad y altos para los bienes de lujo. Esto hace que los ricos tienden a pagar más impuestos, en tanto que los pobres pagan muy poco. Esta política fiscal tiende, por lo tanto, a reducir las desigualdades sociales. Lo cual muestra claramente que la justicia contributiva no puede ir más que en el sentido de la nivelación social. Puesto que cada uno tiene que contribuir al presupuesto público según su capacidad.[338]

---

[336] No se olvide, a este propósito, que tanto Hitler como Slobodan Milosevic llegaron al poder por la ley de la mayoría y fueron sostenidos, casi hasta el fin de sus poderes, por la mayoría. Además le plebiscito – de: ˝plebescita˝: lo que gusta al pueblo - no tiene, generalmente, nada que ver con los valores universales: con la axiología fundamental.
[337] Claro está, en el sentido estricto del término, el Estado de justicia es una dikecrácia: del griego ˝dike˝, justicia y ˝cratos˝, poder.
[338] Recordemos a ese propósito que el artículo 13 de la primera ˝Declaración de los derechos del hombre y del ciudadano˝ está formulado de la manera siguiente: ˝La contribución debe ser igualmente repartida entre todos los ciudadanos, en razón de sus facultades˝.

Ahora bien, como lo subrayamos hace un momento, la justicia contributiva no es el único medio de la razón práctica para realizar su finalidad ética; además tenemos la justicia distributiva.[339] Por consiguiente, un concepto que deriva de la idea misma de la justicia y que surge en oposición a la noción de la justicia correctiva.

En efecto, como ya hicimos hincapié, el En-si ético se desenvuelve a través del concepto de la justicia. Ahora bien, este desvelamiento se concretiza en un proceso de desarrollo social. Por lo tanto, en una realidad efectiva que es, como toda realidad, un receptáculo de la ley de los contrarios. De tal manera que, dado que la realidad es la manifestación de los contrarios, la teoría tiene que contener también esta diferencia.

En efecto, las sociedades ella mismas contienen esta relación, puesto que encontramos de un lado la sociedad civil y del otro el Estado. O dicho de otra manera constatamos que hay un espacio ocupado por la propiedad privada y el otro que esta compuesto de la propiedad pública. Por esto mismo se dice que no puede haber sociedad[340] sin sociedad civil, o sociedad civil sin Estado. Por consiguiente, el orden social tiene que estar compuesto de estas dos esferas. Y por lo tanto la teoría de la justicia tiene que contener esta diferencia.[341]

En efecto, la dimensión axiológica que se desvela, a partir del desenvolvimiento del En-si ético; el cual se manifiesta necesariamente a través de la ley de los contrarios. Aristóteles expresa ese movimiento cuando nos dice que la justicia requiere que el igual sea tratado en igual y el desigual en desigual. Se presenta, por consiguiente, el hecho de saber en que dominio somos iguales y en cual somos desiguales. Es justamente con respecto a esta diferencia que Aristóteles habla de justicia correctiva y de justicia distributiva. Por lo tanto, la primera se relaciona con todo lo, que se opone al principio de la desigualdad; caso, por ejemplo, del derecho civil, penal y comercial.

En otros términos, la justicia correctiva tiene que ver con esos dominios en los cuales lo injusto es lo desigual, y lo justo todo lo que se acuerda con la igualdad. Por consiguiente, según la justicia correctiva, la injusticia es, como lo subraya Aristóteles, el exceso o la

---

[339] Conviene tener presente al espíritu el hecho que estos conceptos fueron ya estudiados por Aritóteles. Es, por lo tanto, una reflexión tant antigua como la teoría política ella misma. Y lo cierto es que la teoría política moderna, desde su comienzo con Locke, no ha contribuido a su desarrollo, sino más bien a su empobrecimiento. En efecto, es con John Locke, que comienza, para nosotros, la teoría política moderna. Más precisamente con su texto de 1688: <u>Teoría del Gobierno Civil</u>. Actualmente, es de notar, muchos especialístas consideran que la teoría política moderna comienza con <u>El Príncipe</u> de Maquiavelo. Este texto, de apología de la dominación brutal y del crimen, nos parece más bien un texto pre-político.
[340] Por sociedad entendemos el orden producto de la convención. Sin embargo, empleamos el término de comunidad para referirnos a las estructuras que no están condicionadas por el proceso convencional. Como es el caso particularmente, de este sistema que Marx llamó: Modo de producción asiático. Witfogel habla por su lado de despotismo oriental.
[341] Queda, claro esta, por determinar cual es la proporción razonable entre una esfera y la otra. En otros términos, se trata además de saber si la esfera pública debe ser más importante que la esfera privada, o inversamente.

carencia con respecto a una proporción razonable. Y esta proporción razonable se acuerda con el principio de la igualdad o con el de la igualdad proporcional.

De tal manera que la justicia correctiva interviene cuando ha habido transgresión o que no se ha respetado ese principio de la proporción razonable. El juez[342] interviene entonces, para restablecer el principio de la igualdad proporcional.

Por consiguiente, en esos dominios, en los cuales se impone el principio de la igualdad el papel del derecho es el de restablecerlo, ahí donde ha sido violado. Pero como ya lo señalamos, el principio de la igualdad, no es el único que se desgaja de la substancia ética de lo humano. Esta substancia es también receptáculo de contrarios. Se trata por lo tanto de saber: ¿En qué y con respecto a qué somos desiguales? En lo que se refiere a la realidad social, ella misma, constatamos de una manera general que los seres somos desiguales desde el punto de vista de las riquezas, como desde el punto de vista de las capacidades. Esto hace que la relación con respecto a la formación, como a la atribución de la cosa pública, la regla que se impone es la de la desigualdad.

En efecto, ya vimos que con respecto a la justicia contributiva, la participación a la formación del presupuesto público, no puede realizarse según el principio de la igualdad. Esto, por la simple razón que nos encontramos ante la imposibilidad manifiesta de hacer participar, por parte igual, a los que no tienen nada.[343] Por consiguiente, esta contribución solo puede realizarse según la capacidad financiera de cada uno. El que tiene mucho aporta mucho, y el que tiene muy poco no pude más que contribuir según su capacidad.

Llegamos así al problema de la distribución. Puesto que el Estado necesita medios para los gastos de funcionamiento, para pagar los salarios de los empleados públicos. Luego además el Estado necesita medios para subsidiar a los que se encuentran en estado de necesidad. Es ésta la función social del Estado. Aristóteles había ya subrayado el hecho que el movimiento que va de la justicia contributiva a la justicia distributiva debía de realizarse según el principio: de cada uno según sus capacidades, a cada uno según sus necesidades. Por consiguiente, en estos dominios se impone el principio de la desigualdad.

Antes de entrar en la determinación de estos gastos es importante comprender que en la lógica del proceso, que lleva a la formación del Estado de justicia, la cosa pública es ya el

---

[342] En griego, el *"Dikastés"*, es el juez; el que divide en partes proporcionales, restableciendo de esa manera la proporción razonable. El juez es, por lo tanto, el que *"dixastés"*, el que divide en dos: el que corta en dos parte iguales: *"dixaion"*.

[343] Esto concierne claro está, el impuesto directo. No se puede en efecto, dividir este monto en partes iguales y obligar a cada ciudadano a pagar lo mismo. Puesto que el que no tiene medios, no puede pagar lo que esas sumas implican. Notemos, además, que es el impuesto indirecto el que tiende a implicarse según el principio de la igualdad, de ahí que esta forma de la fiscalidad haya sido siempre considerada como injusta, secretando el aumento de las desigualdades sociales.

dominio del conjunto de la comunidad social. Además, este dominio es el resultado contable de la contribución impuesta al conjunto de la sociedad. El Estado, como lo va explicar más tarde Adam Smith, no crea riquezas. Su función principal es de producir y administrar el derecho. Es la sociedad civil el sector productivo. De tal manera que es de este sector que sale lo esencial de lo que se va distribuir, bajo la forma de gastos de funcionamiento y de subsidios sociales.

Por esto mismo, en la lógica de este proceso – de este llegar a ser - la cosa pública es el conjunto de riquezas,[344] puestas a la disposición de los que detienen el poder y que poseen la legitimidad de la mayoría. Por consiguiente, es el Estado de derecho – y más aún el Estado democrático - que crea las condiciones de la puesta en práctica de la justicia distributiva.

De tal manera que el Estado puede hacer esos gastos según criterios diferentes. Porque se trata de dos gastos diferentes. En efecto, de un lado, se trata de sufragar la creación de empleos en la función pública, y del otro lado, de subsidiar a los que se encuentran en estado de necesidad. Por lo tanto, según Aristóteles, en lo que a la creación de puestos públicos se refiere, el criterio no puede ser más que la capacidad de cada uno a contribuir al bienestar general. Es así que los criterios de familiarismo, amiguismo, de los méritos o de la fidelidad, son contrarios a la razón ética de esta práctica.[345] Esto quiere decir, concretamente, que el criterio fundamental es la competencia y que esta capacidad no puede ser considerada como algo que se adquiere definitivamente. En efecto, los mecanismos de la alternancia pura hacen que los sujetos de la función pública tienen que entrar periódicamente en competencia.

En lo que se refiere a los subsidios sociales es importante comprender que se trata de subvencionar a los que no tiene medios y no a los que disponen de medios suficientes y abundantes. En efecto, en este último caso los subsidios no hacen más que aumentar las desigualdades sociales y violar la finalidad ética del Estado. Puesto que como ya lo subrayamos, la finalidad ética del Estado es la nibelación social y no el aumento de las desigualdades.

Conviene recordar que esta función de subsidiar a los pobres, fue controlada por las Iglesias, bajo la forma de la limosna, de la caridad. Fue durante muchos siglos la práctica legitimadora de la Iglesia católica, como lo era y lo es actualmente en el caso del Islam. Con el desenvolvimiento de la substancia ética de lo humano, va a desarrollarse la conciencia del

---

[344] Notemos que en los países de la comunidad europea este presupuesto gira, actualmente alrededor del 48% del producto interior bruto (PIB). Todo indica que en la época clásica antes de la aparición de las políticas de seguridad social, este presupuesto giraba, en los países desarrollados, alrededor del 25% del PIB.
[345] Es de notar, en todo caso, que para Aristóteles se trata de organizar las instituciones, de tal manera que las funciones públicas no sean fuentes de provecho privado.

hecho que los subsidios públicos no pueden ser la manifestación de la caridad, sino, más bien el producto mismo del derecho. En efecto, para esta lógica ética, todo miembro de la comunidad social tiene derecho a un mínimo de seguridad material. La cual práctica tiene que ser asumida por el Estado. Esto dado que su función ética como tal, es la de crear las condiciones concretas de la igualdad de posibilidades; por consiguiente de la nivelación social. Claro está, esta nivelación no puede realizarse si el Estado no se da los medios suficientes. De ahí la necesidad de un presupuesto social. En todo caso, tan significativo como el presupuesto de funcionamiento. La experiencia de los países más avanzados en el campo social nos muestra la importancia socioeconómica de este presupuesto. En efecto, el presupuesto de la seguridad social,[346] no solamente juega un papel nivelador, sino que además permite el desarrollo del poder adquisitivo en vista de absorber la superproducción.[347]

Por consiguiente, según esta dimensión ética, el papel fundamental del Estado no es de producir bienes y servicios, sino más bien de producir y administrar un derecho conforme a la substancia ética del Estado. En todo caso, todo lo que el Estado ético pueda vender, a través de los servicios públicos no lo puede hacer según el principio de la igualdad. Pongamos el caso de las universidades públicas, que es un ejemplo significativo. En efecto, aunque lo que se tenga que pagar no sea muy caro, no se puede olvidar que entre los estudiantes hay quienes tienen muchos medios, porque son miembros de familias ricas y potentes. En cambio los hay también que son muy pobres. De tal manera que lo que el rico paga no es nada para él, en cambio para el pobre es mucho, y lo empobrece aún más.

De ahí que según su función ética, el papel del Estado es, más bien, de cobrar más al rico y de subsidiar al pobre para que pueda hacer sus estudios y contribuir de esa manera a la realización de su finalidad ética: la igualdad de posibilidades entre los miembros de la comunidad social. De tal manera que la nivelación social no se obtiene únicamente a través de la "isonomia" - la igualdad ante el derecho civil, comercial, penal y político -, sino también por medio del principio de la desigualdad que se desarrolla en la fiscalidad y la asignación de los gastos públicos.

En todo caso, todo esto nos permite comprender que la creación de la comunidad de iguales no pasa únicamente, como lo creen los anarquista, por la simple aplicación del principio de cada cual según sus capacidades, a cada cual según sus necesidades. En efecto,

---

[346] Nótese que este presupuesto hace parte del presupuesto total público de una nación. Además es importante señalar que en países tan diferentes como Francia, Suecia o Alemania su monto es superior al del presupuesto de funcionamiento. Sin embargo, actualmente con la crisis global que estamos viviendo las cosas tienden a cambiar. Asistimos en los países desarrollados à una diminución de los subsidios públicos y a un aumento de las desigualdades sociales.
[347] Desarrollamos esta problemática en el capítulo siguiente.

como lo acabamos de mostrar, la aplicación de esta política se realiza en el seno de una totalidad que es un orden social. En el cual cada nivel contribuye a la plena realización del todo. Resulta, por lo tanto, evidente que la justicia contributiva no puede realizarse dentro de un sistema en el cual la dualidad Estado-sociedad civil ha desaparecido.

En efecto, es con respecto a esta dualidad – como ya lo subrayamos - que el En-si ético se desvela y que la justicia se manifiesta por un lado, en justicia correctiva y por el otro lado, en justicia distributiva. Por consiguiente, esto nos demuestra concretamente que los programas llamados políticos que se desarrollan a partir de slogans tildados de revolucionarios -¡A todos la misma cosa![348], o ¡A cada uno según sus capacidades!- [349] son programas que no pueden llegar a la realización de la comunidad de iguales.

No son, en todo caso, principios que corresponden a la lógica del desenvolvimiento de la substancia ética del humano. Esto, por la simple razón que están pensados fuera de la lógica de la dualidad. Del simple hecho que la substancia del ser[350] es un receptáculo de contrarios. Dicho esto, regresemos al proceso de realización del Estado de justicia. En efecto, un Estado tal no puede florecer solo en medio de las ruinas y del horror circundante. No hay existencia sin coexistencia. Además, el interés particular coincide necesariamente con el interés de la totalidad a la cual pertenece. Una comunidad particular no se puede realizar plenamente si no participa a la realización del todo. Por ejemplo, una singularidad no puede realizarse plenamente, si no tiene en cuenta a la sociedad en que vive. Logra, claro está, participar a este todo inmediato por medio de su trabajo, de sus impuestos, de sus gastos. Pero es sobretodo en tanto que ser pensante que la singularidad participa a la construcción de su mundo; y la participación a ese proceso axiológico, pasa necesariamente tanto en su lucha por la justicia, como en la lucha por la comprensión de las circunstancias de su mundo.[351]

Pero, como ya lo indicamos, la singularidad es en potencia no solamente animal familiar y político, como lo sostuvo Aristóteles, sino también un ser cosmopolita. Por consiguiente, la finalidad ética de lo humano no es solamente la construcción de lo particular,

---

[348] Debemos este slogans a Gracchus Babeuf, el protagonista de la conspiración de los iguales – y autor del Manifiesto de los Iguales -, cuyo pensamiento y acción se manifestaron poco después de terminada la revolución francesa, entre 1795 y 1997, año de su ejecución.

[349] Este slogan es de Carlos Marx. Su sentido inspiró la práctica revolucionaria marxista. En efecto, los capaces, los miembros de la elite revolucionaria, de la nomenklatura, recibieron en nombre de este principio sus inmensos privilegios.

[350] Conviene recordar que el ser al cual hacemos referencia aquí, es esta totalidad que comprende la física y la ética como decían los filósofos griegos.

[351] El compromiso auténtico y verdadero no es el que se hace con las facciones que luchan por el poder, sino más bien el que se realiza, gracias a la razón, con la universalidad de lo humano. Y es solamente en esas circunstancias que el filósofo, cual ave de Minerva, puede afrontar la noche, como precedido por una antorcha.

sino también la constitución de un orden universal capaz de producirse según las pautas del derecho justo.

Las finalidades fundamentales de esta comunidad de Naciones[352] son:
1. La de luchar contra las injusticias recíprocas.
2. La de promover el intercambio y la universalidad de relaciones.
3. La de fomentar la solidaridad entre sus miembros.

Claro está, este programa presupone la clara conciencia del hecho que la Razón axiológica puede y tiene que gobernar la historia. Porque el gran problema que la humanidad sigue teniendo, es que no ha tomado conciencia del hecho que – como lo sostuvo Raymond Aron - son los hombres que hacen la historia, pero no reconocen la historia que hacen. Es importante, en todo caso, comprender que la práctica histórica es el producto de la razón instituyente, es el resultado mismo de la convención. Ahora bien, este proceso práctico no puede ser racional si no se tiene en cuenta la finalidad ética que es el sentido mismo de su llegar-a-ser.

Por consiguiente, el mundo no puede llegar a ser racional, si su proceso no está condicionado por la razón teórica. La cual razón hija es del pensamiento, de la reflexión y del saber, y no de la creencia. Algunos pretenden, en efecto, que la racionalidad en el mundo no pueda ser más que el producto de la creencia en un creador llamado racional. Título que se le da al dios de Abraham y por su medio al dios del Islam y al hombre-dios del cristianismo. Sin embargo, esas afirmaciones olvidan que en esos sistemas de creencias, no hay transformación social en vista de una finalidad ética. Por ejemplo, desde un punto de vista puramente dogmático, la historia cristiana, como lo subraya Le Goff, es el proceso que va de la creación a la parusía, al segundo regreso de Cristo y, por lo tanto: al juicio final.[353] La misma lógica encontramos en el Islam: el juicio final es la finalidad misma de lo humano. Recordemos que este proceso no existe en el <u>Antiguo Testamento</u>, porque en este texto no hay más allá. Su finalidad es la promesa, que Daniel (7,27) formula de la manera siguiente: ˝y el reino, el poder y la grandeza de los reinos que hay bajo todo el cielo serán entregados al pueblo de los

---

[352] La finalidad ética a nivel internacional no puede concretizarse con una República Universal. Este orden implicaría, más bien la existencia de un pueblo superior, predestinado a la dominación universal. En efecto, la lucha por la justicia solo puede realizarse dentro de un orden plural.
[353] Estrictamente hablando, el más allá es la promesa hecha a lo que sufren la injusticia de la dominación. Por esto Pablo dice: ˝Esclavos, obedeced a vuestros amos... en pago recibiréis la herencia˝. Colosenses 3, 22-24. – A se propósito, ver también: Efesios 6., 5; Tito 2,10 y Pedro 2,18.

santos del altísimo; su reino será un reino eterno y todos los imperios les servirán y estarán sujetos a él".[354]

Como se puede comprender, esta perspectiva es la negación de la finalidad ética de lo humano que es, como ya lo indicamos, la construcción de una comunidad de iguales. Por lo tanto la coexistencia en la igualdad de condiciones y de posibilidades. Lo cual lleva necesariamente a la creación de una comunidad jurídica – a nivel nacional, como a nivel internacional –, en la cual cada uno vale uno y no más de uno. Por consiguiente, la comunidad jurídica es el resultado de la negación y del rebasamiento de las comunidades religiosas y raciales. En otros términos, con la comunidad jurídica el ser humano realiza plenamente, a través la práctica de su razón, la finalidad ética de su ser genérico.

---

[354] Conviene tener en cuenta, además, que en esta jerarquía de la dominación, los pueblos revoltosos, los que no aceptan la servidumbre, tendrán, como lo dice claramente Esaias (60,12), que ″ser exterminados″.

XV: Del desarrollo de la razón económica.

Como ya lo subrayamos, la razón instituyente comienza a manifestarse de nuevo, después de un larguísimo apagón, con la revolución inglesa. Por lo tanto, con este proceso que proceso que va de la revolución inglesa (1689), a la revolución francesa (1789). Justo un siglo. Pero este regreso a la razón práctica, no fue el resultado de un renacer de la razón teórica, en la plenitud de sus capacidades: tal como fue desarrollada por la filosofía primera y fundamental. Este fenómeno se explica por el hecho que durante el proceso de la revolución inglesa, no se produce el regreso a la filosofía clásica griega. En efecto, en ese entonces la filosofía del poder estaba condicionada por el pensamiento del absolutismo de Bodin y de Hobbes.

De tal manera que la razón teórica se va a desarrollar de una manera espontánea a partir de Locke. En otros términos, con el autor de los Ensayos sobre la tolerancia (1666) y del Tratado sobre el Gobierno Civil (1688), vamos a asistir a un desarrollo de la filosofía política que no hace referencia a la teoría política aristotélica. En todo caso no se desenvuelve como un momento de ese proceso del pensamiento. Se va a producir, entonces, el mismo fenómeno que en el derecho y que ya los latinos habían definido: ¡Ahí donde hay sociedad, hay derecho, y donde hay derecho hay sociedad!

Por consiguiente, este mundo moderno se va a desarrollar a partir de una teoría política que carece de coherencia. En todo caso, esta teoría no tiene la coherencia que se desvela, no sin dificultad[355], de la filosofía política clásica griega. En efecto, lo que se manifiesta en esta teoría política moderna, no es el desarrollo de la substancia ética de lo humano, sino más bien la manifestación de posibilidades que encuentran sus límites en la división de los poderes y en el sufragio universal masculino.

Pero, conviene reconocer que cualquiera que hayan sido estas limitaciones, la conciencia general de lo político estaba más avanzada en esa época que el desenvolvimiento del proceso económico. En efecto, lo político como tal era lo conocido, independientemente de las confusiones y de la voluntad de confundir[356]. Lo cual no era el caso de lo económico, puesto que a la antigua economía se había añadido la nueva economía: la de la acumulación ensanchada. En otros términos, en la teoría política casi todo había sido formulado. En tanto que en el dominio de la economía quedaba todo un mundo por descubrir.

---

[355] Claro está, esta dificultad no es aquí el resultado de la teoría política aristotélica y greco-romana en general, sino más bien del hecho que los textos que nos llegan - después del vandalismo cristiano e islámico –, son escritos truncados y algunas veces reescritos, o bien notas de curso o simples fragmentos.
[356] Por medio de la demagogia, la mala fe o la falsa conciencia.

Ahora bien, independientemente de este desfasaje – de la teoría económica, con respecto a la teoría política -, es importante hacer resaltar el hecho que la teoría económica va a conocer un avance extraordinario en los comienzos mismos del proceso de la nueva economía, con Locke[357] y Smith. Y es esta nueva dimensión que nos interesa aquí particularmente.

En efecto, estos dos teóricos van a introducir los conceptos necesarios para comprender el nuevo proceso económico. Porque, como ya lo indicamos, se conocía el concepto de democracia, por ejemplo, pero no se conocía el de la velocidad de circulación de la moneda. Por consiguiente, Locke va mostrar y teorizar el hecho que además de la cantidad de moneda, había que tener en cuenta la velocidad de circulación. De tal manera que lo que determina el nivel de actividad económica, no es la cantidad de moneda existente, sino más bien su velocidad de circulación: su nivel de eficacia. Y este nivel de eficacia depende de la taza de crédito corriente[358], en razón inversa.

Por lo tanto, el nivel de actividad económica depende de la taza de crédito corriente, en relación inversa. Esto quiere decir que si una taza sube, hay reducción de la actividad económica, y en el caso contrario, asistimos a la reactivación del dinamismo económico en general. Esto quiere decir que el crédito es la potencia energética, de ese proceso de acumulación ensanchada. Y es justamente este asunto que se encuentra en el centro mismo de la teoría cuantitativa de John Locke. Puesto que para Locke no se trataba únicamente de tener en cuenta la cantidad de moneda en circulación, sino también, y sobretodo su velocidad de circulación[359]. Por lo tanto, su nivel de eficacia.

Ahora bien, el desarrollo de este proceso – como ya lo subrayamos cuando hablamos de la revolución inglesa - es el resultado del rebasamiento de la práctica de la tesorización y de la consolidación del fenómeno del ahorro. De tal manera que el ahorro va permitir el aumento de la base monetaria del capital bancario y, por consiguiente, el del volúmen del crédito. Como ya lo indicamos, el desenvolvimiento de esta práctica no hubiese sido posible sin la aparición del fenómeno de la seguridad jurídica. Por lo tanto, del renacer de la razón instituyente.

---

[357] Notemos que John Locke es sobre todo, como ya lo señalamos, conocido como filósofo y no como economista. Sin embargo, su texto, <u>Unas cuantas consideraciones sobre el valor de la moneda</u>, del 1691, es sin duda alguna uno de los más importantes de la teoría económica moderna. En todo caso es, a nuestro entender, la primera obra que va más allá de la teoría económica de Aristóteles.

[358] Tomamos aquí este concepto en el sentido de taza media de inversión, por consiguiente, un tipo que se situaría entre la taza la base y la taza hipotecaria. Conviene, a este propósito, tener en cuenta que en esta época clásica del capitalismo no había crédito al consumo. Además, es necesario tener presente el espíritu de este período histórico estaba determinado, monetariamente, por el bimetalismo: el oro y la plata.

[359] Esto quiere decir, concretamente, que la fórmula de la teoría cuantitativa tiene que ser enunciada de la manera siguiente: El volumen (V) de transacciones (T) es igual a la cantidad de moneda (C) multiplicada por su velocidad de circulación (VC). Por consiguiente: $VT = C \times VC$. –Conviene notar que esta ecuación es diferente de la que fue enunciada por Irving Fisher en 1930 – $PT = MV$ – y la formulada por Milton Friedman en los años sesenta, y que concierne el nivel de los precios.

La aparición del fenómeno del crecimiento económico[360] es por consiguiente el resultado de esta práctica que da: ahorro, crédito e inversión. Claro está, cómo se puede comprender, estos momentos son tan necesarios los unos de los otros. Puesto que es este proceso que lleva a la acumulación ensanchada, al crecimiento económico. Pero, en este encadenamiento de fenómenos el crédito juega un papel de primera importancia. Es precisamente, lo que va a dar en la época contemporánea lo que llamamos la política monetaria y, más concretamente, la política del crédito.

Conviene, sin embargo, tener en cuenta que en la época clásica el nivel del crédito estaba condicionado por los automatismos del patrón oro y, por consiguiente, de los ciclos económicos. Es decir, de las crisis coyunturales[361] de superproducción. Tenemos, en todo caso, que constatar que estas crisis económicas no son la manifestación del carácter irracional de ese sistema.[362]

En ningún momento se observa que este fenómeno es la manifestación de la ley de los contrarios. Por consiguiente que a partir del momento en que hay crecimiento, tiene que existir su contrariedad: la recesión. Esto de la misma manera que en los órdenes precapitalista, las épocas de abundancia estaban reemplazadas por períodos de rareza, como las vacas gordas daban paso a las vacas flacas.

De tal manera que el crecimiento continuo, ininterrumpido, es más bien una idealidad y no una realidad. Por consiguiente el objetivo de la teoría económica, no puede ser el rebasar la existencia de los ciclos; porque el ir más allá implica necesariamente la negación del crecimiento económico y de las categorías propias, a su proceso. Por esto mismo Marx habla de crítica a la economía política; por lo tanto, de rebasamiento de la lógica económica como tal. Se trata por lo tanto para él de hacer la economía de la economía, para poder hacer la economía de la plítica y del derchot. Por est mismo nos dice que la humanidad tiene que ir, con el comunismo, más allá del horizonte del derecho.

En todo caso, desde un punto de vista puramente racional, el objetivo no puede ser el superar la lógica económica, sino más bien el de optimizarla, para hacerla más eficaz. El problema fundamental de la época clásica va ser, por consiguiente, el aumentar la optimalidad y la eficacia de los instrumentos de la política económica. Es en este dominio, justamente, en

---

[360] Y concretamente en la revolución industrial. La cual se va a producir en Inglaterra a partir de 1700, con la construcción de altos hornos y del empleo del carbón de piedra.
[361] A ese respecto, se dice, de una manera general, que lo que no dura es coyuntura y lo que dura es estructura.
[362] Recuérdese que para Marx estas crisis son la prueba del hecho que el sistema capitalista constituía un impedimento al desarrollo de las fuerzas productivas.

el cual la política económica clásica va a experimentar sus límites y vivir la experiencia del callejón sin salida.

En efecto, la teoría cuantitativa nos muestra, como acabamos de indicarlo, que el nivel de eficacia de la moneda depende de la tasa de crédito, en relación inversa[363]. Pero el problema es que en este sistema bimetálico, como en el caso del patrón oro, en el sentido estricto de ese término, el nivel del crédito dependía de la cantidad metálica[364] en circulación. Por consiguiente, de la balanza corriente y del nivel de atesoramiento. De tal manera que habían dos parámetros que condicionaban el nivel de liquidez en circulación. Y es justamente este nivel de liquidez que condicionaba el nivel de crédito.

En otros términos, dentro de ese sistema no había política monetaria. Esto en el sentido de que no era la banca central la que imponía el nivel de crédito, sino más bien la abundancia o la rareza de la moneda en circulación. Ahora bien, como lo acabamos de señalar la cantidad de oro activo en una nación - en el caso del patrón oro, para simplificar las cocas -, dependía por un lado de la balanza de cuentas corrientes y por otro, del nivel del atesoramiento.

Es justamente el mecanismo de estos dos factores al que nos referimos, cuando hablamos de los automatismos del patrón oro. El uno concierne al mercado internacional y el otro al mercado interno. En todo caso estos automatismos jugaban un papel regulador. Es así como en el mercado internacional, la competencia hacía que había naciones exedentarias y naciones deficitarias[365]. De tal manera que los países excedentarios constataban el aumento de sus reservas de oro[366], en tanto que los países deficitarios conocían el fenómeno inverso. Por consiguiente, el déficit de estos países no podía permanecer durante varios años. Puesto que el déficit exterior, no podía más que provocar la desaparición de las reservas de oro de estos países. Por lo tanto, la desaparición del papel moneda y, en última instancia, de toda forma de intercambio mercante.- No es inútil recordar a este proposito que en la época de fines del diecinueve se hablaba del sistema inglés. El cual implicaba el patrón oro y el libre intercambio. Pero no se hablaba del proteccionismo. Porque como lo va demostrar Carlos Polanyi - en su obra principal: La Gran Transformación, 1941 -, en la época los países

---

[363] David Hume, por ejemplo expone, esta tesis en sus Ensayos (1750), cuando nos dice que la riqueza de las naciones depende del tipo de crédito corriente en relación inversa.
[364] Del metal amarillo, como del metal blanco en el caso del bimetalismo.
[365] Recordemos que durante toda la época clásica del capitalismo la Gran Bretaña fue la nación exedentaria por excelencia. Esto explica el hecho que este país funcionó, durante todo este período en libre intercambio.
[366] En efecto, no debe de olvidarse que bajo el reino del patrón del oro los déficits se pagaban con el oro en reserva. De tal manera que los países deficitarios – es decir los que importaban más de lo que exportaban - tendían a aumentar las reservas de los países exedentarios.

excedentarios funcionaban en libre intercambio, en tanto que los países deficitarios practicaban el proteccionismo. Algunos, los más pobres, vivían casi en autarquía.

El hecho es que los déficits – en si mismos desastrosos – hacía reaccionar a los países deficitarios. Los obligaba, justamente, a tomar medidas proteccionistas [367] y tratar de reducir las importaciones en vista de aumentar las exportaciones. Esto quiere decir, que dentro de este orden el proteccionismo jugaba un papel regulador[368]. En efecto, la misma ley de los contrarios nos enseña que no puede haber positivo sin su contrariedad. Por lo tanto, libre intercambio sin proteccionismo.

El hecho es que en la época clásica del capitalismo el proteccionismo impedía la banca rota de las naciones, que es lo que constatamos actualmente. Por consiguiente, el proteccionismo no solamente impedía la banca rota de las naciones sino además aseguraba las condiciones del libre intercambio. Esto, en la medida en el proteccionismo permite el regreso al equilibrio e incluso al excedente, por lo tanto a las condiciones mismas del libre intercambio. En todo caso, es la lógica misma de este movimiento que explica, que en la época clásica, los países que no eran competitivos conocían períodos proteccionistas y períodos de libre intercambio.

Dicho esto, pasemos ahora al regulador interno. Más precisamente al fenómeno de los ciclos económicos[369] al nivel monetario. Se trate de ciclos de diez a once años[370] en término medio – si tomamos el siglo XlX como modelo -, en los cuales habían, algo así, como ocho nueve años de crecimiento y dos de recesión. El ciclo se caracterizaba por el flujo y el reflujo del oro. Esto es, más precisamente, por el aumento del ahorro en la fase del despegue y por el acrecentamiento del atesoramiento en la fase recesiva. Por consiguiente, el crecimiento estaba condicionado por el aumento del ahorro, en tanto que la tendencia a la recesión implicaba necesariamente rareza del metal amarillo en circulación y por ende acrecentamiento del atesoramiento. Continuamos aquí tomando como modelo el sistema del patrón oro. Hay, sin embargo, que tener cuenta que el siglo diecinueve no estuvo totalmente dominado por monometalismo. El bimetalismo comienza a desaparecer en 1821. Es el Reino Unido que comienza con este asunto en 1821. Ya hablaremos de esto más adelante.

---

[367] Esto es aumentar las barreras arancelarias.
[368] Como ya veremos en el capítulo siguiente el proteccionismo va a adquirir una dimensión verdaderamente negativa, con la crisis de los años treinta. Lo cual no era el caso en la época clásica, como tratamos de explicarlo.
[369] Como veremos más adelante, estos ciclos van a cambiar en la época moderna.
[370] Por esto - de los once años- algunos teóricos pensaban como Jevon, que estos ciclos económicos estaban ligados a los ciclos de las manchas solares, que son justamente de este número de años. Juglar (1819-1905) por su lado habla de ciclos de nueve años.

Por el momento hay que tener en cuenta que si obsevamos esta realidad, del punto de vista de los tipos de interés, ese movimiento se caracteriza por la baja y el alza de esas tasas. Esto quiere decir, concretamente, que la baja de las tasas se produce cuando hay aumento del ahorro y, por lo tanto, desatesoramiento. Lo cual se realiza al comienzo mismo del ciclo, de tal manera que con la baja de los tipos y el aumento de la moneda en circulación, se manifiesta tanto la incentivación a la inversión como a la propensión al consumo. En otros términos, el comienzo del ciclo implica el aumento del ahorro y, por la baja de los tipos de interés, el acrecentamiento de la velocidad de circulación de la moneda; por ende, el acrecentamiento del nivel de eficacia de la moneda[371]. De tal manera que este proceso del crecimiento económico comenzaba con el fin de la propensión al atesoramiento y de la esterilización de la base monetaria. Se producía, entonces, un movimiento que llevaba al acrecentamiento del ahorro y de la base monetaria activa[372]. Luego con este aumento del ahorro se producía una alza de la oferta de crédito y, por lo tanto, a la baja de los tipos de interés. Lo cual llevaba necesariamente al aumento de las inversiones y del enriquecimiento social.

Pero este proceso encontraba su límite en la tendencia a la superproducción. Por lo tanto, en la inelasticidad de la demanda[373]. En efecto en el sistema capitalista clásico, se hablaba de inelasticidad de la demanda y de elasticidad de la oferta. Esta diferencia es, en primera instancia de orden puramente estructural, por el hecho mismo que el problema dentro de este sistema – tanto clásico, como moderno - no es de producir, sino de vender los bienes disponibles. Luego en segunda instancia, tenemos el fenómeno propio a la época clásica, es decir el hecho que no había crédito al consumo[374]. Lo cual daba una potencialidad considerable a la capacidad productiva. Y en última instancia tenemos el hecho que dentro de la economía clásica, la capacidad de consumo estaba limitada por la masa monetaria, o sea por la ecuación: C x VC =VT. Por consiguiente por el hecho que el volumen de transacción (VT) dependía de la cantidad (C) por la velocidad de la circulación: VC.

Pero, como ya lo señalamos, la base monetaria bancaria, y el nivel ahorro, podía variar rápidamente en caso de preferencia por el oro, por consiguiente, como consecuencia de la

---

[371] Conviene en todo caso tener presente al espíritu el hecho que, como ya lo subrayamos, el nivel de eficacia de la moneda depende de los tipos de interés, en relación inversa. Esto quiere decir por consiguiente que el crédito es el motor de la nueva economía.
[372] De las disponibilidades bancarias.
[373] Es importante tener en cuenta que en el sistema de la reproducción ensanchada, la capacidad productiva es potencialmente superior a la capacidad de consumo. Este fenómeno es particularmente evidente en el sistema fundado en el patrón oro, en el sistema monometalista.
[374] Conviene recordar que el crédito de consumo va a aparecer con la economía moderna. La cual llamamos por convención, ya sea economía keynesiana, ya sea economía de consumo.

propensión al atesoramiento. Lo cual tendía a producirse en el comienzo de la fase final del ciclo. Más precisamente, con la aparición del sobre estocaje y del frenaje del proceso productivo. De tal manera que esta diferencia entre la capacidad de consumo, con respecto a la capacidad de producción tendía a ensancharse como consecuencia de la propensión a la inelasticidad de la capacidad de consumo.

Por lo tanto, en ese proceso cíclico llegaba un momento en que la masa monetaria[375] alcanzaba su máximo para llevar a la contracción de esta masa en ella misma. Por consiguiente, la inversión del proceso del crecimiento se manifiesta a través de la contracción de la demanda global y por ende de la preferencia por atesoramiento. Este mecanismo autorregulador hacía, por lo tanto, que el mundo clásico llegó a vivir los ciclos económicos como el resultado del movimiento de lo ineluctable. Es decir del mecanismo englobante que no se podía modificar, pero que sí aseguraba su propia autorregulación. En todo caso, lo que esta conciencia no podía concebir era la imposibilidad de la autorregulación. Que es justamente lo que se va producir con la gran crisis de los años treinta. – De esta crisis ya hablaremos más adelante. Lo importante por el momento es tener en cuenta que este mundo clásico – es decir el siglo XIX y los albores del XX – no logra ver la necesidad de llegar a un control de la política monetaria y a la necesidad de regresar al bimetalismo.

Pero antes de entrar en este dominio que implica la existencia de un acuerdo internacional, por lo tanto, de un ordenamiento internacional, conviene aprofundizar el orden financiero de la época clásica. Debemos, en efecto, ante todo, tener presente el espíritu que el sistema capitalista clásico es el producto no solamente del individualismo, sino también de la racionalización de la moneda en tanto que instrumento de la razón instituyente.[376] El crédito se va a manifestar entonces no como una práctica diabólica – como el solo dominio de los usureros –, sino más bien como la concretización de la razón económica. Cuya finalidad no es otra más que la optimalidad de este instrumento, en vista de satisfacer las necesidades de la comunidad social y de la comunidad internacional.

---

[375] Recordemos que según la teoría cuantitativa la masa monetaria – o el volumen de transacciones- es igual a la cantidad (C) por la velocidad de circulación (CV), o lo que es lo mismo: el volumen de transacciones por sus precios. Que es justamente lo que Irving Fisher afirma en su <u>Teoría del interés</u>. Porque para él, como ya lo señalamos, la masa monetaria – actualmente hablamos más bien de stock monetario, de base monetaria - por su velocidad es igual al precio por las transacciones. Lo cual nos da la ecuación: $M \times V = P \times T$.

[376] Notemos, a este propósito, que para Aristóteles la moneda es – en su dimensión racional – una manifestación de la justicia correctiva, en la medida en que su función englobante es la de asegurar la proporcionalidad en el intercambio. Por lo tanto, de asegurar el principio de la igualdad proporcional. Puesto que sin igualdad proporcional, no puede haber intercambio, o el intercambio – lo que asegura la existencia social – se vuelve problemático.

Como ya lo subrayamos, la seguridad jurídica[377] va dar nacimiento a un sistema bancario que va a permitir el desarrollo del crédito a la producción y, por ende, al crecimiento económico: la revolución industrial. Se entra así en una nueva fase de la historia económica, en la cual el valor de utilización del dinero va a disminuir considerablemente. En efecto, con la aparición de este sistema bancario, la tasa de crédito corriente pasa, en término medio, de 50% a 5%.[378] Se pasa, por consiguiente, de un sistema dominado por la usura y la pignoración[379] a un sistema determinado por el crédito y la hipoteca. Debemos además, en lo que a la garantía se refiere, recordar que con el empeño y la pignoración el propietario transfiere su bien, en tanto que con la hipoteca es el título de propiedad el que se cede.

En todo caso, como ya lo subrayamos el nuevo sistema bancario va a ser el resultado del ahorro y su práctica le orienta hacia el crédito en vista de la inversión. Ahora bien, en lo que se refiere a la historicidad de este sistema bancario clásico, es importante tener en cuenta que durante su primera fase, se trataba de un orden de depósito, crédito y emisión. Esto quiere decir que este sistema bancario va a recibir depósitos[380] (ahorro), va a otorgar crédito y va a emitir moneda: billetes de banco.[381] Este sistema de emisión de moneda papel se va a mantener, en Inglaterra hasta el 1844, con la ley de Peel.[382] Y es a partir de ese momento que el banco central va a asumir el monopolio de la emisión monetaria. Los otros países van a seguir rapidamente el modelo inglés. Por ejemplo, Francia en 1846 y España en 1848.

Es por consiguiente, a partir de la ley de Peel – en 1844, como lo acabamos de señalar – que el sistema bancario va a adquirir su lógica actual que es estar compuesto, de una manera general,[383] de entidades de depósito, de crédito y de inversión. Es decir, un sistema que tiene por objeto básico, el de facilitar la financiación de las distintas actividades económicas. En todo caso, lo importante es tener en cuenta que en la época clásica – antes del reino del papel moneda – el ahorro estaba remunerado según los mecanismos del mercado y que el costo del crédito estaba determinado por estos mismos mecanismos. De tal manera que en época de

---

[377] Producto de la "Habeas Corpus Act" del 1679, como ya lo hemos señalado, en Inglaterra.
[378] Convienen tener en cuenta que antes de la aparición de este nuevo sistema bancario, el crédito estaba dominado en Europa, por los judíos, los lombardos y los conventos. En su época el emperador Carlos Quinto, según las fuentes, no logró obtener crédito a menos de 33%.
[379] Recordemos que pignorar quiere decir: dar algo en prenda para asegurar el pago.
[380] Por esto se dice que los depósitos producen crédito.
[381] En efecto, es en 1680 que comienza la emisión del papel moneda en Inglaterra. En la práctica esos bancos comienzan a emitir billetes para remunerar el ahorro. Ahora bien, históricamente el papel moneda aparece en China entre 907 y 960, al mismo tiempo que la imprenta y la pólvora de cañón. Pero es sobre todo a partir de 1045 que este sistema monetario se va a desarrollar y va durar hasta la conquista de la China por los mongoles y el advenimiento de la dinastía Yuang, en el 1275.
[382] Peel era el entonces primer ministro conservador.
[383] Esto no excluye el hecho que haya entidades que se especializan en el ahorro – para financiar, por ejemplo, gastos públicos -, en el crédito o en las inversiones.

recesión la remuneración del ahorro era muy baja, de la misma manera que lo era el costo del crédito.

Todo esto muestra que ese orden del capitalismo clásico haya sido muy dependiente de los automatismos del mercado. La política económica en ese sistema tendía a resumirse en la lucha por la ley del equilibrio del presupuesto público. Recordemos, en efecto, que esa ley fue expuesta por A. Smith, en su obra principal sobre la naturaleza y las causas de la riqueza de las naciones. En esta obra Smith trata de demostrar – yendo más allá de Aristóteles – que el Estado pertenece al sector improductivo; en oposición a la sociedad civil que pertenece al sector productivo. Por consiguiente, para Smith la riqueza de las naciones depende en relación inversa al peso del Estado.

En lo que a este asunto respecta, es importante notar que Smith no se interroga sobre la justicia contributiva, ni sobre la justicia distributiva. Hace, por lo tanto, abstracción de la función y de la finalidad ética del Estado. Para él, el principio del equilibrio del presupuesto público[384] tenía que jugar un papel regulador englobante. Debe de impedir, ante todo, la fragilización del sector productivo. Por lo tanto, la sobrecarga del sector improductivo.

En todo caso, Smith no se da cuenta que el principio del equilibrio del presupuesto público tiende a ser temporales. Nótese, a ese respecto, que el fenómeno burocrático y nomenklaturista, se va a desarrollar bajo el reino de las economías mixtas. Las cuales van a aparecer como consecuencia de la crisis de los años treinta. Y es, por lo tanto, en este orden que se va a imponer el principio de la inversión de la lógica smithiana del equilibrio del presupuesto público. De tal manera, que en esas condiciones, no son las entradas las que condicionan las salidas, sino más bien los gastos que van a determinar los ingresos

Ahora bien, este aumento de los gastos públicos no va ser enteramente cubierto por el acrecentamiento de la fiscalidad, sino también por la emisión monetaria. Lo cual va producir la inflación que hemos conocido a partir del reino del papel moneda. Pero este fenómeno monetario, como ya veremos más adelante, no es una dimensión negativa, si se mantiene dentro de ciertos límites. La expresión, no tanto ni tan poco, juega aquí, sin duda, un papel de primera importancia.

Es importante, en todo caso, comprender que bajo el reino del patrón oro,[385] el principio del equilibrio público juega un papel regulador de primera importancia. Impide por

---

[384] Según el cual los gastos tenían que estar condicionados por los ingresos públicos, las salidas por las entradas.
[385] También es el caso en un orden monetario cuya base (monetaria) es estable, como el que existe actualmente en la comunidad europea con el euro.

un lado, el acrecentamiento del sector improductivo, y por otro lado. Obstaculiza la formación y la consolidación de un orden nomenklaturista.

En todo caso, ya profundizaremos esta problemática más adelante. Conviene por el momento tener en cuenta que Smith es el único de los clásicos – a nuestro conocimiento – al haber hablado de la necesidad de reemplazar el oro por el papel moneda, es decir sobrepasar el patrón oro, para entrar en el reino del papel moneda.[386] Se trataba para él de reemplazar un instrumento muy oneroso, por otro cuyo costo es infinitamente inferior. Añade, además, que todo ahorro en la formación y el mantenimiento de esta parte del capital circulante que consiste en moneda, es un mejoramiento equivalente a todo el que puede hacerse en la reducción de los costos de producción y de mantenimiento de las máquinas e instrumentos productivos. Esto quiere decir que el rebasamiento del reino del patrón oro, implicaba un aumento en la capacidad productiva de la sociedad.

Curiosamente esta problemática desarrollada por Smith, no fue recogida más adelante. Hubiese sido, en todo caso, importante discutir su posibilidad. Preguntarse, por ejemplo, en qué medida se podía salir del reino de una moneda única universal (el oro), para entrar en un orden en el cual cada nación podía emitir su propio patrón monetario. Claro está, esta interrogación hubiese conllevado otras preguntas más; como el hecho de saber que es lo que iba a determinar el valor de cambio de las diferentes monedas. O, en todo caso, cuales eran los requisitos del nuevo ordenamiento. Y, sobre todo, cuales eran los principios, o el principio englobante que había que salvaguardar y defender por encima de todo.

Es necesario, en todo caso, tener en cuenta que ese proceso de cambio implica el paso de lo simple a lo complejo. Cuya finalidad no puede ser otra, que el de que cada país pueda disponer de su propia política monetaria. Por consiguiente, que cada Estado pueda ser capaz de orientar sus propias circunstancias económicas. Por consiguiente, no se trata solamente de que cada nación pueda disponer de su propia medida monetaria, sino también de disponer del poder suficiente para poder conducir su propia realidad económica. Y este instrumento no es otro más que una política económica racional e inteligente.

Ahora bien, lo que hay que tener presente al espíritu es que el rebasamiento del patrón oro no puede reducirse a un simple problema de costo de producción de la moneda. No hay que olvidar, en efecto, que el sistema del patrón oro[387] daba no solamente una moneda única universal, sino también un automatismo tan importante como el que regula el libre

---

[386] Nótese que Smith desarrolla este tema en el Libro II, capítulo II de La Riqueza de las Naciones.
[387] Incluso el sistema del bimetalismo – oro y plata – que era, en última instancia, un orden fundado en el valor del oro. Esto se puede constatar tanto en la época del imperio romano, como en la época del renacimiento europeo.

intercambio y el proteccionismo. A lo cual nos hemos referido de manera precisa en este capítulo.

Por consiguiente, Smith no hizo más que señalar un camino, una perspectiva importante que los pensadores de la época posterior no tuvieron en cuenta. Claro está, mucho de lo que hace parte de esta perspectiva sólo podía conocerse por medio de la experiencia. Es el caso, por ejemplo, de la lógica de una política económica optimista. Más precisamente, de la posibilidad de tasas reales negativas y de la existencia de una herarquía de tipos de interés muy reducida.[388] Por consiguiente, el paso de un orden deflacionista – como era el del patrón oro – a un orden inflacionista, como el que existió durante el período de los treinta años gloriosos: del 1944 al 1974.

De tal manera que el rebasamiento del sistema del patrón oro da, más allá de la reducción de los costos de producción de la moneda, la posibilidad de salir de la deflación – de romper con la propensión al atesoramiento – y de poder introducir políticas económicas optímales. Claro está, todo esto parece maravilloso, pero el problema que presenta ese cambio es el de saber como instituir, sobre la base de las autonomías monetarias particulares, un orden capaz de asegurar y promover la igualdad de posibilidades entre los miembros de la comunidad internacional. Puesto que si no hay igualdad proporcional en el intercambio, no puede haber comunidad de interés y, por consiguiente, la existencia misma de la comunidad se vuelve problemática. El libre intercambio (el *"free trade"*) no puede existir sin el intercambio justo y equitativo (el *"fair trade"*).[389]

Por consiguiente, el cambio de sistema monetario – el paso del reino de oro al reino de papel moneda – implica necesariamente la existencia de un orden capaz de asegurarla igualdad de posibilidades entre los miembros de la comunidad de naciones. Y como sabemos es el principio mismo de este orden que hacía falta. En efecto, no se olvide que antes de la primera guerra mundial no había comunidad de naciones; por lo tanto, la existencia de un orden capaz de promover el intercambio y luchar contra las injusticias recíprocas. Es justamente esta conflagración la que va a permitir la aparición de un ordenamiento internacional – la Sociedad de las Naciones (SDN) - , ciertamente más ineficaz que coherente.

---

[388] De esta política económica optimista, ya hablaremos en el capítulo siguiente. Por el momento, lo que hay que subrayar es el hecho que la inflación permite reducir las tasas nominales y obtener tasas reales negativas. En efecto, la tasa real es igual a la tasa nominal, menos la tasa de inflación. Por consiguiente si la tasa nominal es, metamos, de 6% y el tipo de interés es de 3%, esto nos da una tasa en términos reales de –3%.
[389] Nótese a ese propósito que el lema de la actual Organización Mundial del Comercio (OMC), como de la precedente (GATT) fue precisamente el de: *"Free trade, fair trade"*. Conviene sin embargo comprender que no es el mercado libre el que produce el mercado justo, sino más bien que es el ordenamiento del mercado justo el que permite la libertad de intercambio en su plenitud.

De esto hablamos más adelante. Lo importante, por el momento, es tener en cuenta que ese paso de un orden al otro, es en realidad un movimiento de lo simple a lo complejo. Con el patrón oro, la regla de base es la libre convertibilidad al nivel interno, entre el papel moneda en circulación y el metal amarillo. Por lo demás todo funcionaba según los automatismos cuantitativos a los cuales hemos hecho alusión. Además, esta libre convertibilidad a nivel interno, era una exigencia de la práctica misma. Puesto que todo impedimento a la libre convertibilidad, provocaba la preferencia por el oro, el sobreatesoramiento, y, por consiguiente, el empobrecimiento social. En tanto que en el nuevo orden hay muy pocos automatismos, lo esencial está regulado por la práctica de la razón y, en última instancia, por la razón teórica.

El gran fenómeno perturbador en el sistema capitalista clásico fue el de los ciclos económicos. Esto tanto más que esos ciclos tendieron a radicalizarse. Constatamos una primera fase de ciclos moderados, que luego se van a radicalizar. El primero que habló de esos ciclos fue Marx. Para él, los ciclos económicos son el resultado del hecho que el sistema capitalista constituye un impedimento al desarrollo de las fuerzas productivas. En efecto, todo modo de producción conoce, según la dialéctica marxista, tres fases. Una primera fase de crecimiento y luego un periodo de crisis que tiene que terminarse en la crisis final. Se trata de la tesis, de la antítesis y de la síntesis de Hegel.

Marx constata además que la primera crisis internacional se produce en 1825. Este evento fundamental, lo señala Marx al periodista ruso Annenhov, en una carta del 26 de diciembre del 1846. Por consiguiente, para Marx, el sistema capitalista, comienza a manifestarse como un impedimento al desarrollo de las fuerzas productivas a partir del 1825. Lo cual va luego producir la crisis del 1836, la crisis del 1847, la crisis del 1857, la crisis del 1866 y esta fase se termina con la crisis del 1873.

Como lo acabamos de explicar, ese proceso crítico no era el resultado de la lógica de la dialéctica, de la manifestación de la negación determinada como lo hubiese dicho Hegel. Curiosamente, Carlos Marx no toma consciencia de la incidencia de la supresión del bimetalismo que comenzó a realizarse en el Reino Unido, en el 1821. Lo cual va a producirse luego, entre el 1871 y el 1873, en las otras tres grandes potencias económicas de la época: Alemania, Francia y los Estados Unidos. De tal manera que en esa época las grandes potencias económicas, de ese entonces, pasan del bimetalismo al monometalismo. Luego los otros países seguirán ese ejemplo y uno de los últimos a entrar en esa danza, fue el Japón en el 1897. Solo queda entonces la China que va a mantener la plata como patrón hasta el 1935.

Curiosamente, en la época no se dio la importancia necesaria a ese fenómeno que tocaba la base monetaria internacional. Puesto que la plata componía algo así como el tercio de ésta. Por lo tanto, en el transcurso de ese periodo histórico que va del 1821 al 1897, vamos a asistir a una contracción muy significativa de la base monetaria internacional. Lo cual nos va a dar dos fases muy distintas. La primera, entre el 1821 y el 1873 y la segunda del 1873 al 1897, durante la cual casi todo el resto del mundo va seguir esa práctica. Lo que va dar la gran recesión del 1873 al 1897. Constatamos, si bien nos fijamos, en la totalidad de ese proceso a un acortamiento de los ciclos. Lo cual es muy importante y va, claramente, en el sentido del acortamiento de los ciclos a lo cual hace referencia Marx. En efecto, entre la primera crisis internacional (1825) y la segunda (1836), hay 11 años, y también los hay entre la segunda y la tercera (1847). En tanto que entre esta y la cuarta crisis (1857) sólo hay 10 años. Luego entre esta y la siguiente 1866, solamente hay 9 años. En tanto que entre la penúltima y la última crisis internacional (1873) de la primera fase, sólo hay 7 años. Esto quiere decir que el acortamiento de los ciclos se constata precisamente durante este primer periodo. Sin embargo, hay que tener en cuenta que durante esta época los ciclos no fueron rudos y el fenómeno de la deflación fue marginal.

Durante la segunda fase constatamos también ese fenómeno del acortamiento de los ciclos. Hay, empero, el agravante de la recesión y de la deflación. Es así que entre el 1873 y el 1882, tan sólo hay 9 años. Luego, entre el 1882 y el 1890, solo hay 8 años. En fin, entre esta última fecha y el 1897, solo hay 7 años. Esta fue la fase conocida como la de la gran recesión. Lo cual muestra claramente el problema de la reducción de la base monetaria, como consecuencia del haber pasado del bimetalismo al monometalismo.

Dicho esto, es importante comprender que en las épocas bimetálicas, la plata era la base monetaria de las naciones. En tanto que el oro servía para el intercambio internacional. Esto desde la época de la aparición de las sociedades monetizadas, en el Medio Oriente. En todo caso, la historia nos indica que fue en Estados Unidos que esta ruptura marcó al máximo la sensibilidad de la época. Se habló durante mucho tiempo del "crimen del 1873". Esto debido al hecho que – si nos situamos al nivel de las grandes potencias – los Estados-Unidos no poseían entonces, una banca central que producía el papel moneda en circulación.

Recordemos, en efecto, que en el 1836 el Presidente Andrew Jackson suprime la Banca central. De tal manera que entre el 1836 y el 1913, los Estados Unidos vivieron si Banco central. El hecho es que durante ese periodo, eran los bancos privados los que producían el papel moneda, más precisamente los billetes de banco. En todo caso, es importante notar que en ese entonces – antes del 2 de febrero del 1873, precisamente - los bancos de ese país producían moneda certificada oro y moneda certificada plata. La moneda certificada oro servía principalmente para el intercambio internacional, en tanto que la moneda certificada plata, se utilizaba principalmente para los intercambios internos. En tanto que después del 6 de mayo del 1844, con la ley de Pell, el papel moneda en circulación en el Reino Unido, como ya lo indicamos, tenía únicamente una garantía oro.

La práctica del bimetalismo, durante siglos, nos explica por qué en ciertas lenguas, como el español - caso del francés también -, cuando se habla de dinero decimos plata. En todo caso, conviene recordar, en lo que se refiere a la relación entre esos métales preciosos, que la plata siempre tuvo un precio fijo con respecto al oro. Esta relación fue de 1 a 11 durante la civilización romana. A partir de la Conquista del Nuevo Mundo, constatamos una depreciación de la plata con respecto al oro, debido a la gran producción de plata de ese continente. Lo cual va a ser señalado por Alejandro von Humboldt, à fines del XVIII y principios del XIX. Durante el periodo sin Banca central en los Estados Unidos, del cual acabamos de hablar, esta relación fue de 1 a 16. En todo caso, los especialistas nos dicen que hay un poco más de ocho veces más de plata que de oro en el mundo y la producción actual entre el uno y el otro, es más o menos del mismo orden.

Pero antes de terminar este capítulo, conviene notar que la última fase de este periodo liberal clásico, fue una época de crecimiento importante debido al hecho que la producción de oro – gracias a la explotación de las minas de África del Sur y de Australia – va aumentar de una manera significativa la cantidad del oro monetario. Se produce, por lo tanto una fase de crecimiento en el 1897 que va durar hasta el 1907. Lo cual lleva, por lo tanto, à la salida de la gran recesión del 1873 al 1897. La crisis del 1907 y sobretodo el pánico bancario que se va a desatar en los Estados Unidos lleva a la aparición de la Reserva Federal, el 22 de diciembre del 1913. Poco después el mundo va entrar en la primera conflagración internacional, que va a producir muchos cambios. El Reino Unido dejará de ser la primera potencia económica del mundo. Es así que va emerger la gran potencia que va dominar el mundo desde ese entonces: los Estados Unidos de América.

XVI: De la dislocación de la práctica de la razón.

La primera guerra mundial va a dar nacimiento a un nuevo período histórico, cuya característica principal va a ser la dislocación de la razón práctica y de la práctica de la razón. Claro está, no todo es aquí negativo. Se va a producir, entonces, en efecto, un fenómeno de primera importancia, pero cuya manifestación fue problemática desde su nacimiento. Se trata, precisamente, de la creación de la Sociedad de las Naciones.

El proceso que lleva a la formación de la Sociedad de las Naciones fue iniciado por el veintiochoavo presidente de los Estados Unidos: Thomas Woodrow Wilson. El proyecto propuesto por este presidente – en los Catorce Puntos del 8 de marzo del 1918 - fue sin duda alguna muy importante, dado que se trataba de salir de un orden de las naciones, en el cual cada pueblo podía imponer su voluntad de dominación sobre los otros. Particularmente de los más fuertes sobre los más frágiles.

Claro está, en ese orden del derecho de los más fuertes, las potencias dominantes tendían a respetar la relación de las fuerzas. Pero llegó un momento en que este equilibrio de la dominación dejó de ser viable y llevó al estallido de la primera guerra mundial. En la práctica este fenómeno fue el resultado de la emergencia de la Alemania como la nueva potencia continental. Lo cual comenzó a concretizarse con la guerra franco–prusiana del 1870.

Es justamente según esta lógica de la dominación,[390] que se manifiesta el Congreso de Berlín de 1885,[391] cuando las potencias europeas se dividen África negra. De tal manera que, en ese entonces, al nivel de las relaciones internacionales los principios del derecho y de la justicia no jugaban ningún papel. Se trataba, por consiguiente, de introducir esta dimensión axiológica a nivel internacional como lo había ya planteado Kant. Y es, justamente, lo que el presidente Wilson va a proponer.

En efecto, en sus ʺCatorce Puntosʺ Wilson propone la liberación de los pueblos y la justicia para todas las naciones. Además, en ese texto el presidente de los Estados Unidos expone la necesidad de crear una Sociedad de Naciones en la cual los países tenían que

---

[390] Recordemos, en efecto, que la dominación internacional no se realiza, en este entonces, bajo el nombre de una finalidad mesiánica – como fue el caso en la época del cristianismo – sino más bien bajo la bandera de Voluntad de dominación. Hegel decía al respecto, que delante del pueblo que expresa al espíritu del mundo, los otros no tienen ningún derecho. Y es, precisamente, esta pretensión que va a adquirir formas radicales con el racismo.
[391] Recordemos que este evento se produce, por lo tanto, durante la celebración del segundo centenario de la publicación del tristemente célebre <u>Código Negro</u> francés. En el cual el inhumanismo es llevado al máximo de sus límites. Porque, después de todo, en la práctica de esa forma de dominación, no había otro horizonte más.

arreglar sus diferencias recíprocas, sin recurso a la fuerza. Por consiguiente, para Wilson, la seguridad colectiva tenía que estar garantizada por un organismo internacional que se va a llamar la Sociedad de Naciones.

Como es bien sabido, el problema que se presenta entonces es que el Congreso de los Estados Unidos vota, el 19 de marzo de 1920, contra la participación de este país a la Sociedad de Naciones.[392] Lo que no hace más que fragilizar ese proyecto en su propia práctica. Esto, tanto más que los Estados Unidos son ya en ese momento la primera potencia económica y militar del mundo. De tal manera que la abstención de la gran potencia de la América del norte, va a hacer que el proyecto de la creación de un orden internacional – capaz de luchar contra las injusticias recíprocas, promover el intercambio y la solidaridad entre sus miembros – deja de ser eficaz. La historia de esta comunidad internacional, nos muestra precisamente hasta que punto se trataba de una institución incapaz de realizar sus fines más inmediatos.

De tal manera que durante esta inmediata postguerra hubo la tentativa de introducir una dimensión fundamental en el orden internacional, pero que esta tentativa fue un rotundo fracaso. El mundo de ese entonces parecía encaminarse hacia lo que Heidegger llamó, con mucho acierto, una nueva noche de los tiempos históricos. En el sentido de esa lógica histórica cabe mencionar dos fenómenos de primera importancia. Por un lado, la objetivización práctica del marxismo, y por el otro lado, la crisis económica de los años treinta.

En lo que se refiere a la teoría marxista, ya hemos indicado que se trata de una doctrina cuya finalidad efectiva es la negación de lo que Hegel llamó la moralidad que se objetiva en tanto que ordenamiento institucional. Es decir, el derecho, la economía y lo político. Recordemos, a ese respecto, que para Aristóteles el llegar a ser del reino de la comunidad de iguales tiene que pasar necesariamente por la realización plena y entera de la razón instituyente. Por consiguiente, de la práctica de la razón que se manifiesta, concretamente, en la producción normativa. Por esto mismo el filósofo griego nos dice por un lado, que el derecho es el fundamento de la sociedad, y por el otro lado, que el derecho, la política y la economía son los instrumentos – los medios – a través de los cuales, la razón práctica se realiza.

---

[392] No se trata, en efecto, de una simple oposición al Tratado de Versailles y, por consiguiente, de las medidas que Francia obtuvo contra Alemania. De hecho este voto negativo del Congreso está principalmente dirigido contra la participación de los Estados Unidos en los conflictos europeos e internacionales lo cual va a lleva precisamente a lo que se llamó la política aislacionista practicada por los Estados Unidos en ese entonces.

De hecho, cuando este pensamiento afirma que el derecho es el fundamento de la realidad social,[393] conviene comprender aquí la juridicidad como la normatividad objetivada: como orden institucional. Porque se trata, justamente, que por un lado el derecho es el producto de la convención y que por el otro lado, la economía y la política son manifestaciones del derecho mismo. Y es precisamente esta actividad convencional que se da la forma de un orden institucional. Por consiguiente, como decía Hegel, el orden institucional es una manifestación de la moralidad objetivada. Por su lado, Santi Romano[394] nos explica, siguiendo esta lógica, que todo orden institucional es el producto del derecho; es, más precisamente, derecho objetivado.

De tal manera que si se niega el orden jurídico, como el orden político se llega necesariamente al rechazo de un ordenamiento capaz de asegurar un mínimo de garantías, para hundirse en el reino de la arbitrariedad en sus formas más radicales.[395] En lo que a la negación de la economía se refiere, no resulta difícil comprender que no es lo mismo el rechazo del crédito,[396] que la abolición de la moneda.[397] En todo caso, es necesario comprender que la negación de la economía como tal, no puede más, que llevar a la destrucción de todo sistema de la satisfacción de las necesidades materiales fundado en el intercambio ensanchado: en el mercado. Lo cual es, como bien se sabe, la finalidad práctica del marxismo. Puesto que para Marx el mercado y la moneda son la manifestación de la vanalidad y de la prostitución universal. Recordemos, además, a este propósito, que el autor del Capital es teóricamente más radical en la medida en que para él, el valor del intercambio es la purísima manifestación del mal.[398]

Lo cual, claro está, es altamente absurdo, en la medida en que el valor del intercambio es el otro del valor de uso. Y que por lo tanto no puede existir el uno sin el otro. Esto de la misma manera que el positivo no puede existir sin su contrario: lo negativo. Como la oferta no puede existir sin la demanda, o el bien sin el mal y así al infinito. Todo esto por la simple

---

[393] No hay que olvidar, además, que como lo decían los latinos, allí donde hay sociedad, hay derecho y allí donde hay derecho, hay sociedad. – Nótese, además, que si es según esta lógica que conviene comprender los órdenes sociales, esto lleva, necesariamente, a la conclusión, como ya lo indicamos, que – como lo subrayó R. Arón – son los hombres que hacen su historia, aunque generalmente, no comprenden la historia que hacen.
[394] El autor del Ordinamento giuridico, 1918.
[395] La radicalidad está aquí en relación directa con el nivel de negación de la moralidad objetivada. La revolución de Combodia fue, por ejemplo, más drástica y por lo tanto violenta que la revolución Húngara.
[396] Por consiguiente el meollo mismo de la lógica de la acumulación ensanchada.
[397] Recordemos que esta distinción produce precisamente la diferencia productiva – alrededor de los siglos VIII a XII – entre las civilizaciones islámicas y las culturas cristianas.
[398] Esto quiere decir que el teórico del socialismo científico aprueba el profeta Sofonías cuando dice: ″¡Gemid, habitantes del Mortero!, pues todos los mercaderes han perecido, los que trafican con dinero han sido aniquilados″. (1,11). Se puede también afirmar, por consiguiente, que Marx está sobre todo de acuerdo con Sirácida, el Eclesiásta, cuando sostiene que: "entre la venta y la compra se hinca el pecado". (27,2).

razón, como ya le subrayamos, que la ley de los contrarios es la sustancia misma de la realidad. Lo cual hace que estas formas de producción existen tanto en el mundo pre-económico (en la comunidad), como en el universo de la economía, en la sociedad. En efecto, como nos lo muestran los estudios sobre las sociedades pre-mercantes, en ese mundo no solamente existe el valor de uso, sino también el valor de intercambio. La gran diferencia con los órdenes sociales, es que en el reino de la comunidad, el valor de intercambio es marginal; en tanto que en el reino de la economía es más bien la producción de valor de uso que es marginal. En todo caso, no puede haber valor de uso sin valor de intercambio. Por el simple hecho que no solamente la finalidad de toda producción es el consumo, sino que además no puede haber existencia humana sin intercambio.[399]

No es, por consiguiente, una casualidad si la negación práctica de los mecanismos de la reproducción mercante llevaron, en la época del comunismo de guerra,[400] a un estado de miseria tal que se dice que los únicos que tenían de que comer en esas circunstancias, eran los miembros del Partido y los antropófagos... Constatamos, en todo caso, que ese estado de cosas se reprodujo en todas las sociedades en que la voluntad de superar los mecanismos del intercambio tomó formas radicales. Lo cual ha sido el caso en experiencias tan conocidas como la de Combodia y la de la Corea del norte.

Resulta, por lo tanto, que a nivel teórico como a nivel práctico la negación de la sustancia ética de lo humano,[401] no puede más que llevar al quebrantamiento e incluso a la demolición de las sociedades en ellas mismas. En efecto, no parece difícil comprender que si se suprime, por ejemplo, la dimensión política – el Estado de derecho, la soberanía popular y la alternancia -, se establece un orden dictatorial en el cual no puede haber ni libertad, ni seguridad jurídica. En el caso de la economía el proceso de desmantelamiento puede, por ejemplo, limitarse a la negación del crédito y de la acumulación ensanchada. Lo cual no puede más que llevar a un orden, pre-capitalista es decir: pre-industrial. Por consiguiente, a una realidad en la cual la moneda deja de ser el motor del crecimiento y de la reproducción ensanchada.

Ahora bien, si se suprime la moneda, se produce necesariamente un orden en el cual el intercambio es limitado y se realiza por medio del trueque. En esas circunstancias se trata

---

[399] Conviene además tener presente al espíritu que el intercambio entre los seres humanos es no solamente material, sino también cultural y afectivo. Por esto decimos que no puede haber existencia sin coexistencia. No debemos, en todo caso, olvidar que el intercambio y la coexistencia son también dimensiones propias del ser animal. Lo cual nos da la consustancialidad orgánica de esas manifestaciones.
[400] Por lo tanto, poco después de la revolución de octubre antes de la aparición de la NEP, de la Nueva Economía Política, aprobada por el X^{mo} congreso del Partido Comunista Soviético, en 1921.
[401] Recordemos que esta sustancia se realiza a través de la convención y se manifiesta por medio del derecho, de lo político y de la economía.

concretamente de una demolición del orden social como tal. Puesto que este orden tiene su base en el intercambio ensanchado: en el mercado. Y como ya lo hemos subrayado, este intercambio no puede existir sin la moneda.

Se puede también concebir el fenómeno de la negación del derecho. Pero lo que hay que tener en cuenta es que no puede haber coexistencia – comunitaria o social – sin reglas. De tal manera que las reglas que surgen necesariamente, en el caso de la negación de la moralidad objetiva, no pueden ser más que el producto de una normatividad pre-jurídica – por consiguiente, religiosa – o de una normatividad sin el mínimo de la ética racional y que solo tiene en cuenta el interés de los que gobiernan.

Claro está, la negación de la objetivación de la moralidad racional – por consiguiente, de la práctica de la razón – no puede más que llevar a la destrucción de la existencia social ella misma. De tal manera que el resultado práctico del marxismo – ese moustro sin rostro humano – no es el producto de la perversión de su teoría, sino más bien la pura manifestación de su propia sustancia. Conviene, además, notar que – en lo que a esa relación entre la teoría y la práctica se refiere – el simple principio de la razón suficiente debe permitirnos comprender que la negación de la razón convencional, no puede más que producir desgracia, miseria, tribulación y desdicha en la realidad ella misma. De tal manera que, gracias al principio de la razón suficiente, el ser racional no tiene necesidad de esperar el resultado práctico de una teoría, para conocer sus consecuencias en la realidad.

Desgraciadamente el espíritu del tiempo no logró elevarse a la altura de su propia capacidad. Y fue entonces la necesitosa necesidad que impuso su pauta, bajo la sombra de la razón dislocada. Porque el mundo de la posguerra,[402] como ya lo subrayamos hace un momento no va a tomar el camino de la razón; el cual lleva necesariamente hacia la creación de una comunidad de naciones capaz de favorecer los intercambios y susceptible de resolver pacíficamente las injusticias reciprocas. En efecto, la necesidad de este llegar a ser fue enunciado – como ya lo indicamos más arriba – por los ″Catorce Puntos″[403] de Wilson. Ahora bien, todo indica que la causa principal del fracaso de este proyecto fue el desequilibrio económico y financiero que resultó como consecuencia de la guerra.

Sabemos, en efecto, que esta guerra va a transformar a los Estados Unidos en la potencia industrial por excelencia. Este poderío es ya una realidad a mediados de 1915. En todo caso, conviene recordar que antes de este momento Inglaterra era la primera potencia

---

[402] Nos referimos aquí, claro está, a la primera guerra mundial.
[403] Recordemos que este texto anuncia tres objetivos fundamentales: 1) la liberación de los pueblos, 2) la justicia para todos y 3) la seguridad de la paz a través de la constitución de una Sociedad de Naciones.

industrial y financiera del mundo; y esto desde los albores mismos del siglo XVIII. El hecho es que por un lado los países del campo de batalla[404] se movilizaron en vista de la guerra ella misma, y por el otro lado, los Estados Unidos se concentraron en la producción de bienes y armamento para abastecer a los países en guerra. De tal manera que los primeros – e incluso Alemania – utilizaron sus reservas oro en otros para comprar armas, bienes y servicios a los Estados Unidos.[405]

Esto hace, por consiguiente, que los Estados Unidos van a acumular, a partir del comienzo mismo de esta guerra, ingentes reservas de oro. En los países de los campos de batalla, vamos a constatar el fenómeno inverso. Debemos también tener en cuenta – por lo que a esta evolución de las reservas se refiere – que inmediatamente después de la declaración de guerra de los Estados Unidos, estos hicieron préstamos a sus aliados. De tal suerte que vamos a asistir a una evolución de las reservas de este país, en dos fases muy diferentes. Las cuales son muy importantes para la comprensión del proceso hacia la supremacía de los Estados Unidos.

En efecto, la primera fase del aumento de estas reservas, se produce durante el período de la neutralidad.[406] La segunda fase va a llegar un poco más tarde y corresponde al pago del crédito obtenido por los aliados después de la declaración de guerra de los Estados Unidos. Todo indica que esta etapa va a finalizar alrededor de 1930. En todo caso, el reembolso de esta deuda va a hacer que los Estados Unidos se van a encontrar con las reservas más importantes, hasta ese entonces, del oro monetario internacional.

Por consiguiente, estas entradas masivas de oro, hacen que los Estados Unidos se van a encontrar con el hecho de poseer algo así como la mitad del oro internacional.[407] Todo indica actualmente que ese monto fue del 44%. Esto quiere decir concretamente que los Estados Unidos pasan del 15% de esas reservas en 1913, al 30% en 1920 y al 44% a principios de 1932. Claro está, este fenómeno no tenía porque provocar la recesión brutal que fue la de la crisis de los años treinta; y que sobre todo va a llevar a la crisis financiera de 1932, año en el que el intercambio internacional se hundió del orden de 60%.

---

[404] Recordemos que entre las principales potencias en guerra había la Gran Bretaña que era la primera potencia económica, Alemania la segunda y Francia la cuarta. A fines de 1913, los Estados Unidos fueron la tercera potencia económica del mundo.
[405] Conviene rememorar que la declaración de la guerra a Alemania, por parte de los Estados Unidos, se produce el 16 de abril de 1917.
[406] Esta fase corresponde a lo que se ha llamado la época del ″cash and carry″, es decir del pagar en líquido para poder llevarse la mercancía. Esto hace que durante esta fase Alemania y sus aliados tuvieron acceso al mercado de los Estados Unidos.
[407] El profesor alemán Reiner Hellman va hablar a mediados de los años setenta – en su texto sobre La Guerra de las Monedas – de un poco más del cincuenta por ciento.

En efecto la lógica del sistema clásico – en su relación entre el libre intercambio y el proteccionismo – está hecha de tal manera, como ya lo subrayamos, que no podía más que autoregularse. Puesto que los países excedentarios tendían a importar más de lo que exportaban. Por lo tanto, al fin y al cabo, los excedentes metálicos tendían a reducirse y a mantenerse en límites razonables. Las reservas inglesas, a lo largo del XVIII y del XIX, nos demuestran precisamente la lógica de ese fenómeno. Concretamente el hecho que por un lado, los excedentes metálicos no podían aumentar de una manera inconsiderable, y por el otro lado, que esos excedentes no provocaban recesiones brutales, como la de los años treinta.

Antes de ir más lejos, en esta reflexión sobre ese excedente de los Estados Unidos y sobre la crisis financiera de 1932, es necesario hablar de la crisis de la bolsa de 1929. En efecto, es importante recordar que se va a atribuir esta crisis a los eventos de Wall Street de fines de octubre de 1929 y al proteccionismo. Pero antes de comenzar la reflexión sobre la crisis del veintinueve, nos parece necesario hablar del fenómeno del proteccionismo. De lo que entonces se llamó el ″dumping″.

En lo que al proteccionismo se refiere, ya hemos explicado que esta práctica no se puede comprender sin el libre intercambio. Conviene notar también que esta crítica se realiza, principalmente, por parte de los estadounidenses, en el proceso de la dislocación de la economía capitalista clásica. Es decir, fines de los años veinte y los años treinta del pasado siglo. Luego va a quedar como un tema dominante del pensamiento económico liberal. En todo caso, durante el período de la dislocación, de la Gran crisis, la tesis contraria va a aparecer en los países de economía mixta[408] y, claro está, en una realidad como la Unión Soviética. En efecto, se decía en esas realidades que las causas de las crisis y del empobrecimiento de las naciones era el libre intercambio. Claro está, este discurso se va a mantener hasta nuestros días, en el pensamiento marxista y neo-marxista. Lo cual es coherente en esta teoría que considera el intercambio, como la manifestación misma del mal.

Empero, los que nos interesa aquí no es la dimensión marxista de la crítica del libre intercambio, sino más bien la ruptura de los contrarios. En efecto, la práctica misma de la realidad nos muestra que cuando se rompe el equilibrio de ley de los contrarios, se llega a la ruptura entre los términos opuestos e incluso a un extrañamiento del uno con respecto al otro. En el caso que nos interesa, en este momento, constatamos que el proteccionismo y el libre intercambio hacían parte de un todo que se autoregulaba. Y es, justamente, con la dislocación de la ley de los contrarios que se produce esa escisión, esa tiesura, esa tirandez.

---

[408] Ya hablaremos más delante de este sistema de la llamada tercera vía y que va a surgir en Italia en el 1922, con el movimiento fascista.

Por consiguiente, lo importante en este contexto es la causa de este descalabro, de esta ruptura. Se nos dice, en efecto, que la causa de la crisis de los años treinta, fue la crisis de la bolsa de Nueva York. Es la célebre tesis de Keneth Galbraith que todos los estudiantes de economía a nivel internacional conocen muy bien. En efecto, según Galbraith, en 1929, las facilidades y la abundancia del crédito llevaron a la especulación y al hundimiento de la bolsa más importante del mundo: la bolsa de Wall Street de Nueva York.[409] Y es este derrumbe el que va a provocar la crisis deflacionista de los años treinta. No hay que olvidar que Galbraith escribe este texto en 1955.

No se trata aquí de negar la existencia de ese evento. Lo que sostenemos es que este fenómeno es una manifestación y no la causa de ese proceso. La estadística demuestra que a mediados de octubre de 1929, la bolsa de Nueva York andaba por cumbres.[410] Sabemos, además, que en ese período de la postguerra la deflación comenzaba ya a azotar las economías a escala mundial. Claro está la economía estadounidense vivió una época de euforia, pero la limitación del poder adquisitivo no permitió la expansión prevista.

En efecto, bajo el reino del patrón oro, la deflación es la consecuencia misma del aumento del atesoramiento, o, lo que quiere decir la misma cosa, acrecentamiento de la rareza de la moneda. Puede, sin embargo, resultar paradójico de hablar de rareza de moneda en la sociedad estadounidense de la época. Puesto que este país controlaba en la época casi la mitad del oro monetario internacional. Y fue éste, justamente, el problema, dado que los Estados Unidos, no emitieron el papel moneda correspondiente a la masa de oro que poseían. Lo cual hubiese producido en esta sociedad un alto poder adquisitivo, de tal manera a absorber la super producción interna y los excedentes productivos de las sociedades – principalmente europeos – empobrecidas por la falta de reservas.[411]

Por consiguiente, después del fin de la primera guerra mundial el gobierno de los Estados Unidos decidió de no activar los excedentes de reserva. En otros términos, la Reserva

---

[409] Recordemos que esta bolsa pasa a ser en 1915, la primera bolsa del mundo. Reemplazando así a la City de Londres.
[410] El índice del Dow Jones había alcanzado entonces 382 puntos. En el verano de 1932, este índice va a tocar el nivel de los 40 puntos. La bolsa de Nueva York no se recuperará que a partir de marzo de 1933, con el New Deal. De tal manera que es a principios de 1937, cuando este índice se acercará al nivel de los doscientos puntos. Wall Streat no recuperará y sobrepasará el nivel de los 382 puntos que en el otoño de 1954.
[411] Recordemos a ese propósito que la reforma Poincaré del 24 de junio de 1928, en Francia, es la manifestación de ese fenómeno de la falta de reservas. En esa fecha, en efecto, Raymond Poincaré – Presidente del Consejo y ministro de la economía – hace votar la ley que fija el franco papel a un quinto de su valor metálico anterior. Esto quiere decir, por consiguiente, que el oro debido a su rareza, se aprecia de cinco veces con respecto al papel moneda en circulación. Podemos decir también que el papel moneda pierde entonces el 80% de su valor nominal.

Federal - creada el 22 de diciembre de 1913 – decide atesorar[412]una parte importante de las reservas que controlaba. De tal manera que esta política va a producir: rareza de moneda en circulación, aumento del valor del oro y tendencia general al atesoramiento. Por consiguiente, el proceso deflacionista que constatamos en la época y que va a dar la Gran crisis de los años treinta.

Lo curioso del caso es que en la época se constata el fenómeno deflacionista, pero no se hace la relación de causa a efecto. Por lo tanto, la rareza de moneda en circulación, con la política de atesoramiento de la Reserva Federal.[413] Esto tanto más que ese nivel de esterilización fue muy importante, dado que rondó en el 1932 alrededor de la mitad de las reservas controladas por los Estados Unidos.[414]

Esta ceguedad fue, sin duda alguna, el resultado del hecho que el pensamiento de la época estaba ocupado, dado las circunstancias, por dos teorías principales. La primera, la teoría marxista de la crisis final y la segunda, la teoría llamada de la tercera vía.

Según Marx, en efecto, como ya lo hemos subrayado, el sistema capitalista – como todo modo de producción antagónico – tendía, con su desarrollo, a transformarse en un empedimento al desarrollo de las fuerzas productivas. De tal manera que a la sucesión de ciclos económicos normales debía manifestarse el encadenamiento de ciclos cortos. Los cuales debían preceder la crisis final: el hundimiento del sistema capitalista, en medio de una superproducción generalizada. Lo curioso del caso es que los ciclos cortos comenzaron a concretizarse inmediatamente después del fin de la primera guerra mundial. Es así que van a producirse las crisis del 1921, del 1925, del 1929 y, por finalizar, la crisis de 1932.[415] Se hubiese dicho, por lo tanto, que la máquina económica tenía apenas tiempo de ponerse en marcha, cuando comenzaban a producirse los frenazos. Además, no hay que olvidar que esos ciclos depresivos condujeron a lo que parecía, a ojos vista, un derrumbe generalizado.

La teoría marxista, sobre el destino del sistema capitalista, aparecía de esa manera confirmada por la práctica, por el desenvolvimiento mismo de la realidad. No es por lo tanto una casualidad si constatamos que muchos intelectuales de la época se volvieron marxistas.

---

[412] Se dice también: desactivar, neutralizar, esterilizar.
[413] Recordemos que en la época, como es el caso actualmente, las bancas centrales publican anualmente sus bilanes, por consiguiente el nivel de sus reservas.
[414] Lo cual quiere decir que en este año la parte atesorizada correspondía a algo así como el 22 % del oro monetario internacional.
[415] Claro está, cada una de estas crisis tiene sus particularidades. Lo importante, en todo caso, es tener en cuenta que en la crisis de 1932, el intercambio sobre el mercado internacional se hunde del 60%. Lo cual quiere decir que esta crisis monetaria va a jugar el papel de crisis final.

Los casos de I. Deutscher, G. Lukacs, J. P. Sartre y R. Aron,[416] son a ese nivel particularmente significativos. Constatamos, en todo caso, que la teoría de Marx va a jugar un papel muy importante para esos pensadores. Lo cual muestra hasta que punto la visión del mundo de Marx hacía parte del espíritu del mundo - del ''*Weltgeist*''- de ese momento histórico. Claro está, la teoría de la crisis final va a jugar, en la época, un papel de primera importancia, puesto que todo parecía coincidir. Y que, en fin de cuentas, la confirmación de la teoría con la práctica, parecía conrroborar el carácter racional y científico de la teoría marxista.

De tal manera que para esta forma del pensamiento, lo principal no es reflexionar sobre el movimiento de la facticidad, sino más bien tratar de comprender la necesidad de su llegar a ser. Por esto mismo Sartre pudo decir en el Prefacio a la Crítica a la Razón Dialéctica I (1960) que el marxismo es el horizonte insuperable del pensamiento de nuestro tiempo. Tesis con la cual está de acuerdo Arón, en su texto sobre el Marxismo de Marx (2002).

Pero, como ya lo indicamos más arriba, la teoría marxista no es el único espejismo que la conciencia de la época encontró en su camino. Hubieron otros obstáculos que llevaron a esta conciencia a no percibir la inmediatez de lo que estaba llevando el mundo a su propia pérdida. Este otro obstáculo se presenta bajo la forma del pensamiento llamado de la tercera vía: ni capitalismo, ni socialismo. Es decir el movimiento fascista internacional. En esta disgreción sobre el fascismo, no vamos a entrar en el estudio de sus diferentes ideologías. Téngase en cuenta, a ese propósito, solamente que cada experiencia fascista tuvo su propia ideología. La cual no hizo más que expresar, de una manera radical, el espíritu de cada uno de esos pueblos. El racismo, por ejemplo, expresó la supremacía del pueblo alemán. El cual creía expresar el espíritu del mundo y ser, por lo tanto, el único capaz de pensar el mundo.[417] Es justamente esta pretensión que va a llevar al movimiento nazi a considerar su comunidad social como el orden rector del mundo. Por consiguiente, a pensar que solo ese pueblo tenía derecho al bienestar y a la gloria. Y que habían pueblos que solo tenían derecho a servirles, mientras que habían otros que no tenían derecho ni siquiera derecho a la existencia.

Claro está, esta visión del mundo no puede compararse con la del franquismo. Recordemos, en efecto, que para el Caudillo de España, el movimiento tenía como finalidad el regresar a los valores de la catolicidad española, por lo tanto a la creencia que el pueblo

---

[416] A estos pensadores conviene añadir, además, los fundadores de la Escuela de Francfort. Como Benjamín, Horkheimer, Adorno y Marcuse. Puede sorprender el hecho que mencionemos a Aron en la lista de los marxistas, pero no hay que olvidar que en su obra póstuma El Marismo de Marx, 2002, el sociólogo francés se presenta como muy próximo del autor del Capital . No del marxismo de Lenin, de Mao y demás, si no del marxismo de Marx.

[417] Recordemos que esta creencia fue formulada tanto por Marx como por Heidegger. En todo caso, Hegel nos dice en su Filosofía del Derecho, como ya lo indicamos, que delante del pueblo que expresa el espíritu del mundo, los otros no tienen ningún derecho.

español era el nuevo pueblo elegido, en virtud de la Nueva Alianza. Es decir, el pueblo de sangre pura que el Dios trino había escogido para realizar la promesa de la dominación universal.

Por consiguiente, si bien es cierto que esas ideologías expresan la misma finalidad – la idea de la dominación universal –, es también cierto que son diferentes desde el punto de vista de la lógica de ese proceso. De un lado, se trata de un movimiento de tipo naturalista, en tanto que del otro lado, tenemos que ver con un proceso de orden religioso. En efecto, para el nacismo el pueblo alemán es por naturaleza superior a los otros, en tanto que el franquismo no hace más que recoger el principio del derecho divino a la supremacía contenido en el <u>Antiguo Testamento</u> y vehiculado por el cristianismo. Claro esta, dentro de esta tradición ya no es la Iglesia que es el "verus Israel" sino más bien el pueblo español.

Pero como ya lo subrayamos, el fascismo no es solamente un movimiento ideológico, se trata también de un proceso económico y político en tanto que el movimiento económico, su finalidad es el rebasamiento del sistema clásico – tal como lo expuso Adam Smith – para construir un orden capaz de autoregularse fuera de los mecanismos de la libre competencia. Recordemos, en efecto, que para la conciencia de la época el mercado internacional ya no se autoregulaba. Había, por consiguiente, que construir un Estado capaz de luchar contra las fuerzas consideradas como anarquizantes – el mercado libre y la ley de la mayoría – por medio de economías altamente autárquicas[418] y de poderes fundamentalmente centralizados. Esto quiere decir que al nivel interno de esas sociedades, se va a desarrollar un sector nacionalizado y un orden anti-político del poder. Esto, en la medida en que la lógica de ese poder no esta condicionado por el pluralismo y el principio de la alternancia.[419]

Por consiguiente, este sistema de partido único está sostenido por un sector nacionalizado que permite asegurar puestos a la casta de permanentes, a la élite del poder. Lo cual hace que este orden se manifieste como una realidad dual. En cuya base se encuentra un mundo viviendo en la inseguridad del mercado del trabajo y en la parte superior una estructura de permanentes, asegurada por los mecanismos de la función publica.[420] De tal

---

[418] Nótese que la autarquia como tal no puede existir. El intercambio es consubstancial a la vida social, como a la comunidad internacional. No es inútil notar que actualemente se habla a ese propósito de demondialisación. La economía del miedo está llevando, como ya lo veremos más adelante, al miedo de la economía.

[419] En efecto, debe de tenerse en cuenta que esos ordenes no están construido sobre el principio de la seguridad jurídica. Conviene, a ese propósito, recordar que Hitler suprime las leyes de la seguridad jurídica, solamente un mes despues de su llegada al poder. Nótese también, en lo que a esta problemática se refiere, que el rebasamiento del franquismo, se produce bajo el poder de Adolfo Súarez en 1976, con la supresión de las leyes de excepción y el restablecimiento de la seguridad jurídica.

[420] Es de notar que esta dualidad se va a mantener en las estructuras de la economía mixta que va a surgir con la derrota del fascismo. Según las estadísticas, hay actualmente en Francia 10 millones de personas que viven en el sector protegido, 15 millones que viven en el sector competitivo y 5 millones de marginados.

manera que en este orden no existen los reguladores propios a la circulación de las élites. Por consiguiente, el mínimo de la movilidad vertical esta asegurada, en este sistema, por los mecanismos de las purgas. Esto quiere decir que, dentro de este orden, el cambio en la élite del poder se realiza por medio de exclusiones más o menos violentas. Hitler y Musolini descartaron a sus oponentes inmediatos por medio de pistoleros o de pelotones de ejecución; en tanto que Franco lo hizo más bien por medio del chantaje. Es así que el Caudillo pudo excluir, en 1957, a la élite política falangista, para entregar el poder al Opus Dei. Y la terrible ironía de la historia a querido que sea este engendro del espíritu franquista fue el único a haberle sobrevivido y a haberse proyectado en el campo internacional, en tanto que principal pilar de una iglesia apostólica y romana. La cual vive aún en la nostalgia de ser pura potencia mesiánica: el *"Verus Israel"*.

XVII: De la restructuración de la razón económica.

El periodo de la dislocación de la razón práctica que acabamos de estudiar, no desaparece como por encanto después de la Segunda Conflagración internacional. Las fuerzas que condicionaron su momento histórico continuaran a manifestarse en esta fase que abordamos. Y la potencia real que más fuerza va adquirir en este momento histórico, es el fenómeno del reino del patrón dólar, por lo tanto, del fin del reino del patrón oro.

Como ya lo indicamos, este fenómeno englobante fue la consecuencia de la política de atesoramiento del oro monetario por la Reserva Federal. Este proceso, como ya lo señalamos, fue el resultado del hecho que durante la Primera Guerra mundial, los Estados Unidos se convirtieron en la primera potencia económica del mundo. Además este país fue una potencia excedentaria, durante este periodo de entre las dos guerras mundiales. Y puesto que, dentro del patrón oro, el metal amarillo sigue la balanza de cuentas corrientes, los Estados Unidos van a acumular reservas considerables de oro. Ya lo subrayamos, en el 1913 los Estados Unidos poseían el 15% de las reservas oro del mundo. Luego, esas reservas doblaron en el 1920 y en el 1932, todo lo indica, este país controlaba algo asi como el 44% del oro monetario mundial.

Para poder comprender claramente esta problemática, conviene tener en cuenta que actualmente la masa del metal amarillo existente puede dividirse globalmente en tres partes: 1) la del oro monetario controlado por los bancos centrales – bajo la forma de barras de 10 kilos –que es de un poco más de 30.500 toneladas, 2) la del oro monetario bajo el poder de las personas físicas y morales – en la forma de monedas oro y lingotes (1 kilo) -, sería más o menos del mismo orden, y 3) la del oro que existe bajo la forma de joyas y cuyo monto scría más o menos igual al conjunto de las dos cantidades precedentes. Esto quiere decir que esta última parte sería de algo así como de 61.000 toneladas. Por consiguiente, la totalidad del oro que existe actualmente sería algo así como de 122.000 toneladas. Debemos también tener en cuenta que la producción actual es de más o menos 2.600 toneladas al año. Claro está, la parte principal de esta masa está orientada hacia el marcado de las joyas y, según la proporción establecida, se puede pensar que las reservas de oro de los Bancos centrales aumentan de algo así como de 650 toneladas al año.

Dicho esto, regresemos al problema de la política monetaria de la Reserva Federal, durante los años veinte y los años treinta del siglo pasado. Hay, sin embargo, que tener en cuenta que la época clásica del capitalismo funcionaba según principios. Y el principio que va a regir este orden monetario, es el de la negación del atesoramiento del oro controlado par los Bancos centrales. Es decir, que los Bancos centrales tenían que monetizar sus reservas de oro. De tal manera que toda práctica de esterilización de las reservas de oro de los Bancos centrales, no podía más que considerarse como una política negativa hacia la comunidad internacional. Por consiguiente, los bancos centrales de los países excedentarios, tenían que producir papel moneda en relación con sus reservas. Lo cual aumentaba el poder adquisitivo de esas sociedades y permitía a los otros países de poder vender sus exportaciones.

Puesto que hablamos de los principios, recordemos que en la época del liberalismo clásico no había una Organización Mundial del Comercio (OMC), como sucede actualmente. En la época, el mercado internacional estaba regulado por los automatismos del patrón oro. De tal manera que los países excedentarios tenían que funcionar en libre intercambio. En tanto que los países deficitarios tenían que practicar el proteccionismo, como ya lo indicamos en el capítulo anterior. Ahora bien, para que esto pudiese funcionar de una manera adecuada, era imprescindible que los países no practicasen el dumping: los subsidios a la producción y a las exportaciones.

En todo caso, había que evitar que los países excedentarios, pudiesen practicar el proteccionismo. Y es justamente eso lo que se va a producir, en la época, con la China. En efecto, los británicos compraban el té al imperio chino, desde fines del XVII, pero los chinos no querían comprarles nada. De tal suerte que los ingleses van a lograr venderles el opio que producían en India, por medio de los célebres compradores de Macao. Claro está, llegó un momento en el que el Imperio chino, va prohibir ese contrabando, dado que su clase administrativa, los Mandarines, estaban cada vez más intoxicados. Lo cual hacía peligrar el orden mismo del imperio. Es esto lo que va a llevar a las dos guerras del opio y a la ocupación de Hong Kong, por los ingleses en 1842.

Es importante también notar que desde el punto de vista de la política de la economía, el principio que regía entonces era el del equilibrio del presupuesto público, como ya lo indicamos. Pero hay que tener en cuenta que este principio dependía de la tesis según la cual las funciones públicas tienen que ser temporales, limitadas en el tiempo. De tal manera que los puestos vitalicios, no pueden entrar en la lógica de ese sistema. De ahí que la existencia de un orden nomenklaturista – mandarinal según la tradición china - no podía más que ser contrario a su modo de funcionar. Por consiguiente la temporalidad de las funciones públicas, aseguraba la alternancia de las elites, gracias al principio del equilibrio del presupuesto público.

Se puede decir, por lo tanto, que el sistema del liberalismo clásico, reposaba sobre un conjunto de principios. Por esto mismo, en la época se hablaba de principios de la economía política. Y es, justamente, a la ruptura contra estos principios que vamos a asistir poco después de la Primera Guerra mundial. En efecto, la primera ruptura se va a producir con la política de atesoramiento, del lado de la Reseve Federal, de una parte de las reservas de oro de los Estados Unidos. Lo cual va llevar a la reducción de la base monetaria internacional y, por consiguiente, a la deflación de los precios y a la contracción de los intercambios sobre el mercado internacional. Esto tanto más que ese orden era monometalico, como ya lo subrayamos.

La segunda ruptura se produce con la ley del 15 de julio del 1929 – la Agiculture Marketing Act -, cuando el gobierno de Hoover decide de subsidiar la producción agrícola. Dado que, como ya lo indicamos, dentro del sistema liberal clásico los países excedentarios o deficitarios no podían practicar el dumping: el subsidio a la producción y a las exportaciones. Y esta tendencia se agrava con la Hawley-Smmot Act, del 18 de junio del 1930, que impone el proteccionismo. Es decir la tasación de las entradas de más de 3.000 productos. Exactamente: 3.300 productos. Ver: <u>Peddling Protectionism</u>, Smoot-Hawley and the Great depression, Princeton University Press, 2011, p. 92.

La tercera ruptura va aparecer con la política del New Deal de Roosevelt que impone el déficit del presupuesto público, como medio para reactivar el conjunto de la economía. Por lo tanto, se rompe con el principio del equilibrio del presupuesto público. Y es, justamente, este conjunto de rupturas que va dar nacimiento al neoliberalismo. Es decir, a este orden internacional en el cual los países ricos practican el proteccionismo y el dumping, en tanto que los países pobres tienden a funcionar en libre intercambio y se imponen tasas a las exportaciones. Ya aclararemos esto más adelante.

Por el momento, hay que tener en cuenta que este estado de cosas, este cambio, va producir como consecuencia la subida de los movimientos totalitarios: del comunismo y del fascismo. Lo cual va llevar a la aparición de la nomenklatura: de una casta de permanentes de la función pública. No es una casualidad si este término nos llega del ruso. Puesto que la práctica del marxismo, lleva a la desaparición de la movilidad vertical y a la castificación del orden social mismo, como ya lo explicamos.

Se puede, por lo tanto, decir que la base del cambio que se va a producir en el orden social y en el ordenamiento internacional – con el paso del liberalismo al neoliberalismo – es el resultado del proceso monetario que se va operar en el seno mismo de la nueva potencia dominante, es decir de la política de atesoramiento del oro monetario por la Reserva Federal.

Es de notar que antes de la aparición de este fenómeno, ya se había hablado del atesoramiento del oro monetario como instrumento de dominación universal. Es justamente en el texto de Los Protocolos de los Sabios de Sión, 1897, a todas luces apócrifo, que aparece la idea según la cual los banqueros judíos iban a atesorar una parte importante del oro del mundo, para empobrecerlo y someterlo. Lo cual resulta problemático porque los banqueros – dentro del sistema sin Banco central, que existía en la época en Estados Unidos – tienen que hacer trabajar el oro, por medio del papel moneda y del crédito, para poder vivir en la ostentación, como era el caso. Si el oro no circula, no produce riquezas. De ahí la imposibilidad, por parte de ese sistema bancario, de toda política de atesoramiento del oro. Esta tesis es demasiado ingenua, desde un punto de vista económico. Sin embargo, no cabe duda que ese texto haya jugado un papel importante en el antisemitismo que se desarrolló en la época y que llevo a la barbarie nazi.

Es incontestable, en todo caso, que en la época se sintió fuertemente el problema de la rareza del oro. Lo curioso del caso es que no se haya hablado de ese asunto de las reservas de oro de los Estados Unidos. La primera manifestación de esa problemática, es sin duda alguna la Conferencia de Génova del 10 de Abril, al 19 de Mayo del 1922. Esta conferencia fue organizada por los británicos. Los Estados Unidos no participaron. Sin embargo los ingleses propones que la libra esterlina y el dólar fuesen considerados como equivalentes al oro, en las reservas internacionales. Se habló, entonces, de un Gold Exchange Standard: de un patrón de cambio oro. Pero este sistema no funcionó, los otros países continuaron actuando como si esas monedas no eran tan buenas como el oro. Poco después, Francia presenta la Reforma Poincaré. Que hace que el Primer Ministro de esa época, como ya lo indicamosn devaluara el papel moneda, con respecto al oro de 80%. Lo cual muestra claramente que Francia carecía de oro y que la cantidad de papel moneda en circulación había aumentado con respecto al oro. Pero, poco tiempo después el Reino Unido se retira del patrón oro el 21 de septiembre del 1931. Y es justamente este evento lo que va a llevar a la Conferencia de Londres, del 12 de junio al 27 de julio del 1933 y a la cual participan 66 países.

Pero cuando esta reunión tiene lugar, ya la historia del orden monetario internacional había cambiado y el mundo se encontraba en un rumbo diferente. En efecto, la llegada de F.D. Roosevelt al poder, el 4 de marzo del 1933, marca una ruptura con respecto a la política de Hoover. Recordemos que en ese entonces Franklin Roosevelt había ganado las elecciones con su programa por una nueva política: el *"New Deal"*. El hecho es que la primera medida importante que Roosevelt va a tomar es la prohibición del oro monetario, con la Gold Confiscation Act, del 5 de abril del 1933. De tal manera que Roosevelt prohíbe la utilización del oro monetario y va introducir el reino del papel moneda. Las reservas oro de los Estados Unidos van a ser entonces del 66% de las reservas internacionales y van a ser enteramente desmonetizadas. Recordemos que el 22 de julio del 1944, la Reserva Federal controlaba el 75% de las reservas de oro del mundo. Algo así como: 21.700 toneladas.

En lo que se refiere a la Conferencia de Londres, hay que tener cuenta que Roosevelt no asistió a esta Conferencia. Independientemente del hecho que en ese momento, era considerado como el hombre más importante del mundo. Entonces se habló del Hegemón, del hombre del gran poder. El hecho es que Roosevelt envía a Londres a su secretario de Estado: Cordell Hull. Y por su lado el gran hombre va hacer un discurso transmitido por la radio, en el momento mismo de la inauguración del evento de Londres. Y en el cual habló del hecho que no se podía regresar a los viejos fetiches de los grandes banqueros – "the old fetishes of bigbankers" -: el oro y la plata. Muchos especialistas piensan que ese discurso de Roosevelt, ya estaba condicionado por el pensamiento de Keynes. Sabemos actualmente que, en ese entonces, Roosevelt no conocía a Keynes. En todo caso, no había leído su obra. Lo cierto es que Keynes habla en su <u>Reforma Monetaria</u>, de 1923, del hecho que, según él, el patrón oro se había convertido en una reliquia bárbara: "The gold standard is already a barbarous relic".

Constatamos, en todo caso, une especie de coincidencia entre los dos. Con un punto común que reside en el puritanismo anglosajón, con respecto al oro en particular y a la moneda en general. Pero lo cierto es que los proyectos, del uno y del otro, son muy diferentes. Por ejemplo, en su "Carta abierta a Roosevelt", publicada por el New York Times del 31 de diciembre del 1933, Keynes habla de la necesidad de aumentar el déficit público y subsidiarlo por medio de empréstitos, con el fin de reactivar la economía. Roosevelt, por su lado, va proceder de manera más totalizante. En primer lugar, como lo acabamos de explicar, el nuevo Presidente prohíbe la utilización del oro monetario, con la célebre ley del 5 de abril del 1933. Luego va lanzar un programa de grandes obras, con cl Tennessee Vally Authoritiy Act del 18 de mayo del 1933. En seguida va aparecer la Glass-Steagall Act del 16 de junio del 1933. Con esta ley se introduce la diferencia entre las bancas comerciales y de depósitos y las bancas de inversiones, de tipo especulativo. Por lo tanto, con esta ley los bancos comerciales y de depósito, no podían especular en el mercado financiero y en las bolsas.

Un poco más tarde, el 30 de enero del 1934, es la ley de la Gold Reserve que va devaluar el dólar. El cual va pasar de 20 dólares la onza de oro, a 35 dólares la onza. Además, los nuevos billetes van a tener inscrito el lema: *As good as gold*: Tan bueno como el oro. El cual va a ser remplazado, poco a poco a partir del 1964, por el nuevo lema: *In God we trust*: Creemos en Dios. Pero antes de pasar a explicar la importancia del cambio monetario del 5 de abril del 1933, es importante recordar que la obra modificadora de Roosevelt va dar lugar a la aparición de la ley sobre la Seguridad Social el 14 de agosto del 1934. Y esta política va encontrar su punto culminante con la creación, en 1938, de Fannie Mae, la institución de refinanciamiento hipotecario. Por lo tanto, con esta institución semipública, la política de Roosevelt, va permitir el acceso a la propiedad inmobiliaria a las personas más frágiles de la sociedad civil. Recordemos que es esta institución – con su hermana Freddie Mac, creada en 1970 – que va a provocar, a partir del 9 de agosto del 2007, la crisis de la hipotecas basura que conocemos actualmente y, por lo tanto, la gran crisis de nuestro momento histórico.

Es importante, por consiguiente, comprender que le New Deal de Roosevelt no es una versión del keynesianismo, sino más bien una política social, cuyo fundamento es la política monetaria del Presidente. En efecto, como ya lo indicamos, cuando Roosevelt llega al poder, la Reserve Federal controlaba algo así como la mitad del oro monetario mundial. Su política de abandono del patrón oro, con el simultaneo aumento de la masa atesorada – que llega al 66% de las reservas internacionales, a comienzos del 1934 -, hace que el mundo va entrar sin darse cuenta en el patrón dólar. Porque es importante subrayar que los grandes economistas de la época - como Keynes, Hayek, Schumpeter y Polanyi – no llegaron a comprender, y mucho menos a explicar, la lógica misma del nuevo Sistema Monetario Internacional (SMI).

En efecto, en esa época – para ser precisos: del 5 de abril del 1933 al 22 de julio del 1944 –, el dólar de los Estados Unidos fue la moneda internacional, si ninguna garantía oro. Tal y como se va a producir después de los acuerdos de Bretton Woods, el 18 de diciembre del 1971. Esto quiere decir que el dólar del Tío Sam fue entre el 1933 y el 1944 la moneda internacional, no porque en esos billetes se podía leer que eran tan buenos como el oro, sino simplemente porque la Reserva Federal había desactivado los dos tercios de las reservas oro del mundo. Además, recordemos que la parte principal de este oro se encontraba enterrado en el centro de la gran base militar de Ford Knox, en el Estado de Kentucky.

Hay que, sin embargo, tener en cuenta que entre el 1933 y el 1944, el gobierno de los Estados Unidos, tuvo la posibilidad no solamente de subsidiar su Estado Providencia, mediante la emisión monetaria, sino también de poder asumir, gracias a ese privilegio, la carga de la segunda guerra mundial. Constatamos, en todo caso, que durante este periodo, las reservas de oro de los Estados Unidos, aumentaron de una manera significativa. Puesto que pasan, como ya lo indicamos, de los dos tercios de las reservas oro del mundo, a las tres cuartas partes. Es importante también notar el hecho que el New Deal de Roosevelt fue muy eficaz, en la medida en que logra acrecentar el empleo. Es así que el paro pasa de 25%, cuando llega al poder, al 14% fines del 1936. Luego se produce la segunda gran caída, del

1937 al 1938, que fue el resultado del regreso al equilibrio de las cuentas públicas. Pero esta degradación del empleo va a ser superada el año siguiente, con el comienzo del Segundo Conflicto mundial. No es además inútil recordar que durante el periodo de su largo gobierno, Roosevelt mantiene una nivelación social muy significativa, gracias a los impuestos directos. Se sabe, por ejemplo, que durante el último gobierno de Roosevelt los jefes de las grandes empresas, cobraban el equivalente de 40 veces el salario de base de sus empleados. En tanto que después, y sobre todo a partir del 1980 – en decir, de los años del gobierno de Reagan, de los años de la supremacía del dólar -, esta diferencia va aumentar de una manera exponencial. Y se sitúa actualmente alrededor de 500 veces.

Claro está, en lo que se refiere à la lógica del sistema monetario, el orden del 1933 pudo haber durado más, puesto que desde el 18 de diciembre del 1971, hemos regresado al sistema monetario de entonces, al patrón dólar en el sentido estricto del término. La política internacional de la época después de la Segunda Conflagración internacional no permitió el continuar según la lógica del 1933. Puesto que el resto del mundo podía descubrir el asunto, y no hubiese sido de buena honorabilidad para la primera potencia económica del mundo. La confianza no podía, en ese entonces, más que reposar sobre la verdad y la solidez de los valores. Y en esa época, se pensaba todavía que en el reino de la plata, el oro es el verdadero valor.

Es así que el Secretario del Tesoro, Henry Morgenthau, nombró a su asistente, Henry Dexter White, a partir de diciembre 1941, para llevar a cabo negociaciones con Keynes, en vistas de proponer un nuevo orden monetario internacional. Las discusiones entre ambas partes, no fueron ni largas ni tendidas. Keynes no lograba avanzar en su proyecto de Unión Monetaria de Compensación que debía tener como referencial el Bancoro. Por su lado, White y su delegación, habían llegado a la conclusión que había que garantizar el dólar con las reservas de oro de los Estados Unidos. Y es este el plan que va a ser presentado a Bretton Woods, en el New Hampshire, entre el 1ero y el 22 de julio del 1944. Asisten a esta Conferencia 44 países, más un país observador: la Unión Soviética.

Pero antes de pasar a explicar el desenvolvimiento de los Acuerdos del 1944, no es inútil interrogarse, sobre el hecho de saber si esta historia, comenzada concretamente en el 1933, pudo haberse orientado de una manera diferente. En efecto, no es difícil comprender que Roosevelt pudo haber asistido a la Conferencia de Londres del 1933. Pudo, en todo caso, proponer la instauración del patrón oro internacional. No el patrón oro como tal y como había existido antes de la Primera Guerra mundial, como el instrumento que garantizaba el intercambio internacional y las monedas nacionales. Puesto que el oro no puede jugar a su vez el papel del oro y de la plata. Pudo, por consiguiente, haber propuesto el patrón oro únicamente para los intercambios internacionales y dejar las monedas nacionales – en tanto que monedas jurídicas, garantizadas por sus Estados, como simple "*legal tender*", como instrumento legal de intercambio – flotar libremente, con respecto al oro. Claro está, este sistema no podía ser más que un sistema de transición. De tal manera a dar la posibilidad de reequilibrar las reservas de oro a nivel internacional, y poder regresar al bimetalismo. El hecho es que este camino estaba vedado al espíritu del tiempo. De ahí, la necesidad de pasar por el sistema del dólar garantizado por las reservas de oro de los Estados Unidos.

Por consiguiente, el verdadero arquitecto del sistema del 1944 fue Dexter White. Tuvo, en todo caso, la idea de garantizar el dólar con las reservas de oro de los Estados Unidos y estableció el principio de la paridad fija, estable y ajustable. Esto quiere decir que el dólar establecía su paridad fija con el oro, que ya había sido fijada por la Gold Reserve Act del 1934. Se habló entonces del sistema del patrón de cambio oro, del "Gold Exchange Standard". Es decir, como ya lo subrayamos, se empleó el concepto que se había desarrollado en la Conferencia de Génova del 1922.

Este sistema implicó también la relación de las otras monedas con el dólar. Por lo tanto, el sistema de la paridad fija, estable y ajustable, de las otras monedas con el dólar. Esto quiere decir que un Banco central establecía la paridad de su moneda con el dólar. Digamos de 10 pesos por un dólar, para tomar como modelo las economías latinoamericanas, que en ese entonces conocían un periodo de estabilidad monetaria muy importante. Lo cual no fue el caso de las economías europeas que tenían, en esa época, que reconstruirse.

Recordemos que este sistema de paridad fija, estable y ajustable, va comportar dos organismos principales: el Fondo Monetario Internacional (FMI) y la Organización Mundial del Comercio (OMC), que en ese entonces se llamaba el GATT: "General Agreement on Trade and Tarif". Estos organismos tenían como finalidad la regulación del sistema. Esto, dado que este orden no se regulaba de una manera autónoma – como un autómata, se decía entonces -, lo cual era el caso del sistema del patrón oro. Como ya lo hemos subrayado, con el sistema del patrón oro, las cosas eran simples: los países excedentarios tenían que funcionar en libre intercambio, en tanto que los países deficitarios tenían que practicar el proteccionismo.

El hecho es que con el sistema del patrón de cambio oro, apareció rápidamente la necesidad de un organismo capaz de regular los países muy deficitarios. Imponiéndoles medidas de austeridad, en caso de aumento del déficit exterior. En cambio de esas medidas, los países con dificultades recibían préstamos, con tipos de interés muy bajos. El GATT por su lado, tenía como objetivo el evitar el proteccionismo. El Banco Mundial va jugar también un papel importante en la medida en que permite empréstitos a los países más pobres, en vista de la realización de infraestructuras.

En lo que se refiere a ese sistema de paridad fija, conviene recordar que entonces cada nación producía su propia moneda. La soberanía monetaria se consideraba como un complemento de la soberanía política. En efecto, de la misma manera que un Estado eficaz produce su propio derecho, de la misma manera ese Estado debía producir su propia moneda. Recordemos que el termino moneda viene del griego *"nomisma"*, de *"nomos"* ley. Lo cual quiere decir que la producción normativa y la producción monetaria siguen la misma lógica: son el producto de la soberanía de un pueblo, de una nación. Dentro del sistema del patrón oro, bajo su forma monometálica, como ya lo indicamos, cada moneda nacional estaba garantizada por las reservas oro ellas mismas. De tal manera que, según su concepto, lo particular – la moneda nacional – estaba garantizado por lo universal: por el valor de intercambio universal que es el oro. Esto, de la misma manera que el ordenamiento jurídico de un país debe de estar garantizado por la idea de la justicia. En el caso del sistema del patrón de cambio oro, las cosas son diferente. Puesto que en este sistema, la moneda del Tío Sam es una medida particular, es la moneda de un país. Ahora bien, dentro de este sistema, del patrón de cambio oro, el dólar estaba garantizado por el oro. Lo cual quiere decir que el dólar era, en esas condiciones – 1944-1971 – tan bueno como el oro. Sin embargo, este sistema no podía ser más que un orden de transición, en la medida en que las reservas de oro de los Estados Unidos, no podían durar eternamente. Puesto que los otros países pedían cada vez más la garantía del dólar. Y como bien se sabe: si solo hay quita y no hay pon, se acaba el montón.

Pero antes de pasar a este periodo, tratemos de ver como funcionó el sistema de la paridad fija, estable y ajustable. En efecto, como ya lo indicamos, cada país fijaba su propia paridad. En el caso del peso – que como moneda simbólica de los países hispanoamericanos, podemos utilizar como ejemplo – supongamos que la paridad fija fuese de 10 por 1. Más precisamente de 10 pesos por 1 dólar. En todo caso, a partir de ese ejemplo, hay que saber que la variación máxima de la paridad era en ese sistema de 1%, por arriba y por debajo de la paridad oficial. Todo cambio superior, tenía que llevar a la intervención de la Banca central. Esto es, cada país podía: ya sea vender sus reservas para comprar su propia moneda, ya sea vender su propia moneda para comprar la moneda de reserva.

Si el peso tendía a depreciarse - en cuyo caso, pasar, por ejemplo, de 10 a 12 pesos por un dólar - esto significaba que había una sobreabundancia de pesos sobre el mercado internacional. De tal manera que la Banca central tenía que utilizar sus reservas en dólares para comprar los pesos en sobreabundancia, y luego tomar una decisión que correspondía al Jefe del Estado. El cual, ya sea mantenía la paridad, ya sea devaluaba su moneda. Esto, en función del nivel de las reservas. Por consiguiente, si las reservas restantes eran importantes, el Jefe del Estado declaraba el mantenimiento de la paridad y si no quedaban muchas reservas, declaraba la devaluación de su moneda. Lo cual implicaba que la moneda, a la cual nos referimos, pasaba, siguiendo nuestro ejemplo, de 10 pesos por un dólar a 12 pesos por un dólar.

En el caso contrario, cuando una moneda tendía a apreciarse – según nuestro ejemplo tendía a pasar de 10 pesos a 8 pesos por 1 dólar – la Banca central tenía que vender su propia moneda. Produciendo de esa manera la tendencia a su depreciación. Claro está, en este caso, cuando esta Banca central disponía de suficientes reserves, lo que hacía generalmente era reevaluar su propia moneda. Es lo que constatamos con el marco alemán durante los años sesenta.

Conviene recordar que dentro del sistema del 1944, no solamente había monedas convertibles. Había también monedas que no eran convertibles y que generalmente tenían un valor artificial interno. Fue el caso del rublo y de las otras monedas de los países socialistas. En los años setenta, por ejemplo, 1 rublo valía oficialmente 1,50 de dólares. Sin embargo, en el mercado negro, el cambio era de un poco menos de 20 rublos por un dólar. Y es, precisamente, la paridad oficial que se va a obtener en diciembre del 1991, cuando se produce el hundimiento del sistema soviético. Además es este asunto de la paridad artificial se explica porque se dijo durante la época de Nikita Kruschev que la Unión Soviética estaba a punto de rebasar el nivel económico de los Estados Unidos. Las estadísticas soviéticas, infladas oficialmente y multiplicadas por la tasa oficial de cambio, era la causa de tanta exageración. Pero con el fin de la paridad oficial, el 8 de diciembre del 1991, se va a hablar, de ese mundo, más bien como un gran país subdesarrollado.

Independientemente de estas deformaciones estadísticas, el sistema de la paridad fija, estable y ajustable, permitió durante los años de la postguerra - durante los llamados 30 años gloriosos – una tasa de crecimiento significativa. En efecto, recordemos que este periodo duró del 1944 al 1973. Y todo esto fue el resultado de la redistribución del oro controlado por los Estados Unidos. En todo caso, ya desde el comienzo los estadounidenses tomaron conciencia del hecho que ese sistema llevaría al casi agotamiento de las reservas oro de la Reserva Federal. Es por ello que en los primeros años del macartismo, se insinuó que ese sistema había sido insinuado por los soviéticos a Dexter White. Pero la muerte sospechosa, el 16 de agosto del 1948, del arquitecto de Bretton Woods, enterró todas esas acusaciones en el olvido.

Por consiguiente, la redistribución del oro del Tío Sam, por la lógica de los Acuerdos del 1944, continuaba a pesar sobre esas reservas. Puesto que a medida que el sistema se desarrollaba, el precio del oro tendía a aumentar, en el mercado libre de Londres. Y es, justamente, para evitar de romper con la paridad establecida, por la Gold Reserve Act del 1934 – es decir, la paridad de 1 onza de oro por 35 dólares -, que las 10 naciones más ricas del mundo, decidieron de crear, el 1ero de octubre del 1961, el Pool del oro. Es decir de vender oro sobre el mercado de Londres, para evitar la depreciación del dólar. Este fue el primer plan para sostener el privilegio monetario de los Estados Unidos. Francia se va a retirar en junio del 1967. Recordemos que según este acuerdo, los Estados Unidos aportaban el 50% de las intervenciones. Los otros 50%, los ponían los otros miembros del grupo, según la importancia de sus reservas.

La primera gran ruptura, con el sistema del 1944, va a ser el producto de la Conferencia de prensa de Charles de Gaulle – del 4 de febrero del 1965 -, el Presidente francés de entonces. En esa conferencia de Gaulle explicó que en ese sistema los Estados Unidos compraban una parte de los bienes y servicios del mundo, con un papel moneda que solo ellos tenían el derecho de emitir. De tal manera que ese privilegio, no podía más que provocar desequilibrios cada vez más importantes. De ahí, la necesidad de encontrar una solución. Porque si se le daba a los Estados Unidos el derecho y el privilegio total de emitir la moneda internacional, eso no podía más que llevar a una crisis de orden universal, el día que los poseedores de bonos del Tesoro de los Estados Unidos, decidiesen de obtener oro en intercambio.

Lo cierto es que de Gaulle no llegó a comprender los eventos que habían llevado a la formación del periodo del 1933 al 1944. Para él, el punto de partida de esa historia, del privilegio monetario de los Estados Unidos, se produjo durante la Segunda Guerra mundial. El hecho es que para él, los Estados Unidos llegaron a controlar durante la Segunda Conflagración mundial, la parte más importante del oro del mundo. Su generación, como la generación de los años treinta, no llegó a comprender la política de atesoramiento de los años veinte, y aún menos la política monetaria de Roosevelt, a partir de la ley del 5 de abril del 1933.

En todo caso, para de Gaulle el objetivo fundamental era renegociar los Acuerdos del 1944, en vistas a regresar al patrón oro. Pero los eventos históricos y el espíritu del tiempo, no le dieron la posibilidad de organizar ese proceso. El 17 de marzo del 1968, se pone fin al Pool del oro y se crea el doble mercado del oro: el mercado libre que sigua la ley de la oferta y de la demanda, y el mercado oficial, en el cual el precio de la onza de oro pasa de 35 dólares a 44 dólares. Esto quiere decir que, entonces, el dólar continuaba siendo garantizado por las reseras de oro de los Estados Unidos., al precio de 42 dólares la onza, en vez de 35 dólares.- Recordemos, para ser más precisos, que en el Pool (el grupo) del oro los Estados Unido aportan el 50% de la cantidad que se tenía que vender. Francia, Alemania, Italia y el Reino Unido contribuyen por el 10% cada uno. Por su lado Bélgica, los Países Bajos y Suiza, solo participan con el 3%.

Los eventos de mayo del 1968, van a alejar el espíritu del tiempo de ese objetivo fundamental que de Gaulle trató de imponerse: la transformación del orden monetario internacional: el regreso al patrón oro. Poco tiempo después de Gaulle abandona el poder – el 28 de abril del 1969 -, después de haber perdido el referendo por la regionalización y la reforma del Senado francés. Con el fin del poder de De Gaulle, va surgir la idea avanzada por el economista - y personalidad política muy importante en la historia francesa reciente - Raymond Barre, según la cual no había que oponerse al reino del dólar, como lo había avanzado de Gaulle, sino más bien crear una moneda única entre los países del Mercado Común Europeo. Y es justamente esta unión monetaria que tenía que crear las condiciones de la unión política. Por lo tanto, la supremacía de la moneda única en el mundo y, por consiguiente, el pleno empleo. Es justamente ese proceso que tenía que llevar, según este modo de pensar, de la unión económica – contenida en el Tratado de Roma del 1957 – a la unión monetaria – expuesta en el Tratado de Maastricht del 1992 -, para desembocar luego en la unión política, contenida en el Tratado Constitucional del 2005. Pero, como ya veremos más adelante, este proceso se va a perder en los atolladeros de la crisis internacional del dólar que comienza a azotar la economía de los países avanzados el 9 de agosto del 2007.

Pero antes de terminar este capítulo, recordemos que le sistema del os Acuerdos del 1944, va a conocer, estrictamente hablando, su fin el 15 de agosto del 1971, cuando el Presidente Nixon anuncia la suspensión de la garantía oro del dólar. Entonces, las reservas oro de los Estados Unidos, se habían reducido considerablemente. Todo indica que en ese momento, la Reserve Federal no controlaba más que el 13% de las reservas de oro del mundo: algo así como 3.900 toneladas. Claro está, en esto no hay nada seguro. Puesto que la Fed siempre ha mantenido, desde entonces, un silencio muy estudiado. Actualmente, las cifras oficiales de esas reservas son, por ejemplo, de 8.133 toneladas. Pero algunos especialistas - como Franck Biancheri, por ejemplo - piensan que la realidad está más cerca de la mitad de ese monto.

XVIII : De la dislocación de la razón económica.

Ya lo vimos en los capítulos anteriores, el fin de la teología, permitió el surgimiento de la razón política. La formación del individualismo, permitió el desenvolvimiento de la práctica de la razón, cuya finalidad es la realización de una comunidad de iguales – à través de la igualdad jurídica y la igualdad ante el poder – y la realización del Estado de justicia. Pero la dislocación de la práctica de la razón – por medio de la desarticulación del orden monetario internacional y la negación de la ética objetivada en las instituciones -, lleva a la necesidad de la restructuración de la razón económica. La política monetaria va situarse entonces en el centro de la reflexión social. De ahí, la importancia que va tomar el keynesianismo. Pero, como ya lo vimos, el problema no es tanto de saber si la emisión monetaria puede realizar el proyecto político: crear las condiciones del bienestar general en una sociedad nivelada. El problema principal, se sitúa a un nivel diferente. Y es, más precisamente, el hecho de saber si es justo que une moneda nacional sea la moneda internacional. Desde un punto de vista lógico, toda particularidad tiene que depender de su universalidad. Los órdenes jurídicos tienen que conformase a la idea de la justicia. En tanto que las monedas tienen que estar supeditadas a la meta-moneda: al oro que es el valor de cambio objetivado, que es, además, la materialización del tiempo de trabajo.

Porque si un país se encuentra con el derecho de emitir la moneda internacional, esto quiere decir no solamente que ese país tiene el derecho de comprar los bienes y los servicios del mundo con simple papel – como bien lo señaló de Gaulle -, sino además de poder determinar la economía, la política y el derecho internacional. Y es precisamente lo que constatamos desde el 5 de abril del 1933.

Por lo tanto, como lo habían señalado Jacques Rueff y Charles de Gaulle, había que regresar al patrón oro. Ahora bien, el espíritu del tiempo – el *"Zeitgeist"*, al cual se refería Hegel – impuso otro rumbo. En nombre de una ilusión, teñida de voluntad de dominación, se consideró entonces que le reino del dólar era simplemente transitorio y que el patrón oro era una cosa de viejos que habían perdido el seso. De tal manera que el objetivo inmediato no podía ser el restablecimiento del patrón oro, sino más bien la creación de un sistema de cambios flotantes en el cual el mercado determinaba el valor de cada moneda, esperando la llegada de la moneda única que daría a los Estados Unidos de Europa la posición dominante en el mundo.

Lo que no se sabe - o mejor dicho, de lo que muy poco se ha hablado - es que la renegociación de los Acuerdos de Bretton Woods tuvo lugar en las islas Azores, entre el 13 y el 14 de diciembre del 1971. Participan a ese encuentro, de un lado, el Presidente de los Estados Unidos, Richard Nixon, acompañado por su Secretario de Estado, John Connally, y por el otro, el Presidente francés Georges Pompidou – como representante de los seis países del Mercado Común Europeo – y su ministro de economía y de finanzas Valéry Giscard d'Estaing. La discusión propiamente dicha tuvo lugar entre Connally y Giscard d'Estaing, los cuales estaban asesorados por Paul Volker del lado de los Estados Unidos y Jacques de Larosière, por el lado francés. Sabemos que no se habló de la pieza principal del sistema del 1944, es decir de la garantía oro del dólar. Se discutió principalmente de la necesidad de salir de la paridad fija y de organizar un sistema de cambios flotantes, con una concertación estrecha.

Es este el sistema que se aceptó y que fue firmado el 18 de diciembre del 1971, en Washington, por los representantes de los diez países más ricos del mundo. Por esta razón, esta convención es conocida bajo el nombre de los Acuerdos de Washington. La historia – la pequeña - nos explica que después de la firma de este documento, Nixon dijo que acababa de firmar el tratado más favorable de la historia para los Estados Unidos. Por su lado, John Connally, su secretario del Tesoro, declaró, poco tiempo después, a los que se quejaban del privilegio de la moneda del Tío Sam: ¡El dólar es nuestra moneda, y vuestro problema! Por su lado, el economista belga Robert Triffin explicó que con ese acuerdo se había pasado de un sistema monetario internacional, a un escándalo monetario internacional.

El hecho es que durante esa negociación, no se le retiró al dólar su función de moneda internacional. Se pasó de esa manera de un dólar garantizado por las reservas oro de los Estados Unidos a un dólar garantizado por los bonos del Tesoro de los Estados Unidos. Lo cual quiere decir que ese país se encontró, de nuevo, con el privilegio exorbitante (de Gaulle) de emitir la moneda internacional.- En lo que se refiere al concepto de privilegio *exorbitante*, es bien cierto que el primero a haber utilizado ese concepto fue Giscard d'Estaing, en su conferencia en tanto que delegado de Francia ante el Consejo Monetario del FMI, de Tokio, de septiembre del 1964. El hecho es que, entonces, Giscard d'Estaing leyó su conferencia, como siempre lo ha hecho. Leyó por lo tanto un papel que contenía un discurso oficial. Lo cual quiere decir que ese concepto fue expuesto por la persona que escribió ese discurso. El cual exponía el pensamiento del gobierno de De Gaulle. En todo caso, Giscard d'Estaing no empleó nunca más ese concepto, puesto que no hace parte de su vocabulario. En cambio, esa noción está íntimamente ligada a la posición que de Gaulle va desarrollar a partir de su Conferencia de prensa, del 4 de febrero del 1965.

Dicho esto, regresemos al Acuerdo de Washington del 18 de diciembre del 1971. Podemos constatar, en todo caso, que el sistema que se va a manifestar à partir de ese entonces se parecía – como dos hermanos gemelos - al orden monetario que había existido entre el 1933 y el 1944. Con la diferencia que en este sistema el dólar era de facto la moneda internacional. En tanto que a partir de los Acuerdos de Washington, el dólar es de jure la moneda internacional. Claro está, como ya lo indicamos, no hubo en ese tiempo la voluntad de acordarle a los Estados Unidos ese privilegio exorbitante. Se pensó que las grandes monedas, iban a competir sobre el mercado internacional. Y a ese nivel, la Europa del Mercado Común estaba preparando la emergencia de una moneda única. Que tenía que ser, como ya lo indicamos, la moneda más fuerte del mundo. Por consiguiente, la Unidad de Cuenta Europea (UCE), como se la llamaba entonces, tenía que remplazar al US dólar en su papel de moneda internacional. Luego, como ya lo indicamos, esta moneda única tenía que crear los Estados Unidos de Europa. Se creía en esa época, que los automatismos de la convergencia monetaria llevarían a la moneda única y que este proceso tenía que conducir necesariamente a la unión política.

Desde un punto de vista teórico, este movimiento tenía a la base el Memorándum de Raymond Barre, de febrero del 1968. El cual se va transformar en el Plan Werner del 8 de octubre del 1970. Y es justamente este Plan que va a ser adoptado por el Consejo Europeo del 22 de marzo del 1971, en el cual se recoge la resolución de la creación, por etapas, de una unión monetaria. Es así que se pone en marcha el Sistema Monetario Europeo, el 21 de Marzo del 1972.

Para no complicar las cosas, recordemos que este sistema monetario comporta tres fases muy precisas. La primera etapa tenía que durar, del 21 de marzo del 1971 al 1ero de enero del 1974. La segunda etapa tenía que terminar, a más tardar, el 1ero de enero del 1980. Luego la tercera etapa del reino de la moneda única, tenía que dar nacimiento – por los automatismos de la historia, como se decía entonces – a la unión política. Para aclarar la lógica de ese proceso, conviene recordar que es en nombre de valores que actuamos y en vistas de realizarlos. Aquí el valor último es la unión política y el medio de su realización es la unión monetaria. Más precisamente: la convergencia monetaria. La cual convergencia implicaba que las monedas fuertes – entonces el marco alemán y el florín de los Países Bajos – tenían que encontrarse y coincidir con las monedas frágiles: entonces el franco francés y la lira italiana. El franco belga y el franco luxemburgués – ni fuertes ni frágiles – no tenían por definición que convergir, sino más bien que guardar sus propias condiciones para participar a la lógica de ese proceso de unión monetaria.

Es en vistas de esta convergencia monetaria que se crea un sistema con márgenes de fluctuación de 2,25% de cada lado del referencial. Y este referencial, que es la media del valor de las diferentes monedas, fue justamente la Unidad de Cuenta Europea (UCE). De tal manera que si, para dar un ejemplo simple, la moneda fuerte está por encima del referencial (UCE) de 2,25% y la moneda frágil, por debajo de ese referencial de 2,25%, se trata entonces de depreciar la primera y de apreciar la segunda. En otros términos, si el referencial es de 100 y la moneda fuerte está a 102,25, en tanto que la frágil está a 97,75, hay que hacer perder valor a la moneda fuerte y ganar valor a la que lo está perdiendo.

El sistema monetario que se impuso con el orden del 1972, fue un sistema de paridad estable y no ajustable. Esto quiere decir que a la diferencia del orden del 1944, las monedas no podían cambiar de paridad. Por esto mismo, se habló de convergencia. Esto quiere decir que las monedas en relación opuestas, tenían que avanzar poco a poco hacia el referencial, hasta coincidir. Y esto no se logró. Puesto que el franco francés se retira del sistema, en catástrofe, en el momento que tenía que coincidir, según el plan monetario que se había impuesto. Lo mismo sucedió con la lira italiana. Lo cierto es que las monedas fuertes – el marco alemán (DM) y el florín holandés – lograron la convergencia fácilmente, en tanto que para las monedas frágiles, la historia fue harina de otro costal. Cabe, entonces, preguntarse: Y esto, ¿por qué?

Para poder responder a esta pregunta, hay que tener en cuenta que el valor de cambio de una moneda no depende de la tasa de inflación, como se pensaba en esa época, sino más bien de la abundancia y de la rareza de una moneda sobre el marcado internacional. Por ejemplo, si hay fuga de capitales a partir de una sociedad dada, vamos a asistir a una pérdida de valor de esa moneda, puesto que esa moneda se va a encontrar en sobreabundancia en el mercado internacional. Claro está, aquí hablamos de monedas nacionales. Ya hablaremos más delante de la moneda única.

En lo que se refiere a la apreciación de una moneda, esto puede ser el resultado del hecho que es muy demandada, por el hecho que sus productos lo son. Constatamos, en todo caso, estos fenómenos opuestos, en lo que se refiere al valor de cambio de una moneda. El hecho es que una moneda puede perder valor de cambio, en tanto que otra moneda puede conocer el fenómeno contrario. De ahí que cuando una moneda se aprecia y que hay que obtener el resultado contrario, su Banco central tiene que vender su moneda. En cuyo caso tiene que comprar la moneda de reserva. Que es el US dólar, como ya lo vimos. Lo cual le permite aumentar sus reservas y fortalecerse.

En el caso de la moneda que pierde valor, las cosas son totalmente diferentes. Para poder apreciar esta moneda, la Banca central tiene que emplear sus reservas. Lo cual hace que ese país se fragiliza. Y a medida que este país emplea sus reservas, para consolidar su moneda, su instrumento de medida se debilita. Es por esto que el franco francés (FF) – muy a pesar que en ese entonces, Francia vivía condiciones de crecimiento óptimas – tuvo que devaluarse. Y justamente en el momento en que la convergencia tenía que producirse, a principios del 1974. Fue, en efecto, el 21 de enero del 1974 que el FF y la lira italiana, se retiraron del sistema monetario del 1972.- Notemos que en la época se hablaba a propósito de este sistema también de la serpiente monetaria, puesto que cuando se trazaba la evolución de la moneda fuerte – el DM – y el de la moneda frágil, el FF, par ejemplo, se desvelaba una especie de serpiente en el túnel. Puesto que la moneda fuerte evolucionaba en la parte superior del túnel, en tanto que la moneda endeble se manifestaba en la parte inferior del túnel. Por lo tanto, el término de serpiente en el túnel corresponde a lo que Adorno llamaba la cultura de los tebeos.

Como ya lo indicamos, desde un punto de vista estructural, el objetivo de ese sistema era la reducción de las márgenes de fluctuación y la fijación irrevocable de la paridad definitiva con el referencial. Lo cual, como ya lo subrayamos, tenía que producirse a partir de enero del 1974. Por lo tanto, justo en el momento en que las monedas frágiles tuvieron que salir del sistema. El hecho es que el FF regresa al sistema el 10 de julio del 1975, después de haberse devaluado, y tiene que retirarse definitivamente el 14 de marzo del 1976. Lo cual puso fin a la primera experiencia de la unión monetaria. Pero esta difícil experiencia no puso fin al proyecto de la unión monetaria. Y es justamente esta voluntad la que va a dar lugar a la experiencia del Sistema Monetario Europeo del 1979: del SME del 1979. De esto ya hablaremos más adelante.

Por el momento, vamos a recoger le aventura del Sistema Monetario Internacional (SMI) que, como ya lo vimos, había tomado la forma del patrón dólar, con los Acuerdos de Washington del 18 de diciembre del 1971. Recordemos que estos acuerdos son también conocidos, como los Acuerdos del Smithsonian Institut de Washington.

El hecho es que muy a pesar de que los Estados Unidos habían logrado ese triunfo, si hacer ningún esfuerzo, como ya lo subrayamos, la moneda del Tío Sam continuaba perdiendo valor en el mercado libre, con respecto al oro. Lo cual indicaba claramente que se asistía, en ese entonces, a la remonetización del oro. Esto quiere decir, concretamente, que los automatismos del mercado estaban conduciendo a la remonetizacion del metal amarillo. Es así que el 12 de febrero del 1973 la onza de oro valía 95 dólares. Lo cual va a llevar en noviembre del 1973 a la supresión del doble mercado del oro.

Dentro de este proceso de remonetizacion del oro, conviene recordar que el 16 de enero del 1973, el Estado francés lanza el empréstito Giscard de 6,5 billones de francos, garantizado por el valor del lingote de oro. Lo cual va hacer que a pesar de la desmonetización efectiva del oro - que se va a llevar a cabo entre principios del 1976 y principios del 1980 -, cuando el Estado francés termina de pagarlo, a principios del 1988, ese empréstito le costó al Estado 90 billones de francos. Casi 14 veces más.

A principios del 1975, la onza de oro había llegado a los 190 dólares. Por esto se decide la venta de una parte marginal de la reservas de oro del FMI: 63 toneladas. Lo cual va permitir la baja de precio de la onza de oro que cae ese día a los 153 dólares la onza. El hecho es que, como la acabamos de subrayar, todo indicaba que los automatismos del mercado, conducían a la remonetizacion del metal amarillo. Y esto se constata clarísimamente, si nos referimos al precio que el oro va alcanzar el 21 de enero del 1980: 850 dólares la onza. Y es precisamente, esta alza de precios, lo que va a conducir al Presidente de los Estados Unidos Gerald Ford y al Presidente de Francia Giscard d'Estaing, a la desmonetización del oro. Acuerdo que fue firmado, en Jamaica, por el consejo del FMI el 8 de enero del 1976. Pero independientemente de este Acuerdo, el precio del oro continuó aumentando, como lo acabamos de señalar. Sin embargo, este aumento no impidió que el oro deja de ser une reserva monetaria oficial y se convirtió en una especie de materia prima que los Estados poseedores guardaban como verdaderos tesoros.

El caso más importante es el de los Estados Unidos. Como ya lo indicamos, ha sido principalmente en Ford Knox, en el Estado de Kentucky, que los Estados Unidos guardan sus reservas de oro desde el 1937. Durante la Segunda Guerra mundial, llegaron a tener en ese lugar hasta 20.205 toneladas. Actualmente se piensa que puede haber ahí algo así como 4.570 toneladas. En todo caso, el resto se encuentra en los sótanos de la Reserve Federal de New York. Actualmente se dice que los Estados unidos poseen 8.133 toneladas. Pero en esto no hay mucha seguridad, como ya lo indicamos. Por esto, muchos especialistas piensan que esas reservas son menos importantes. Ron Paul, Representante republicano de Texas y responsable de la Comisión sobre la Reserve Federal, pide desde hace más de un año que un grupo de miembros pueda enterarse del estado efectivo de esas reservas y hasta ahora no ha habido resultado. En los países europeos la situación es diferente. Se sabe, por ejemplo, que de Gaulle dejó 3.181 toneladas de oro, en el 1969, cuando se retiró del poder. Desde septiembre del 1999, ha habido ventas destinadas a evitar el hundimiento del dólar. Actualmente – agosto del 2011 - quedan oficialmente 2.435 toneladas.

De este asunto de las reservas oro, ya hablaremos más adelante. Por el momento, retomemos el hilo de esta historia que tratamos de explicar y que es el eje principal de la historia global moderna. Recordemos, en efecto, que para Marcel Mauss (1872-1950) la moneda es una realidad social total. De ahí, la importancia de poder seguir la lógica de su proceso histórico. El hecho es que entre los Acuerdos de Jamaica del 8 de enero del 1976 y el 21 de enero del 1980, vamos a asistir a un continuo aumento del valor del oro, independientemente de esos Acuerdos. Lo cual muestra la potencia de ese movimiento de remonetización del oro. Es por esto que a fines del 1979 se decide la tasación de las transacciones sobre el oro, más precisamente sobre la plusvalía de las ventas. Y es justamente esta política que va conducir al hundimiento del precio del oro, a partir del 21 de enero del 1980. Vamos asistir entonces a la consolidación del valor del dólar. De tal manera que el valor del oro va conocer un largo periodo de aguas bajas, en el cual vemos pasar el precio de la onza de 850 dólares, el 21 de enero del 1981, a 253 dólares, el 21 de enero del 2001. Esta fase es la del reino del dólar en el sentido estricto del término. Luego después vamos a asistir a una pérdida de valor del dólar y a un proceso de remonetización del oro. Se puede, por consiguiente, decir que desde el 2001, asistimos a la continuación de lo que se produjo en los años setenta del siglo pasado.

En todo caso, este periodo del verdadero reino del dólar, había que dividirlo en dos momentos diferentes. El primer periodo va del 21 de enero del 1980, al 22 de setiembre del 1985. El siguiente comprende esa fase que va del 22 de setiembre del 1985, al 21 de enero del 2001. Recordemos que el 22 de setiembre del 1985, tuvieron lugar los acuerdos de Nueva York. Llamados también Acuerdos del Hotel Plazza de Nueva York. El hecho es que durante este periodo de 21 años el sistema monetario vivió el ocaso del oro. De tal manera que vamos a asistir a partir del hundimiento del precio del oro, a la subida del valor del dólar. En el caso del franco francés, se pasa, por ejemplo, de 5,5 FF por un dólar el 21 de enero del 1980, al 10,60 FF, el 23 de febrero del 1985. Esto nos da una idea del aumento considerable del valor del dólar. Lo cual coincide, más o menos, con lo que se llama la década perdida en América Latina (1976-1986), y que produce no solamente el aumento del endeudamiento internacional, sino también la diminución de las exportaciones. Claro está, no hay que olvidar que en esa época los países de América Latina estaban enteramente dolarizados. Y, puesto que el dólar aumentaba de valor, la deuda lo hacía también en términos reales y las exportaciones disminuían.

De tal manera que el aumento del valor del dólar, estaba llevando a la bancarrota a los países del Tercer mundo. Y particularmente a los países dolarizados, como era el caso de los países de la América Latina, como lo acabamos de señalar. Es justamente para evitar ese problema, que hubiese descalabrado el mercado internacional, que se tomaron dos medidas. De un lado, los Acuerdos de Nueva York, al cual hemos hecho referencia, y por otro lado, el Plan Baker, del 9 de octubre del 1985.

En lo que se refiere a los Acuerdos de Nueva York del 22 de septiembre del 1985, se trata en realidad de una restructuración parcial del orden monetario internacional. En efecto, los Estados Unidos impusieron entonces a los países excedentarios, la República Federal Alemana (RFA) y el Japón, la depreciación de sus monedas. Claro está, estos países no podían negarse, puesto que los Estados Unidos podían imponerles políticas proteccionistas. Lo cual era contario a sus intereses, puesto que los Estados Unidos eran – y lo son aún – el principal mercado de esos países. Debe además tenerse en cuenta que en 1985 el déficit de la balanza de cuentas corrientes de los Estados Unidos fue de 126 mil millones de dólares. Lo cual era muy importante en la época, puesto que el déficit de esta balanza solo había sido de 12 mil millones en 1971.

El hecho es que los Estados Unidos impusieron este plan de devaluación de 50% a la RFA y al Japón. En cambio los Estados Unidos aceptaban la aparición de tres zonas monetarias. La zona del dólar, que era el primus inter pares. El espacio monetario del marco alemán y el del yen. Este Acuerdo fue firmado por el G5: los Estados Unidos, la República Federal Alemana, el Japón, el Reino Unido y Francia. Esto quiere decir que este pacto, entre las tres primeras potencias económicas, fue confirmado por las dos siguientes. En cuyo sistema no eran partes, en tanto que sujetos.

Cabe preguntarse: ¿Cómo se logró esta apreciación del 50%, del DM y del yen? La respuesta es simple: cada uno de esos países excedentarios vendieron una parte importante de sus reservas en dólares, para comprar su propia moneda. De tal manera que el DM pasó, en año y medio de 3,48 por un dólar, a 1,24 por un dólar. El yen pasó por su lado, en ese mismo lapso del tiempo, de 244 por un dólar, a 122 por un dólar. Esta nueva paridad fue confirmada por los Acuerdos del Louvre, del 22 de febrero del 1987. Conviene notar que este Acuerdo fue firmado por el G7. Es decir por los cinco precedentes, más Italia y Canadá.

Esto aclarado, pasemos a las zonas monetarias. En lo que a este asunto se refiere, hay que tener en cuenta que la zona monetaria del marco alemán (DM) funcionó muy bien. Por ejemplo, a partir de ese momento – del 22 de septiembre del 1985 – las reservas de la Banca de Francia y la Reservas de la Banca de Italia, se transformaron en marcos. Por lo tanto, pasaron del US dólar al DM. Es de notar, sin embargo, que esto no se produjo en el caso del yen. Puesto que no hubo zona monetaria del yen. Y esto, por el simple hecho que la China no quiso entrar en ese sistema. Esto, no por sentimiento anti japonés. Si no, por el simple hecho que la China acababa de firmar con Inglaterra, el Acuerdo sobre la devolución de Hong Kong, del 26 de septiembre del 1984. El cual estipulaba que Hong Kong tenía que mantener su sistema político y su paridad fija con el dólar de los Estados Unidos. De tal manera que China, en vistas de ese Acuerdo, tenía que alinearse con respecto al dólar, para mantener la coherencia de su relación con Hong Kong. Puesto que se trataba de integrar una de la economías más dinamicas del mundo. Por lo tanto, la tesis según la cual Japón no quiso entonces desarrollar su propio espacio monetario, es un argumento particularmente problemático.- En todo caso, para comprender la importancia de la capacidad productiva de Hong Kong – un poco menos de 10 millones de habitantes -, hay que tener en cuenta que en 2010 la valor de sus exportaciones fue de 401 mil millones de dólares – un poco menos que el Reino Unido: 405 mil millones de dólares – y mucho más que España que exportó este año por 245 mil millones de dólares.

Dicho esto, pasemos a la segunda medida importante del 1985: el Plan Baker del 9 de octubre del 1985. Este Plan, respaldado por el Consejo del FMI, se dio como finalidad el reescalonamiento de la deuda de los países endeudados. Esto quiere decir que esos países tenían que continuar pagando los intereses de la deuda, en tanto que el capital principal, podía pagarse más adelante. Al cabo de 5, 10, 20 años o más. Es esta política que va a dar lugar a la célebre expresión hispanoamericana: ¡Deuda externa, deuda eterna!

En lo que se refiere al Plan Baker, del reescalonamiento de la deuda, hay que tener en cuenta que ese Plan fue fácilmente adoptado por los bancos privados – por el Club de Londres, donde estaban representados los grandes acreedores bancarios de América Latina en particular y del Tercer mundo en general -, por el hecho mismo que las tasas de interés eran muy elevadas, con un término medio de 24%. Lo cual hacia que el pago de esos intereses, era lo más importante para esos acreedores. Por lo tanto, el reembolso del capital podía esperar. Actualmente – octubre del 2011 -, con el caso de la deuda griega, por ejemplo, la situación es diferente. La tasa de remuneración de los bonos griegos, no es muy elevada: de 6% en términos medios. De tal manera que lo que cuenta aquí es el capital. Por esto mismo, la idea del reescalonamiento de la deuda, no se ha presentado inmediatamente como una solución. Como lo fue en el caso de América Latina, con el Plan Baker.

El hecho es que las medidas internacionales, tomadas en el 1985, van a permitir la aparición de una época de mejoramiento para las economías latinoamericanas. Por ello se habla de década de la esperanza. La cual comenzó a funcionar a partir del 1987 y que va a durar hasta el 1997. Ahora bien, la baja del valor del dólar – como consecuencia de los

Acuerdos de Nueva York – va permitir el aumento de las exportaciones, pero no va resolver el problema de las inversiones. Esto, debido al hecho que durante la crisis de la deuda – en el 1984, particularmente -, los ahorros en dólares se habían refugiado en las reservas privadas. Las gentes habían retirado los dólares de los bancos y los habían metido en los colchones, como se dice. De tal manera que había que sacar esos capitales de los escondites. Para muchos especialistas, la solución no podía ser más que el resultado de la dolarización total, con el hecho de adoptar el dólar de los Estados Unidos como la moneda nacional.

Pero antes de llegar a ese extremo, se introdujo el Plan Brady, que fue también sostenido por el FMI. Conviene tener en cuenta que el plan Brady, del 10 de marzo del 1989, fue precedido por el así llamado Conseso de Washington, del 1ero de marzo del 1989. Este Consenso – aprobado por consiguiente, por el FMI, por el Banco Mundial y el Tesoro de los Estados Unidos y redactado por John Williamson, economista estadounidense – resume en cinco puntos la teoría neoliberal para los países subdesarrollados: 1) libre intercambio, 2) reducción de las barreras aduaneras, 3) excedente presupuestario, 4) privatización de las empresas nacionales y 5) alza de los tipos de interés para atraer los capitales flotantes.

Por su lado el Plan Brady, propone el intercambio de la deuda con empresas en vía de privatización. Y es precisamente este conjunto de medidas lo que se va a imponer durante la década de los años noventa. Por consiguiente, el proceso de privatizaciones que se va a realizar durante este periodo, va a utilizar la deuda interna e internacional reciclada para privatizar el sector público, como ya lo indicamos.

Pero es el problema monetario que va a marcar esta década llamada de la esperanza, como ya lo señalamos. Puesto que la práctica de atesoramiento del dólar impedía toda forma de crecimiento. Como ya lo vimos, el objetivo de este periodo histórico, tendía hacia la dolarización de las economías latinoamericanas. La ley del 1 x 1 argentina – un peso, un dólar – del 1ero de abril del 1991, fue hasta cierto punto un compromiso. Una especie de mediación, con respecto a la dolarización total. Camino que fue tomado por el Ecuador, el 1ero de septiembre del 2000 y por El Salvador, el 1ero de enero del 2001.

Pero la política monetaria japonesa, va exacerbar la fragilidad de ese proceso. En efecto, el Japón va pasar de un yen muy caro, en febrero del 1974 – 79 yenes por un dólar -, a un yen muy barato, a principios del 1997: 146 yenes por un dólar. Es justamente esta política de depreciación del yen, y por lo tanto de apreciación del dólar, lo que va a producir la crisis de los países del sudeste asiático. La cual crisis comienza el 2 de julio del 1997 en Tailandia. La baja de precios de los productos japoneses, va a desequilibrar la balanza comercial de esos países, y disminuir considerablemente sus reservas, provocando la depreciación de sus monedas. Singapur y Taiwán logran escapar a esta crisis, porque dejaron flotar sus monedas. Los otros países como Tailandia, Malasia, Indonesia, Filipinas y Corea del Sur, se apegaron a la paridad con el dólar y tuvieron que pedir ayuda al FMI. A esa crisis logran escapar la China y Hong Kong. La devolución de Hong Kong, el 1ero de julio del 1997, va hacer que en el momento de esa crisis, el capital de Hong Kong avanzaba en su trastierra China. Preparando de esa manera, el boom económico que China va a conocer poco tiempo después. Conviene recordar que fue a partir de fines de diciembre del 1979 que Deng Tsiao Ping – después de su célebre visita a Singapur -, lanza la China en el proceso de la libre empresa. Refiriéndose entonces a la diferencia entre el capitalismo y el socialismo, Deng dijo: Poco importa que el gato sea negro o blanco, lo fundamental es que cace ratones. Como se sabe, este dicho popular va romper las digas del dogmatismo marxista-leninista y va lanzar China en la experiencia de la conquista de los mercados internacionales. Hong Kong era antes de la ruptura de Deng su pulmón, para convertirse luego en su potencia energética. Recordemos que antes de esa transformación, las exportaciones chinas representaban algo así, como el 1% del comercio internacional. Actualmente (octubre 2011), esas exportaciones están por encima del 10%.

El hecho es que esta crisis asiática va tocar luego a Rusia – en octubre del 1998 -, a Brasil – en febrero del 1999 – y estallar en Argentina el 3 de diciembre del 2001. Es, por lo tanto, en Argentina que este fenómeno de la sobre apreciación del dólar, va producir sus efectos más desbastadores, con la crisis del Corralito. La deuda Argentina era de 4 mil millones de dólares a principios del 1974. A fines del 2001, cuando se produjo el choque de esta crisis, esta deuda era de 160 mil millones de dólares. En 2000 las exportaciones de bienes y servicios eran de 31,2 mil millones, y apenas podían servir la deuda. La tasa de crédito país estaba entonces por los aires, y el FMI se negó continuar a prestarle dinero. Es por esto que el lunes 3 de diciembre del 2001, los ciudadanos de Buenos Aires, que ya hacían colas delante de los bancos para retirar sus dólares, se encontraron con las puertas cerradas. Las autoridades decidieron que las personas físicas y morales no podían sacar más de 250 dólares o pesos por semana. Domingo Cavallo, ministro de la economía, decía que esos límites, en el acceso a la liquidez, eran para evitar la fuga de capitales.

El hundimiento económico provocado por esta política, fue considerable. Las cadenas de los pagos se rompieron. Las empresas cerraban sus puertas y cesaban toda actividad. Debido a la sequía brutal de liquidez. El 23 de diciembre se declaró oficialmente la cesación de pagos. Argentina se hundió en la bancarrota. Pero fue solamente el 3 de febrero del 2002 que se rompió con la ley del 1 x 1 y que se devaluó el peso de 75% de su valor. Y es entonces, a partir de ese momento, que las exportaciones argentinas van a aumentar de una manera considerable. El hundimiento del poder adquisitivo, como consecuencia de esta devaluación, permitió un excedente importante de las exportaciones. Por lo tanto, gracias a la moneda nacional, ese país pudo recuperarse en poco tiempo. Es lo que constatamos actualmente en el caso de Islandia que conoció también un hundimiento brutal en octubre del 2008.

Esto dicho, regresemos al sistema monetario europeo y a su tentativa de crear une moneda única. Recordemos, en todo caso, que el fracaso del sistema monetario del 1972, dio paso a la aparición al SME de 1979. Más precisamente, al pasaje de un sistema de paridad fija estable y no ajustable, a la creación de un sistema de paridad fija estable y ajustable. Esto quiere decir que en el nuevo sistema monetario se podía cambiar de paridad. Por lo tanto, de reevaluar las monedas fuertes y de devaluar las monedas frágiles. Porque esta diferencia continuaba existiendo, independientemente de la voluntad de convergencia. Puesto que en ese proceso (de convergencia), las monedas frágiles continuaban debilitándose. Y las cosas se agravaron a partir del 10 de mayo del 1981, cuando la izquierda unida – socialistas y comunistas – llegó al poder en Francia. El programa de nacionalizaciones que este movimiento conllevaba, va provocar una fuga de capitales muy importante. Lo cual va causar la crisis y la devaluación del franco, en octubre 1981, en julio del 1982 y en marzo del 1983. Después de estas devaluaciones, el control de cambio se va a imponer en Francia y se va a mantener hasta febrero del 1989.

En la época se creía que para consolidar el valor de una moneda, había que aumentar los tipos de interés. Lo cual tendía a reducir la actividad económica de los países que tenían monedas frágiles. De tal manera que esta confusión benefició muchísimo a la economía de la RFA, en ese entonces. Lo cual explica, además, los excedentes comerciales de ese entonces. Y, por lo tanto, la situación favorable en la cual se va a encontrar ese país, durante los Acuerdos de Nueva York, del 22 de septiembre del 1985, al cual nos hemos referido.

De tal manera que, a partir de ese entonces, el DM es la moneda dominante de los países de este espacio monetario. Los otros países con monedas frágiles, solo tenían, para evitar crisis monetarias, que mantener tasas de interés superiores a las dadas por la Banca central alemana: la Buba. Y es, justamente, este estado de cosas el que llevó a los Acuerdos de Nyborg, del 13 de septiembre del 1987. En efecto, estos Acuerdos dieron a la Buba la iniciativa de la política monetaria. Lo cual quiere decir que si la Buba se daba una tasa directora de 3%, por ejemplo, los otros Bancos centrales tenían que darse tasas directoras superiores, en función de la potencialidad de cada moneda. Por lo tanto, si el DM tenía una tasa de base de 3%, al FF le correspondía una tasa de 6%, metamos, y a la peseta española una tasa de 9%. Lo cual implicaba necesariamente, como se puede comprender, que la economía alemana era más competitiva que las otras.

Claro está, las cosas se complicaron poco después de la caída del muro de Berlín, el 9 de noviembre del 1989. La reunificación política y monetaria de las dos Alemania, a partir del 1ero de julio del 1990, va hacer que los alemanes del Este se lanzaron en el consumo a crédito, que se presentó a ellos de pronto y sin límites. Y es precisamente este problema que llevó la Buba a aumentar de una manera significativa su tasa directora. La cual llegó a 9% a principios del 1992. Y esto para evitar el sobreendeudamiento generalizado de su nueva ciudadanía. Esto provocó la subida consecuente de las tasas de interés en los países de moneda frágil, tanto en el otoño del 1992, como durante el 1993.

Es, por lo tanto, en medio de este terremoto monetario que el Tratado de Maastricht fue referendado, por los países miembros de la Comunidad Europa. Y según este texto, puesto que no se había logrado la convergencia monetaria de una manera espontánea, había que forzarla jurídicamente. Y he ahí que a fines del 1995, las monedas comenzaron a converger, como por encanto. Después del terremoto del 1992-1993, al cual acabamos de hacer referencia, se produjo un periodo de calma y prosperidad para los que acababan de sufrir. La reunificación alemana había fragilizado al marco. Por lo tanto, la convergencia era simplemente el producto de la apreciación de un conjunto de monedas frágiles.

Constatamos que durante ese periodo de reunificación que va del 1989 al 1998 – antes de la decisión de la creación formal de la moneda única, el primero de enero del 1999 -, las exportaciones alemanas habían disminuido de una manera significativa. Una parte importante de esa producción era absorbida por la nueva ciudadanía. En efecto, en el caso de la relación comercial entre Francia y Alemania, constatamos el hecho que en el 1989 Francia tuvo un déficit de 58,7 mil millones de francos y en el 1998, el excedente comercial de ese país fue de 52 mil millones de francos. En el 1998, la balanza corriente alemana fue deficitaria de 3,6 mil millones de dólares. Ese año, la balanza de cuentas corriente francesa obtuvo el excedente más importante de su historia: 36 mil millones de dólares.

Por lo tanto, el 1998 fue el año del fin de la convergencia monetaria y de la fijación irrevocable de las paridades. En tanto que el 1999 fue el año de la aparición formal del euro y el año en que Alemania comienza a practicar subcontratos, en los países del Este y particularmente en Polonia. De esto ya hablaremos más adelante.

Por el momento, tratemos de ver la paridad entre el euro y el dólar. Recordemos, en todo caso que el termino euro fue propuesto por el Canciller Kohl a fines del 1995. Porque le parecía que el termino ecu - que había sido dado por los franceses, recordando la moneda del

Rey Luis IX -, no era nada elegante en alemán, puesto que se pronunciaba casi como la vaca (*"ku"*). Por eso mismo propuso el término del euro, que fue aceptado por los otros miembros. Lo cual hizo que Alemania logró imponer su marca, a la moneda única. El hecho es que esta moneda comenzó cotizando 1,1776 dólares por 1 euro, el 1ero de enero del 1999. Luego vamos a asistir a una depreciación de euro, con respecto al dólar, que fue muy significativa. En efecto, el 26 de octubre del año 2000, el euro valía 0,8226.

Esta depreciación no fue el resultado de las declaraciones inadecuadas del primer Presidente de la BCE, Wim Dusemberg, como se decía entonces. Fue más bien el resultado del abandono del marco alemán como moneda de reserva de los países miembros. Recordemos, en efecto, que con los Acuerdos de Nueva York, del 22 de septiembre del 1985, el marco alemán (DM), se transforma en moneda de reserva de los países del Sistema Monetario Europeo (SME). Rememoremos, además, que España y Portugal entran en este sistema, el 16 de junio del 1989. De tal manera que con el paso al sistema del euro, esos países tuvieron que cambiar de moneda de reserva. En otros términos, esas reservas pasaron del DM al dólar. De tal manera que esas ventas de DM, para comprar dólares, hizo que el euro perdiese valor. Puesto que el marco representaba casi el 40% del valor de la nueva moneda. Luego, el valor del euro se va a estabilizar. De tal manera que cuando aparece realmente el euro, el 1ero de enero del 2002, 1 euro valía 0,95$. Y es entonces que vamos a asistir a une apreciación continua del euro, con respecto al dólar. Esto, debido al hecho que la cantidad de dólares en circulación es más importante que la cantidad de euros.

Además, hay que tener en cuenta que el sistema del euro, está constituido en vistas a evitar la inflación. En efecto, la Banca Central Europea (BCE) no tiene derecho a emitir moneda. Empero, esta institución, puede dar el derecho de emitir moneda, en cambio de divisas, de reservas de cambio. Esto hace que los países excedentarios, pueden aumentar su base monetaria y facilitar el crédito, en tanto que los países deficitarios tienden a hundirse en la penuria monetaria y en la rareza del crédito. Y es, justamente, lo que constatamos actualmente.

Pero antes de entrar en el reino de la moneda única, hay que tener en cuenta que en el momento de la creación de esta moneda, cada país tiene el derecho a emitir la cantidad correspondiente a su peso económico. Lo cual está calculado en relación a su Producto Interior Bruto (PIB) y al valor de sus exportaciones. De tal manera que, por ejemplo, Alemania obtuvo el 38%, Francia, el 19% y España el 12%. Luego, cada país dio el 8% de su base monetaria a la BCE. Esto hace que el 1ero de enero del 2002, el conjunto de la zona euro dispone de 613,5 mil millones de billetes en circulación. Este volumen es de 669,6 mil millones el 30 de abril del 2008 y de 807 mil millones a principios de enero del 2010. Hay que saber, a ese respecto, que en el caso de los Estados Unidos, la base monetaria era de 783 mil millones de dólares a fines del 2006. Luego que este monto aumentó con el primer programa de emisión monetaria (QE1) de la crisis, en el 2009, a 1,083 billones y que al terminar el segundo programa (QE2), a fines de junio del 2011, su volumen pasó a ser de 1,683 billones de dólares.

Dicho esto, regresemos al sistema de la moneda única para señalar que en este orden – y lo mismo sucede con el franco de las antiguas colonias francesas de África: el F-CFA -, cada país posee su propia moneda. Esto puede parecer absurdo y contradictorio, pero si miramos los billetes euros, nos damos cuenta que antes del número del billete hay una letra. Y es justamente esta letra que nos indica la nacionalidad del organismo que lo emite. En cuyo caso, la letra Z corresponde a los billetes belgas, Y a Grecia, X a Alemania, V a España, U a Francia, T a Irlanda, S a Italia, R a Luxemburgo, P a Holanda, N a Austria, M a Portugal y L a Finlandia.

De tal manera que este sistema, si lo miraos primero como un todo aislado, nos damos cuenta que los países deficitarios – según la balanza de cuentas corrientes – pueden constatar el hecho que sus monedas emigran hacia los países excedentarios. Luego si introducimos el espacio euro dentro de este conjunto de la economía internacional, nos damos cuenta que los países excedentarios de este sistema monetario – caso de Alemania, particularmente -, reciben divisas y principalmente US dólares. Ahora bien, es justamente con esas divisas que los países excedentarios, compran a la BCE el derecho de aumentar sus bases monetarias. Esto hace, por lo tanto, que los países excedentarios conocen la abundancia monetaria y del crédito. En tanto que los países deficitarios, sufren de penuria monetaria y de sequía del crédito.

Claro está, a estos fenómenos hay que añadir la posibilidad del crédito exterior. En efecto los países excedentarios – caso de Alemania, principalmente – gozan de crédito abundante y barato. En efecto, actualmente (octubre del 2011), Alemania logra obtener crédito a 2,20%, en tanto que Grecia tiene que pagar por sus bonos de 10 años alrededor de 25%. De tal manera que, como se puede comprender fácilmente, este sistema monetario tiende a producir abundancia monetaria en los países excedentarios y penuria monetaria en los países deficitarios.

Claro está, este fenómeno se conocía ya, gracias a la experiencia de la zona Franco CFA. Pero desgraciadamente, raros son los economistas – incluso en Francia – que han tratado de comprender el modo de funcionamiento de esta moneda que ha producido la zona monetaria más pobre del mundo. En todo caso, los países europeos no tuvieron que haberse embarcado en esta experiencia, que está produciendo tanto dolor de cabeza y tanta angustia, y que deberá provocar hundimientos económicos de primera magnitud.

En efecto, en la época de su fundación – antes del 1ero de enero del 1999 – se pudo haber tomado el camino de la moneda común. El cuál era el ecu. Se tenía únicamente que dar todos los precios de los bienes y servicios, dentro de la unión monetaria en ecu. Las cartas de crédito en ecus, hubiesen facilitado los intercambios. En todo caso, esta operación no hubiese costado nada y hubiese preservado las monedas nacionales. La soberanía monetaria es un complemento de la soberanía política. Un Estado responsable no puede abdicar de la soberanía monetaria, puesto que tiene que disponer de este instrumento que le permite navegar por tiempos tormentosos. Pero el espíritu del tiempo consideraba, entonces, que la unión monetaria llevaba a la unión política. Lo cual nunca se ha producido, como ya lo hemos explicado. Pero esta creencia se ha transformado en un dogma, en un verdadero "¡*Credo quia absurdum*!".

Por consiguiente, en lo que se refiere a la moneda en circulación, dentro del sistema de la moneda única, los Estados no pueden producir el papel moneda según sus necesidades, pero tienen que producir el máximo de moneda metálica. Esta moneda se mueve con el turismo. Su costo de producción es alto. En tanto que la producción de papel es baratísima. Pero los Estados no pueden producirla según sus necesidades. Esta posibilidad pasa por los excedentes exteriores, como ya lo indicamos. De tal manera que los países de la zona euro se van a lanzar, a partir de enero del 2002, en una aventura particular que llevará además a la sobreevaluación de esta moneda. En efecto, a principios del 2002, el euro rondaba, como ya lo indicamos, alrededor del 0,95$. Pero el 15 de julio del 2008, el euro va alcanzar el precio del 1,6038$. Y es justamente este proceso de sobreevaluación que vamos a tratar de explicar en el próximo capitulo.

XIX: Del reino de la confusión de las confusiones.

Como ya lo indicamos, cuando el euro aparece realmente, el primero de enero del 2002, el dólar era una moneda muy fuerte. Su momento más alto fue el 26 de octubre del 2000, como ya lo señalamos, cuando el euro valió 0,8226, pour 1 dólar. Pero debido a la aparición de una maneda lilmitada quantitativamente (el euro), vamos a asistir a una perdida de valor del dólar que va a durar hasta el 15 de julio del 2008. En ese proceso constatamos, además, un aumento constante del déficit exterior de los Estados Unidos. El cual pasa en cuentas corrientes de 417 mil millones de dólares en el 2001, al 857 mil millones de dólares en 2006.

Esto quiere decir que durante ese periodo los Estados Unidos continuaban gozando del privilegio monetario. Y esto a pesar del hecho que en el 2003, los Estados Unidos dejan de ser la primera potencia exportatrice del mundo. En efecto, este año el valor de las exportaciones alemanas fue de 780 mil millones de dólares, en tanto que los Estados Unidos exportan ese año por 726 mil millones de dólares.

Ademas, durante ese periodo vamos a asistir a la baja de los tipos de interés en ese país. Todo esto en vistas de reactivar la economía. Es asi que en junio del 2000 la tasa directora de la Reserve Federal estaba a 6,50%, en tanto que en junio del 2003 esta tasa va a ser de 1%. El hecho es que esa tasa se va a mantener en el 1% hasta junio del 2004. Y es entonces que la Reserva Federal decide de aumentar el tipo director, pasando al 5,25% en junio del 2006.

Hay que tener en cuenta que este aumento de la tasa directora, entre junio del 2004 y junio del 2006, será condicionado por la necesidad de evitar el hundimiento del dollar. Y es precisamente este aumento de la tasas de crédito que va a producir la crisis de las hipotecas subprime en los Estados Unidos. Lo cual estalla el 9 de agosto del 2007, provocando la crisis del crédito y, por ende, la crisis del reino del dollar.

En lo que se refiere à la crisis des hipotecas subprime, hay que tener en cuenta que en los Estados Unidos el crédito a la propiedad immobilaria comprende globalmente hablando: tres niveles: 1) el nivel preferencial destinado a los que tienen medios, 2) el nivel de los que tienen buen crédito, y 3) el nivel de los que no poseen medios y casi no tienen crédito. Este lumpen proletariado pudo, durante ese periodo de baja extrema de los tipos de interés – cuando estuvo a 1%, por ejemplo -, obtener crédito a 100% a tipos de interés del orden de 17%, con dos años de tregua, para comenzar a pagar el principal. Esto hizo que cuando la tasa directora de la Reserva Federal aumentara hasta el 5,25%, en junio del 2006, esa gente se encontró en poco tiempo, en la incpacidad de continuar a pagar el creditio. Entonces, la construcción se detuvo, el paro aumentó y los desahaucios también. De tal manera que las hipotecas subprime, comenzaron a perder lo esencial de su valor. De ahí la crisis de la hipotecas subprime.

Ahora bien, el problema es de saber ¿Por qué esas hipotecas pudieron haber dañado tanto las economías occidentales? Puesto que las hipotecas españolas, solo incidieron en España y lo mismo podemos decir de las hipotecas irlandesas o inglesas. Sucede por lo tanto que en el caso de los Estados Unidos, los prestamos hipotecarios de alto rendimiento, hechos por los bancos regionale serán compredos por las dos grandes instituciones semipúblicas de garantía hipotecaria: Fannie Mae et Freddie Mac. Recordemos que la primera fue creada por Roosevelt en 1938. La segunda fue fundada en el 1970. Es además importante de tener en cuenta que estas instituciones garantizaban algo asi como por 200 millones de dólares esas hipotecas en 1980 y que estas gartantias subieron hasta los 4 billones de dólares a principios del 2007.

El hecho es que estas instituciones compraban las hipotecas subprime y las vendian en Estados Unidos y sobre el marcado internacional, principalmente a partir de la City de Londres. Por lo tanto, estas hipotecas de alto rendimiento se vendieron a montones a partir de Wall Street y de la City. Los "golden boys" se eriquecieron. Los grandes bancos y las grandes instituciones financieras internationales, compraron a manos llenas. Y de pronto a partir del 9 de agosto del 2007 esas instituciones se dieron cuenta que esas hipotecas casi no valían nada. Es hacia fines del 2008 que se supo que Fannie et Freddie habían garantizado algo asi como por 5,2 billones de dólares. En la época de esta feria de las hipotecas locas, como se dice actualement, los bancos de los países emergentes, aún no tenían suficiente dinero para participar en la borrachera.

Luego ya conocemos el hilo de la historia. La sequía del crédito, fue el resultado de este desastre. Lo cual va provocar, algunos meses después, la contracción de consumo y el aumento del paro. En lo que se refiere al mercado internacional, se sabe a través del Baltic Dry Index (BDI) – del indicador internacional del transporte marítimo de los productos secos –, que el máximo se produjo el 20 de marzo del 2008, con 11.793 puntos. Esto quiere decir que la crisis del crédito que se produce a partir de 9 de agosto del 2007, va comenzar a manifestarse en la realidad global de la economía del consumo, un poco más de 9 meses después. Entre tanto, no se sabía oficialmente cual era la importancia del huracán financiero que se estaba produciendo. Lo que sí de sabia es que el dólar continuaba perdiendo valor con respecto al euro y que el oro continuaba a apreciarse. Es asi que a principios de marzo del 2008, el oro valia 1.000 dólares la onza y que el euro estaba a 1,60 de dólares.

Es en vistas a una crisis del dólar que el Secretario del Tesoro, Hans Paulson, organiza à Tokyo, el 17 marzo del 2008, un acuerdo, entre los grandes Bancos centrales. Se trataba de sostener el dólar, en caso de una frgilizacion demasiado importante. Y es precisamente lo que va a producirse el 15 de julio del 2008. Entonces, para evitar el hundimiento de la moneda del Tio Sam, los grandes Bancos centrales compraron dólares. De tal manera que el euro va pasar del 1,6038 dolares el 15 de julio, al 1, 2335 el 27 de octubre del 2008. En lo que se refiere al precio del oro, sabemos que le 17 de marzo del 2008, l'onza de oro llegó a valer 1.032 dolares y que el 24 de octubre de este mismo año, la onza de oro bajo hasta el nivel de 682 dólares. En la época los Acuerdos de Washington, entre los Bancos centrales de los países ricos, de septiembre del 1999, les permitió vender oro sobre el mercado internacional. Recordemos que este Acuerdo fue renovado en septiembre del 2004 y duró hasta septiembre del 2009 y permitió evitar la remonetizacion del oro, en el momento de la gran contracción de los intercambios sobre el mercado internacional, que se produjo durante el segundo semestre del 2008, como lo acabamos de señalar.

Fue, por lo tanto, esta compra masiva de dólares – por los grandes Bancos centrales, como la BCE, la Banca Central del Japón, la Banca de China, la Banca central de Inglaterra, la Banca Nacional Suiza, etc., etc. – que va a provocar la gran contracción del mercado internacional que conocimos durante el segundo semestre del 2008. Es importante tener en cuenta también que durante este periodo los Bancos centrales occidentales, van a vender también oro. Se trató, por lo tanto, en ese entonces, de salvar el reino del dólar, por un lado, y de evitar la remonetizacion del oro por el otro lado. Sin embargo, para explicar esta crisis, el discurso dominante habló entonces de la bancarrota de Lehman Brothers, como la causa de esta gran contracción. Pero si miramos bien las cosas, nos damos cuenta que esta banca de Wall Street, se declaró en quiebra el 15 de septiembre del 2008. Y en ese entonces, el índice del transporte marítimo, al cual hemos hecho referencia – el BDI – estaba ya en un estado de contracción muy avanzado. En efecto, como ya lo subrrayamos, el momento más alto de ese índice fue el 20 de mayo del 2008, con 11.793 puntos. El 15 de julio del 2008 su nivel fue de 10.100 puntos. Luego el 14 de septiembre del 2008 – el día antes de la bancarrota de Lehman Brothers, este índice estaba a 2.468 puntos. Luego, el 25 de septiembre del 2008, su nivel fue de 2.170. En todo caso, el máximo de la contracción del transporte marítimo se produce el 5 de diciembre del 2008, con 663 puntos. Esto quiere decir que la gran contraccion se produjo entre le 15 de julio y el 5 de diciembre del 2008. Por consiguiente, esta reducción brutal del inrercambio sobre el marcado internacional, no fue le resultado de la bancarrota de Lehman Brother, como lo sostiene el discurso dominante. Fue más bien la consequencia de la deflación del dólar, provocada por las grandes Bancas centrales. En todo caso, esta contracción fue de algo asi como el 95%. Lo cual no se había visto en la historia moderna.

Puesto que la contracción del mercado internacional, en el 1932, con respecto al 1929, fue de 60%.

En lo que al BDI se refiere, no es inútil recordar que los planes de reactrivación económica que se ponen en marcha a partir del celebre G20 de Londres, del 2 de abril del 2009, va permitir un aumento importante de ese índice. De tal manera que el 2 de del 2009, su nivel fue de 7.700 puntos. Y desde entonces asistimos a una contracción del nivel del intercambio internacional. De tal maner que desde principios de este año 2011, este índice se mantiene alrededor de 1.600 puntos.

Pero antes de echarle una mirada al phenomeno de los países emergentes, hay que tener en cuenta que la reunión del G20 de Londres da nacimiento a una nueva medida: al hecho que los fondos de inversión - las obligaciones privadas y públicas – pueden declararse según su valor nominal y no según su valor real. Se pensaba entonces que el hecho de declarar esos fondos según su valor real, había sido una de las causas de la crisis que se estaba viviendo. De tal manera que la contabilización de esos fondos según su valor nominal, no podía más que evitar la agravación de la crisis. Actualmente, como ya veremos más adelante, esta política es sin duda una de las causas principales de la crisis bancaria que conocemos. En efecto, no se sabe exactamente cual es el nivel de implicación de tal o cual banco en la crisis de la deuda soberana de tal o tal país. Pero sí se sabe que esas instituciones están implicadas. De tal manera que los inversores en bolsa huyen los valores bancarios.

Dicho esto, pasemos a ver el fenómeno de los países emergentes. Cuyo modelo son los países del BRIC: Brasil, Rusia, China e India. En el caso de America Latina recordemos que le 2001 fue el año del hundimiento de la economía argentina. Sabemos que al fin de ese año, Brasil tenía la deuda más importante del mundo: algo asi como 250 mil millones de dólares. A fines de Agosto del 2011, las reservas de ese país eran de 352 mil millones de dólares. Además la deuda exterior de ese país ha desaparecido. En algunos de esos países emergentes, la deuda exterior continúa existiendo, pero es marginal. Como ya lo señalamos, este fenómeno es el resultado, en primera instancia, de la apreciación efectiva del euro que va a conducir a la depreciación del dólar. Recordemos que a principios del 2002, el euro valía 0,95$. Luego que a principios del 2005, el euro rondaba por el 1,43$. En fin, que el 15 de julio del 2008, el euro llegó a valer 1,6038$.

Ademas, hay que tener en cuenta que, en segunda instancia, la crisis de las hipotecas locas no toca a los países emergentes. Puesto que los bancos de esos países, no tenian aún los medios para invertir en ese dominio, que se consideraba, entonces, como una ganga para los países ricos. Pero estas naciones se metieron rápidamente a aumentar sus reservas. Puesto que durante este periodo, el valor de las exportaciones de esos países aumentó considerablemente.El Brasil es, a ese nivel, un ejemplo significativo. En efecto, antes del 2002 el valor de las exportaciones de ese país, no llegaba a los 60 mil millones de dólares. A fines del 2010 el valor de las exportaciones del Brasil fue de casi 200 mil millones de dólares.

El caso de China es paricularmente significativo a ese nivel. El proceso de liberación de las fuerzas productivas comienza en ese país, como ya lo indicamos, en 1980 con Deng Tsiao Ping. Pero el boom de las exportaciones, comienza a producirse a partir del 2002. Para darse una idea de la magnitud del fenómeno, hay que tener en cuenta, en el caso de este país, del excedente comercial. En efecto, en el 2002, el excedente comercial chino fue de 30 mil millones de dólares, en tanto que en el 2010, este excedente fue de 325 mil millones de dólares. Claro esta, no se puede comprender este fenómeno si no se tiene en cuenta el hecho que los países occidentales habían conocido el maremoto de la crisis de las hipotecas subprime, llegado de los Estados Unidos. De tal manera que vamos a asistir al hecho que la China es a partir del 2009, la primera potencia exportadora del mundo.

Esto quiere decir concretamente que es en el 2009 que la China rebasa el valor de las exportaciones de Alemania. En efecto, en el 2009, Alemania exporta por 993 mil millones de dólares, en tanto que el valor de las exportaciones de China fue ese año de 1.190 mil millones de dólares. Constatamos el mismo fenómeno en el 2010, con la diferencia que este año el valor de las exportaciones chinas – 1.578 mil millones de dólares - , sigue el de los Estados Unidos, con 1.278 mil millones de dólares. Alemania se situa, este año, en tercer lugar, con 1.269 mil millones de dólares.

El hecho es, por consiguiente, que la China acumula reservas considerables, que fueron en junio del 2011 de casi 3.200 mil millones de dólares. Y esto sin tener en cuenta las reservas de Hong Kong que son del orden de 300 mil millones de dólares. Ahora bien, el problema que presenta este estado de cosas, es el hecho que los países emergentes controlan actualmente, algo asi como el 80% de las reservas en divisas del mundo. Lo cual presenta el problema de la eminencia de una crisis de las obligaciones públicas. Lo cual quiere decir que los países emergentes pueden encontrarse de un día a otro con montañas de bonos públicos de las antiguas grandes potencias, que no valdrán ya más nada. A la crisis de los activos privados - de las hipotecas locas -, tiene que seguir, lógicamente, la crisis de los activos públicos, de los bonos de los Tesoros de las antiguas grandes potencias. Esto quiere decir que la crisis de la gran contracción, de los intercambios sobre el mercado internacional, que conocimos durante el segundo semestre del 2008, es un fenómeno que se añade a la lógica de ese proceso.

Actualmente, en todo caso, quienes detienen el oro son las grandes potencias de ese ayer que todavía no es un pasado simple. Las nuevas potencias, los países emergentes, tienen principalmente reservas en bonos públicos, como lo acabamos de subrayar. Si tomamos el caso de China, por ejemplo, nos damos cuenta que ese país posee actualemente en reservas, 1.045 toneladas de oro y 3.200 mil millones de dólares en bonos públicos. El hecho es que la China no puede, por ejemplo, vender esos bonos, para comprar oro, si provocar el hundimiento de esas reservas. De ahí la posición prticularmente delicada de las potencias emergentes. Caro está, la situación del Brasil es la más delicada de todas, porque ese país sólo posee 38 toneladas de oro y, como ya lo vimos, 352 mil millones de dólares en reservas, en bonos del Tesoro de los Estados Unidos principalmente.

Desde este punto de vista, las reservas rusas están mejor protegidas. En efecto, Rusia posee actualmente 775 toneladas de oro y 531 mil millones de dólares en reservas. Esta ponderación es aun más importante en el caso de la India. En efecto, ese país posee 614,8 toneladas de oro y 318 mil millones de dólares en reservas. Esto quiere decir que, de una manera general, los países del extremo oriente, los países latinoamericanos y los países árabes del golfo pérsico, son los que más sonstienent el dólar. Pero como ya lo indicamos, este apoyo es particularmente peligroso, en la medida en que vamos hacia el fin de este sistema, que dura desde el 1933.

De una manera general el privilegio exorbitante, según Barry Eichengreen (Paris, 2011, p.229) procura a los Estados Unidos anualmente algo asi como 1 billon de dólares. En todo caso se sabe que entre 2000 y 2010 el déficit comercial de los Estados Unidos fue de 6,1 billones de dólares. El hecho es que este edificio puede irse al traste, si se produce la crisis de los bonos públicos. Se piensa que la crisis de los activos públicos de los Estados Unidos, puede producirse como consequencia de la crisis del euro. Es asi que la China que controla actualmente algo asi como 650 mil millones de euros, y peude decidirse a comprar oro para evitar la perdida de valor de esas reservas. La subida del metal amarillo que esta política tiene que producir no puede más que provocar un pánico sobre el mercado de este metal y conducir a la remonetisación del oro. Por consiguiente, al hundimiento del valor de los bonos del Tesoro de los Estados Unidos.

En <u>La Etica de Nicomaco</u>, Aristote nos había explicado que no hay vida social sin intercambio. Intercambio sin igualdad, e igualdad sin medida comun.(V,14). Y el problema que tenemos desde hace 78 años, como ya lo indicamos, es que una divisa nacional juega el papel de moneda internacional. He aquí la causa principal de la crisis universal que conoce nuestro momento histórico. No es por lo tanto una casualidad, si los Estados Unidos fueron el epicentro de la crisis del crédito que conocemos desde el 9 de agosto del 2007.

Ahora bien, el epicentro de la crisis de los bonos públicos, es el espacio del euro y particularmente los países periféricos de este espacio monetario. Por lo tanto, conviene preguntarse el porque de la existencia de este fenómeno. Como ya lo vimos, a la base de esta crisis está la política según la cual l'union monetaria no puede más que llevar a la unión política. Esta creencia esta à la base de los fondos europeos y particularmente de los fondos estructurales. Los cuales van a aparecer con el Acto Unico del 17 de febrero del 1986. Por lo tanto, poco después del ingreso de los países ibéricos en la Comunidad Europea.

Los principales beneficiarios de estos subsidios fueron, entonces, en orden de importancia: España, Grecia, Portugal e Irlanda. De tal manera que durante 20 años – entre el 1986 y el 2006 -, estos países recibieron subsidios colosales. Antes de la aparición efectiva de la moneda única – el 1ero de enero del 2002 -, esos subsidios se convertían en reservas. Pero a partir del 2002, los países contribuidores netos – Alemania, Francia, Italia y Holanda principalmente – envían euros que irrigan las economías de los países beneficiarios. Esto lo vemos claramente en el caso de España. Esos flujos monetarios van a aumentar de una manera significativa la base monetaria y por lo tanto la tasa de inflación. De tal manera que no solamente hay abundancia de crédito en esos países, si no que además las tasas son negativas en términos reales. Puesto que si la tasa de crédito de base es de 3,5% y la tasa de inflación de 5%, metamos, esto nos dá un tipo real negativo de 1,5%.

Es precisamente esta abundancia de crédito que explica el boom inmobiliario de esos años, entre el 2002 y el 2006. En realidad esta abundancia de dinero y de crédito duró hasa el 2007. Esto dado que muchos projectos de infra estructura tenían retrasos y los subsidios no habían sido pagados con la puntualidad necesaria. Esta demora explica el hecho que el fin de la bonanza para esos países, comienzaen el 2008.

A ese nivel las estadísticas españolas son muy claras. En 2007, el superávit de las cuentas públicas fue de 23,3 mil millones de euros. Ademas, fue este año que España tuvo el déficit exterior mas importante de su historia, casi 100 mil millones de euros. Por consiguiente, es a partir del 1ero de enero del 2007 que los países periféricos de la zona euro dejan de cobrar las sumas importantísimas que recibían, por medio de los fondos estructurales. Pero es a partir del año siguiente que los efectos negativos de este cambio comienzan a producirse. Puesto que son los países de Europa Central los que van a ser los nuevos beneficiarios de esos fondos.

De tal manera que la política de subsidios europeos, convirtió a los países periféricos de la zona euro, en economías artificiales de consumo, que se hundieron cuando esos subsidios dejaron de llegar. Es asi, por ejemplo, que España pasa de un excedente presupuestario de casi 2% del PIB, en el 2007, a un déficit de 12% en el 2009. Constatamos el mismo fenómeno en el caso de Grecia y Portugal.

Irlanda es un caso particular. En efecto, la crisis irlandesa no fue el resultado del aumento del déficit exterior, si no más bien la consequencia de la decisión política de su Primer Ministro Brian Cowen. El cual decidió, el 30 de septiembre del 2008, de garantizar al 100% los fondos y los depósitos de los bancos irlandeses. Ahora bien, hay que tener en cuenta que estos bancos invirtieron durante la época de la bonanza – entre el 2002 y el 2007 – sumas considerables, en los activos ligados a la hipotecas subprime estadounidenses. De tal manera que esa decisión del Primer Ministro irlandés, convirtió la deuda privada en deuda pública. El hundimiento de esos bancos – con perdidas de algo asi como 75 mil millones de euros -, provocó el hundimiento del país.

Sin ese accidente, Irlanda no hubiese conocido esa crisis. En efecto, ese país desgaja exedentes muy importantes. En 2010 el excedente comercial de ese país fue de 36,5 mil millones de dólares. Esta es, en efecto, la diferencia entre Irlanda y los otros países periféricos del espacio euro. Conviene, sin embargo, comprender que este excedente comercial es el resultado del hecho que Irlanda practica un impuesto sobre las empresas que está aún muy debajo de la media del espacio euro. Antes del 2008 esta media era de 33,5%, en tanto que Irlanda práctica un impuesto de 12,5%.

En todo caso, todo indica que Irlanda tiende a enderezar su economía. Esto se ve claramente, si se mira la tasa de riesgo país – en inglés: "spread" – del bono de 10 años de este país, como el de Grecia y Portugal, con el bono alemán de la misma medurez. Se pude además obsevar que actualement – principios de octubre del 2011 – el valor real de los bonos de 10 años irlandés, es muy inferior al bono de diez años griego o portugués. Por lo tanto no se puede comparar la situación crítica de este país con la de Grecia o Portugal. Claro está, esta diferencia no se puede comprender si no se tiene en cuenta el problema de la disparidad del impuesto sobre las empresas que practica Irlanda, desde unos quince años, a la cual acabamos de hacer referencia. Y es justamente esto lo que explica las inversiones de las multinacionales, sobre todo estadounidenses, en ese país y por lo tanto su considerable excedente comercial.

El hecho es que Grecia y Portugal, se encontraron rápidamente con un endeudamiento muy elevado. En el caso Griego, por ejemplo, esta deuda es del orden del 140% del PIB. Más precisamente de 350 mil millones de euro, a fines de septiembre del 2011. Además, este país ya no puede refinanciarse sobre el mercado internacional, desde el mes de abril del 2010. Esto, por el simple hecho que los mercados piden una tasa de remuneración muy elevada. Cerca de 25%, por le bono de 10 años. Es por eso que la Comisión Europea, más la BCE y el FMI le acordaron, el 10 de mayo del 2010, un empréstito de 110 mil millones de euros, por tres años, con una tasa de interés baja, de 5,5%. Esto, en cambio de medidas de reducción de los gastos públicos y de los salarios, asi que del aumento de la fiscalidad, en vistas del regreso a un déficit público de 3% del PIB. Pero estas medidas de austeridad no han hecho más que degradar la situación interna. Esto al punto que desde el 21 de julio del 2011, se ha projectado un nuevo plan de ayuda de 109 mil millones de euros. Y a pesar de todo esto, Grecia está cada vez más al borde le ma bancarrota.

En todo caso, constatamos que esos países muy endeudados – caso particularmente de Grecia y Portugal – tienden a hundirse en la penuria monetaria. Y es precisamenre esta problemática que no ha sido suficientemente analizada por los especialistas. Más precisamente, el hecho que el sistema de la moneda única – caso del franco de las antiguas colonias francesa de Africa y del euro – favorece a los países excendentarios y penaliza a los países deficitarios. Este fenómeno fue ocultado durante la época de los subsidios – entre el 2002 y el 2007 -, bajo el reino de la moneda única. En efecto, como ya lo indicamos, entoces se hablaba en esos países de sobreabundancia monetaria. Pero con la reducción drástica de esos subsidios, asistimos a un fenómeno de penuria monetaria, que es el resultado del hecho que el déficit exterior implica necesariamente salida de moneda. Luego que esta penuria tiende a aumentar, como consequencia de la falta de refinanciameiento.

Esto hace, por consiguiente, que la penuria monetaria y el asecamiento del crédito son el resultado: 1) De la falta de posibilidad de emisión monetaria. 2) De la salida de moneda, como consequencia del déficit exterior. 3) De la falta de posibilidad de refinaciamiento exterior. En realidad, los préstamos de la zona euro, del FMI y de la Comison Europea – de la Troika, para resumir -, no permite más que servir la deuda, esto es pagar los intereses y el principal. Puesto que cuando se reembolsa el principal, se paga según su valor nominal. Por lo tanto, esto independientemente del hecho que en el mercado secundario, su valor real sea muy inferior. Es asi, por ejemplo, que el valor real, en el mercado secundario, de los bonos de diez años griegos (100 euros en valor facial) valía, 26,2 euros, el 10 de noviembre del 2011.

Constatamos el caso contrario, con los países excedentarios. En efecto, estos países tienen la posibilidad de emplear sus excedentes para comprar a la BCE el derecho de emitir moneda. De aumentar su base monetaria. Luego, además, estos países reciben euros de las naciones deficitarias. Y por encima de todo esto, estas sociedades tienen la posibilidad de refinanciarse a bajo precio sobre el mercado internacional. En el caso de Alemania, el bono de 10 años (el bund) tiene en estos momentos – 11 de noviembre 2011 - una tasa de remuneración de menos de 2%, 1,80% más exactamente. Esto quiere decir, por consiguiente, que la abundancia de la base monetaria, permite a su vez profusión de crédito. De ahí, la diferencia cada vez más importante entre los países excedentarios – a nivel de la liquidez y del crédito – entre los países excedentarios y los países deficitarios.

Y est proceso tiende a acentuarse. Si miramos el caso de la relación comercial entre Francia y Alemania – entre la primera y la segunda economía del esapcio euro -, constatamos que la diferencia, entre la capacidad productiva del uno y del otro, tiende a aumentar. Es asi que hace diez años las exportaciones francesas representaban el 55% de las exportaciones alemanas, actualmente solo representan el 40%. Otro dato importante, en ese dominio: en el 1998 la parte de los productos franceses en el mercado de la zona euro era de 17%, en 2010 solo fue de 13%.

Podemos, además, constatar ese proceso de degradación a nivel de la balanza comercial francesa. En efecto, sabemos que en el 1998 – el año en que se fijó irrevocablemente la paridad entre las monedas nacionales -, la balanza comercial francesa, con respecto a Alemania, era positiva de 20,7 mil millones de euros. En 2004, esta balanza ya era negativa de 4,7 mil millones de euros. Y en el 2011, todo indica que esta balanza será negativa del orden de 75 mil millones de euros.

¿Cómo explicar esa inversión? Ya hemos indicado que la causa primera de esa inversión, es el hecho que Alemania posee, gracias a su geografía, una trastierra (*hinterland*) económica muy importante. Por lo tanto, con los países del Este, cuyos salarios son muy bajos y que además tienen una capacidad productiva y de trabajo muy importante. El sistema del subcontrato, en la realización de partes y elementos, en la industria del automóvil, por ejemplo, permite comprender este nuevo modo de producción, esta nueva disión internacional del trabajo. De tal manera que diferentes partes del automóvil son producidos del otro lado de las fronteras alemanas, con costes de producción bajísimos. Luego se produce el ensemblado en Alemania, y esto productos son exportados como "*made in Germany*". Ahora bien, algunos especialistas piden actualement que estos productos sean estampados "*made by Germany*", para indicar la diferencia.

Recordemos que en este lapso de tiempo, la industria del coche francés sigue practicando las delocalizaciones. Es decir, esta forma dela division internacional del trabajo que ya pertence al pasado. Pero que produce desindustrialización. Por lo tanto, Alemania va descubrir poco a poco esta nueva forma de producir, al lado mismo de sus propias fronteras.

Y es justamente este sistema que se va a desarrollar considerablemente sobre todo a partir de fines d mayo del 2004. Es decir, a partir de la libre circulación de los ciudadanos y de los bienes de eso países en Europa Occidental. Lo cual va explicar el salto delante de las exportaciones alemanas ese año. En efecto, las exportaciones alemanas van a pasar en 2003, de 780 mil millones de dólares a 942 mil millones en 2004.

Y es justamente este salto delante de las exportaciones que va a poner la economía alemana en una posición muy ventajosa, con el aumento de su base monetaria y de las posibilidades de crédito. Mientras tanto, las otras dos grandes economías del espacio euro – Francia e Italia – tendían a experimentar déficits comerciales cada vez mas importantes.

Desde julio del 2011 asistimos a la fragilizacion de la deuda italiana. Por lo tanto de la deuda de un país que es uno de los grandes contribuidores de los fondos europeos. En efecto, antes de esta crisis, como ya lo subrrayamos, el problema de la deuda soberana, no tocaba más que los antiguos beneficiairios de los subsidiod europeos. Con la crisi italiana, es en realidad el tercer contribuidor que es impactado. Recordemos simplement que por el programa 2007-2013, la contribución alemana es de 9,8 mil millones de euros, la contribución francesa es de 7,5 mil millones de euros, la italiana de 4,8 mil millones de euros y, en fin, la holandesa de 3,1 mil millones de euros.

Esto quiere decir, por lo tanto, que con la crisis de la deuda italiana, tocamos el centro mismo del dispositivo europeo. Lo cual quiere decir que si esta crisis se agrava, Italia dejará de contribuir a los fondos europeos que benefician actualement, particularment, a los países del Este. Polonia, por ejemplo, recibe actualement 9,5 mil millones por año. Est quiere decir que la destabilizacion de Italia, puede producir une extensión de la crisis hacia los países de la Europa Central y Oriental (PECO). Pero sobre todo, hay que tener en cuenta que la deuda italiana es de casi 2 billones de euros. Lo cual no puede encontrar solución dentro del sistema actual. Porque Italia, como España, es muy grande para caer, como se dice.

Es por esto que la BCE ha intervenido – desde principios de agosto del 2011 – comprando títulos de la deuda de estos países en el mercado secundario. Pero estas intervenciones no solucionan nada. Lo que hacen es calmar el mercado por un momento. Entre tanto, el contexto económico de esos países continúa degradándose, según la lógica que acabamos de explicar: aumento del déficit exterior, incremento de la tasa de remuneración de las obligaciones públicas y elevación de la rareza de la moneda y del crédito.

Además, hay que tener en cuenta que este proceso negativo es contagioso. Porque todos los países del espacio de la moneda única están interconectados. En algunos caso la relación es más estrecha que en otros. Por ejemplo, si Portugal se encuentra en la imposibilidad de continuar sirviendo su deuda, es lógico que el sistema financiero español sera muy afectado. Esto, dado que las instituciones financieras españolas – bancos, cajas y aseguros – poseen la parte más importante de la deuda portuguésa. Lo mismo podría suceder en Francia, si Grecia se encuentra en condiciones de impago de su deuda. Claro está, la situación seria peor si Italia se encontrase en situación de no poder pagar su deuda. En este caso, no hay vuelta de hoja, es la totalidad dela cominidad Europea que se encontraría, de pronto, en condiciones de bancarrota.

Para dar una idea de la fragilidad de la situación, hay que recordar que el 21 de julio del 2011, el 10 años griegos se vendía a 51,2€ en el mercado segundario, el 10 años portugués a 54,3€, el 10 años español a 96€ y el 10 años italiano a 92,9€. La intervención de la BCE, comprando títulos sobre el mercado secundario, logró cambiar el ambiente. Pero como señalan los alemanes, no es este el papel de la BCE. Su papel es el de prestar a los bancos que no logran refinanciarse en el mercado de capitales. De tal manera que la BCE se está transformando en una *"bad bank"*, en una banca de fondos podridos.

Es, justamente, para evitar esta situación que las autoridades franco-alemanas han lanzado lo que se llama un Fondo Europeo de Estabilidad Financiera (FEEF). Este fondo de 440 mil millones de euros, fue puesto en marcha el 10 de mayo del 2010, con motivo del primer plan de ayuda a Grecia. Conviene, sin embargo, tener en cuenta que este fondo está basado sobre empréstitos que cada pays miembro de la zona euro obtiene. Claro está, cada nación obtiene ese dinero, vendiendo sus bonos públicos. De tal manera que cada país paga, según su tasa de riesgo país. Por ejemplo, actualmente – principios de noviembre del 2011 – Alemania paga menos de 2%, en tanto que Italia tiene que pagar alrededor de 7%. Y puesto que desde el 21 de julio del 2011, el préstamo a Grecia ha pasado de 5,50% a 4,50%, esto quiere decir que Alemania gana más de 2,50%, en tanto que Italia pierde algo asi como 2,50%. Por consiguiente, este sistema de ayuda a los países que ya no pueden financiarse sobre el mercado internacional – por el momento: Grecia, Irlanda y Portugal -, es más bien una manera de fragilizar a los que comienzan a tener dificultades. Y es, precisamente, lo que se pudo observar a partir de fines de julio del 2011, cuando Italia y España comenzaron a tener problemas de refinanciación. De tal manera que la BCE tuvo que intervenir comprando bonos Italianos y Españoles. Pero de nuevo constatamos que los bonos italianos se fragilizan. Por ejemplo, el 10 años italiano vale en el mercado secundario, en estos momentos – 11 de noviembre del 2011 – 84,7€. Lo cual quiere decir que esta política necesita muchos fondos, si se quiere detener la degradación de la deuda italiana y española. Sin olvidar la deuda de los países que ya están en la tienda de oxigeno. Es decir: Grecia, Irlanda y Portugal. Porque, entre tanto, sus bonos continúan perdiendo valor. Por ejemplo, el bono griego de 10 años vale en este momento – 10 de noviembre del 2011 - 27,3€ en el mercado sucundario.

Todo esto quiere decir que el Fondo de solidaridad europea, no es suficiente para detener la hemorragia. Puesto que de los 440 mil millones de euros, sólo quedan 250 mil millones. Dado que el resto ya ha sido utilizado para salvar a los que están bajo perfusión: Grecia, Irlanda y Portugal. Además a estas fechas – 12 de noviembre del 2011 – la BCE ya ha comprado por algo asi como 170 mil millones de euros, de bonos públicos de los cinco países a los cuales ya hemos hecho referencia. Mencionamos esta suma porque, normalmente, este Fondo europeo (FEEF) tendría que comprárselas a la BCE.

Todo esto muestra que este sistema monetario no es viable. Que la unión monetaria no puede llevar a la unión política. Que el federalismo no es el fin de la historia. Que, desde un punto de vista axiológico, la finalidad de la historia es la creación de una comunidad internacional de naciones, capaces de realizarse en la universalidad de las relaciones. De ahí, la necesidad de una nueva perspectiva, capaz de asegurar y promover esta finalidad: el imperativo cosmopolita.

Epílogo: Más allá del reino de la confusión de las confusiones.

Está claro que toda persona sensata, quiere poder rebasar las condiciones de nuestro mundo. Salir de esta época de crisis universal, en la cual cada día nos damos cuenta que el pozo en el cual nos encontramos es cada vez más profundo. Por que vivimos en un mundo sin perspectivas, en el cual todo es como andar al borde del precipicio. Como lo hemos indicado en este trabajo, el camino de la liberación pasa necesariamente por salir del orden monetario en el cual nos encontramos. La moneda es un fenómeno social total, nos explica Marcel Mauss, como ya lo indicamos.

Se trata, por consiguiente, de sobrepasar el imperio del patrón dólar, al nivel universal y del reino del euro al nivel regional. En lo que se refiere al dólar de los Estados Unidos, esta claro que no podemos seguir dentro del reino del privilegio exorbitante. Se trata, por consiguiente, de regresar al patrón oro universal. En el análisis de la historicidad de la ruptura con el patrón oro, nos dimos cuenta que el regreso al bimetalismo es fundamental. Al reflexionar la problemática de la reconstrucción de la lógica del ser social, nos hemos dado cuenta que lo universal debe condicionar sus particularidades. Los derechos tienen que estar supeditados a la idea de la justicia. En efecto, la justicia requiere que el igual sea tratado en igual y el desigual en desigual. El principio de la igualdad se impone por lo tanto, al nivel del derecho como a nivel de lo político. Este proceso es el objeto mismo de la realización de lo político.

Pero, el principio de la igualdad de posibilidades se impone también al nivel del intercambio entre las naciones. Y las condiciones de la igualdad de posibilidades, en el intercambio global, no pueden existir en un mundo en el cual la nación más rica del mundo detiene el privilegio de emitir la moneda internacional. La última política monetaria de la Reserva Federal, nos muestra hasta que punto esta institución puede continuar imponiendo su interés particular. Porque la sobre acumulación de reservas internacionales estaba, durante la primavera del 2009, conduciendo a la perdida de valor de los bonos del Tesoro de los Estados Unidos. Este fenómeno pudo haber producido la venta masiva de esos bonos y provocar la preferencia por el oro.

Entonces Ben Bernanke, el responsable de la Reserva Federal, decidió emitir la moneda para comprar bonos del Tesoro de 30 y de 10 años. Este programa de "quantitative easing" (QE1), de 300 mil millones de dólares, va lograr restablecer el valor real de esos títulos y mantener esta moneda barata con respecto al euro. Y esto sin provocar inflación a nivel interno. Puesto que este programa de emisión monetaria, no estaba destinado al mercado estadounidense.

En lo que se refiere a las reservas internacionales, hay que tener en cuenta, que han aumentado de una manera exponencial desde el regreso al reino del patrón dólar, el 18 de diciembre del 1971. En efecto, a fines del 1971, las reservas internacionales en US dólares, eran de 30 mil millones de dólares. A fines del 1996, estas resevas fueron de 996 mil millones de dólares. Actualmente esas reservas son de algo asi como 9,5 billones de dólares. Todo indica que el 75% de esas reservas están libeladas en dólares. Ya hemos visto el peligro inmenso que estas reservas representan para los países que las poseen. Puesto que si este papel se hunde, esos países se van a encontrar con montañas de bonos públicos – en dólares y euros, principalmente – que valdrán poca cosa, casi nada. Y como ya lo hemos visto, esos bons públicos pueden perder su valor en poco tiempo. Lo cual va a provocar desastres sociales de primera impotancia. Claro está, ese hundimiento será el principio de un nuevo llegar a ser. Por que es difícil pensar que la nomenklatura china pueda guardar sus privilegios, si se produce el hundimiento del valor de sus reservas en dólares y en euros. Los pueblos se levantaran contra lo que es, después de todo, el resultado de una incapacidad de previsión.

Los automatismos del mercado, el proceso mismo de la necesidad necesitosa, lleva ineluctablemente a la superación del reino del dólar. En este caso, el poder ser de la marcha de la facticidad, coincide con el deber ser del mundo. Claro está, el camino está sembrado de muchos tropezaderos. Ya hemos visto como en esta historia, los responsables han logrado sacar adelante este sistema. Los que están en la parte superior de la pirámide del privilegio exorbitante, siempre tienen una vista más amplia que los que están abajo. Los dominados siempre han sufrido de ceguedad. En cambio, los señores del mundo simpre han visto las cosas con muchísima claridad, e incluso se jactan cínicamente de ser muy superiores.

Pero en este juego de tontos, no hay mucha inteligencia. Puesto que no es difícil comprender que para el reino del dólar, la subida del valor del oro es muy peligrosa. Por esto, los responsables de Washington siempre han empujado los otros a venderlo. Y es este el sentido de los acuerdos de Washington de septiembre del 1999, al cual hemos hecho referencia. Se trataba en ese caso de impulsar los otros países a vender sus reservas, para evitar la remonetisación del oro y el fin del reino del dólar. Algunos vendieron más, caso del Reino Unido y de Francia. Otros vendieron menos, fue el caso, por ejemplo, de España que entre 2005 y 2007 vendió 240 toneladas. (El Pais, Semanal, 23-05-2010, p. 52).

Pero llegará un momento en el cual, los protagonistas de esta larga historia, no encontrarán más salida que dejar que el mercado – el sistema de nuestras necesidades, decía

Hegel – pueda operar su obra de reconstrucción histórica. Puesto que el regreso del patro oro implica necesariamente el fin del privilegio monetario exorbitante del dólar. Lo cual permite a los Estados Unidos no solamente, commo ya lo subrrayamos, de consumir une parte importante de las riquezas del mundo, sin cotrapartida real, si no también de poder determinar la economía, la política y el derecho internacional. Barry Eichengreen, de la Universidad de Berkeley, considera que el benficio contable de este privilegio monetario puede ser del orden de 1 billon de dólares par año. (Un privilège exorbitant, Odile Jacob, Paris, 2011, p. 219).

Estas cifras no son exageradas, son más bien consevadoras. Hay que tener en cuenta, por ejemplo, que el déficit comercial del 2000 al 2010, fue de 6.111 millones de dólares y que en los últimos años, los Estados Unidos venden fácilmente 1 billon de dólares anuales en títulos de la deuda pública, de 10 y 30 años, sobre el marcado internacional. Por consiguiente, cuando se habla de este privilègio monetario, no hay que reducirlo únicamente al dercho de señoreaje. Hay que también contabilizar los déficits exteriores y el mercado de los bonos del tesoro. Claro está, como ya lo indicamos, este privilegio - por muy grande que es, y lo es efectivamente -, no puede resumirse a su parte puramente contable. Hay que tener en cuenta también esa posibilidad de poder condicionar la economía el derecho y la política. Como, por ejemplo, el hecho que desde 1960, los Estdos Unidos empujan a los otros miembros de la comunidad a vender oro, para evitar su aumento de precio y, por lo tanto, el fin del reino del privilegio exorbitante. Lo cual se produce, independientemente de estas presiones. Claro está, actualmente este sistema toca sus límites. El aumento del precio del oro, es una manifestación de este fenómeno, de la perdida considerable de valor de la moneda del Tío Sam. En efecto, este proceso debe des ser considerado como el de la rebertevración de este orden. Puesto que en este ordenaminto del mundo - en el cual una particularidad (una moneda particular) juega el papel de la moneda universalidal (de la metamoneda), es un universo que carece de una estructura suficientementemente consistente. De ahí su lado deliquesente, puesto que carece de vertebración, para utilizar este concepto de Ortega i Gasset. Lo cual es contrario a la lógica misma del ser social. Porque según esta lógica, lo universal es lo que tiene que manifestarse en toda paricularidad y toda particularidad tiene que sacar su consistencia de la universalidad ella misma.

Claro está, los responsables de Washington pueden siempre construir un frente para luchar contra esta tendencia a la perdida del valor del dólar. La caída del precio del oro que constatamos desde el 21 de septiembre del 2011, es la manifestación de esta política. Pero actualement, el instrumento más importante del que dispone la Reseva Federal para evitar el derrumbe del dólar, es la emisión monetaria, según la lógica del primer programa llamado

QE1. Puesto que el dólar puede hundirse por dos causas, ya sea la subida del precio del oro, ya sea une perdida de valor demasiado fuerte de los bonos del Tesoro. En efecto, el QE2 que fue puesto en marha, el 3 de noviembre del 2010, va alcanzar, con sus nuevos 600 mil millones ese objetivo, que es de evitar precisamente, la dépreciation de los bonos del Tesoro.

Se habla actualmente de la posibilidad de un nuevo programa de emisión monetaria (QE3). El hecho es que el segundo programa terminó a fines de junio del 2011, y ya se habla de un nuevo programa. Esto quere decir que la Reserva Federal esta dispuesta, como lo propone Paul Krugman a comprar todos los bonos del Tesoro que los países llenos de reservas estén dispuestos a vender. Lo fundamental desde el punto de vista de esta estrategia, es evitar que los bonos del Tesoro pierdan su valor. De tal manera que los programas de emisión monetaria (QE), tienen como finalidad del inundar el mercado internacional de dólares, para evitar el hundimiento de los bonos del Tesoro y la remonetizacion del oro.

Esta estrategia deberá permitir al Tesoro de los Estados Unidos, de continuar vendiendo sus bonos y a la economía de este país de continuar manteneiendo sus déficits exteriores considerables, al mismo tiempo que augmentarn su capacidad de exportaciones. Es justamente este tríptico que los Estados Unidos han logrado obtener en 2010. Por consiguiente: 1) Ventas importantes de bonos del Tesoro a largo plazo sobre el mercado internacional. 2) Baja del dólar con respecto a las otras monedas. 3) Aumento de las exportaciones. En lo qu al valor de la exportaciones respecta, hay que tener en cuenta que en 2010 el valor de las exportaciones delos Estados Unidos aumentó considerablemente. Sobrepasó este año el valor de las exportaciones de Alemania y el Tio Sam se convirtió, como ya lo indicamos, en la segunda potencia exportatrice del mundo, detrás de China.

Claro está, esta estrategia es muy simple para los Estados Unidos. Sólo consiste en hacer funcionar la imprenta de la Reserva Federal. Por esto, Bernake dijo, hace unos años, a los que creían que la Reserva Federal ya no podía encontrar más salida: Saben ustedes, ¡nosotros tenemos una maquina para hacer billetes! En la época – principios del 2009 – se pensó que Bernanke iba a producir billetes, para desparramarlos con helicópteros. Como la había expresado en su tiempo Milto Friedman. La verdad es que Bernanke ha adoptado por una estrategia más inteligente: producir moneda, no para provocar la inflación, si no más bien para comprar bonos del Tesoro sobre el mercado internacional.

Ahora, el problema es, a la altura de nuestras circunstancias: ¿Cómo salir de esta encrucijada? Actualmente, desde el punto de vista teorico, como del punto de vista práctico, sólo hay dos salidas: Ya sea la convención, ya sea los automatismos del mercado. Está claro que los países que tiene muchas reservas, en dólares – caso de la China, del Japón, de la Corea del Sur y del Brasil particularmente, que son miembros del G20 -, no aceptarán de perder lo que ellos consideran como un elemento fundamental de sus riquezas. Por lo tanto, este camino esta vedado a la convención. Sólo nos quedan los automatismos del mercado. Los cuales llevan necesariamente al aumento del precio del oro y a la perdida de valor, al infinito, del poder adquisitivo del US dólar. Eso no impide que el precio del oro pueda conocer momentos de regresión importantes, como el que se produjo en el 2008 – entre el 17 de marzo y el 24 de octubre del mismo año -, cuando la onza de oro pasó de 1.032$ a 682$. Algo similar se ha producido ultimamante, en septiembre 2011, cuando la onza de oro pasó de 1.921$ a 1559$. Pero lo cierto es que ya no veremos lo que se produjo entre el 21 de enero del 1980 y el 21 de enero del 2001. Puesto que durante este periodo, ese fenómeno fue el resultado de la de desmonetización del oro, como ya lo explicamos. Desde entonces se pueden producir acuerdos, organizados por Washington, para impedir el fin del reino del dólar. Como el Acuerdo de septiembre del 1999, que va a llevar a los bancos centrales de los países ricos a vender una parte de sus reservas oro, para evitar el hundimiento del US dólar.

No olvidemos que este Acuerdo tomó fin en el 2009, y desde entonces no ha sido reanudado. Pero todo es posible y esto puede conducir al hecho que los países que poseen reservas oro importante, pueden reanudar acuerdos de ese tipo. Claro está, esto implicaría una duración más importante del proceso de la crisis. Puesto que el regreso al patrón oro internacional, es la condición de la superación de la crisis global que conocemos.

Pero, como se dice, todo sistema rompe por su parte más frágil. Y es el euro, como ya lo veremos, la pieza más quebradiza del Sistema Monetario Internacional (SMI). Y dentro de este orden monetario la parte mas endeble es la deuda de los países periféricos y, más concretament, la deuda griega. Porque si Grecia se hunde en la bancarrota, el efecto dominó va a ser importante en el seno mismo de este espacio monetario. En efecto, esta ruptura puede provocar la deprciación del euro y el hundimiento del sistema bancario. Lo cual tendría que llevar a la nacionalización de los sistemas bancarios y al regreso de las monedas nacionales. Lo cual es, como ya lo indicamos, del orden del poder-ser y del deber-ser.

Conviene comprender que este proceso, por muy brutal que sea – y va a ser terriblemente violento – tiene que llevar a una nueva restructuración del orden del mundo. Porque el regreso a las monedas nacionales es conforme a la lógica del ser social. No puden haber particularidades sin una instancia superior, sin universalidad. Y como ya lo hemos subrayado, la moneda universal es el oro, y las monedas particulares tienen que estar, a travez de los derechos particulares, ligadas a esta universalidad.

En todo caso, el restablecimiento de esta universalidad monetaria es la condición de la reconstitución de la igualdad de posibilidades en la competencia internacional. El respeto del principio de la igualdad, es la exigencia suprema de los tiempos modernos. Curiosamente, es a partir de Atenas que este proceso puede llegar a manifestarse en la plenitud de su universalidad. Todo muestra que es vestida de nocturnidad que le ave de Minerva va emprender su vuelo, para anunciar una nueva aurora.

En todo caso, es importante comprender que el hundimiento del sistema bancario, tal como se profila en los países del espacio euro, no debe comprenderse como una manifestación de la desgracia en el mundo. Este fenómeno no puede más que llevar a la nacionalización de ese sistema y a la aparición de las monedas nacionales. Por consiguiente, a la evaporación del euro y a la desaparición de la deuda internacional de esos países. Ademas, es importante comprender que según la lógica del nuevo orden – de ese más allá del neoliberalismo -, la moneda hace parte de la cosa pública y el crédito tiene que ser considerado como un servicio público. De ahí, la necesidad de hacer la diferencia entre los bancos a carácter especulativo y los bancos de depósito y de crédito. Tal como lo había establecido, en los Estados Unodos, la celebre Glass-Steagal Act del 16 de junio del 1933. Como consecuencia de la Gran crisis de los años treinta. Claro está, se trata además de tener en cuenta que le objetivo de los sistemas bncarios, es de evitar el sobre endeudamiento de la personas físicas y morales. De ahí, la importancia de la tasa de usura impuesta por la ley, al mismo tiempo que la tasa de crédito de base.

La crisis de los bonos públicos es, como ya lo señalamos, el resultado de la política de subsidios. Que produjo economías artificiales, en el caso de los países periféricos. De tal manera que estas estructuras se convirtieron en verdaderas economías de consumo, como lo son los Estados Unidos, en donde el 70% del PIB proviene del consumo. El hecho es que en el 2007, por ejemplo, el déficit exterior español era el segundo más importante del mundo, después del de los Estados Unidos. Entoncés, la reducción de los subsidios, tuvo como efecto la aparición del fenómeno de la penuria monetaria. En esas condiciones la deuda pública, no hace más que agravar ese fenómeno. Es precisamente lo que constatamos actualmente en el caso de Grecia y Portugal.

Es sobre todo importante tener en cuenta la divergencia que se va a producir, en el seno de este sistema monetario, entre de un lado los países excedentarios y por el otro lado los países deficitarios. Los primeros – y pariculermante Alemania – van a conocer la abundancia monetaria y el desarrollo del crédito, en tanto que los países deficitarios se van a hundir en la penuria monetaria y en la rareza del crédito. De tal manera que la propagación de la crisis de la deuda, en los países deficitarios, no puede más que producir un encadenamiento de bancarrotas. Esto tanto más que le sistema bancario y financiero de estos países acababa de encajar el choque de los bonos podridos de la crisis hipotecaria de los Estados Unidos. Es totalmente absurdo pensar que la salida de esta crisis, pasa por el aumento de la fiscalidad de esas instituciones, cuyos fondos adolecen de valor efectivo suficiente. En todo caso, está claro que los bancos no son los productores de esta crisis. El sistema bancario es más bien la victima de este proceso. Pero el hundimiento programado del sistema bancario no debe llevar a la destrucción de las naciones. Lo que se pasó en Islandia en 2008 y en Irlanda en 2009, de la bancarrota social y económica, como consequencia del hundimiento del sistema bancario, es un absurdo total. De ahí, la necesidad de poner fin a los bancos universales: de depósito y de crédito, conjugados con prácticas especulativas. El caso de Jerôme Kerviel – en nenero del 2008 – con la Societé Général y el de Kekou Adoboli – en septiembre del 2011 -, con UBS, muestra hasta que punto la nacionalización del sistema bancario de depósito y de crédito es una necesidad.

En todo caso, para evitar el caos económico y social que va a producir la crisis de los bonos públicos, es necesario desactivar el sistema de la moneda única. Y para elle habría que tomar dos medidas. En primer lugar, reescalonar el principal de la deuda de los países sofocados por ese endeudamiento. Esto es retrasar el pago de la deuda por un año. Y en segundo lugar, permitir a la BCE de producir la moneda para depreciar el euro y para comprar los bonos de los países asfixiados en el mercado secundario. Se trata, por lo tanto, de seguir de una cierta manera, la política de la Reserva Federal, con sus programas de emisión monetaria. No es inútil recordar, en lo que se refier a la base monetaria del sistema del euro, que en enero del 2002 habían 613,5 mil millones de billetes de euros en circulación. Luego, el 30 de abril del 2008 había 669,6 mil millones de euros en circulación. Y a fines del 2010 había 807 mil millones de euros en circulación. El hecho es que el aumento de esta base monetaria, ha sido principalmente el resultado de la política monetaria de los países excedentarios. Los cuales tienen la posibilidad de comprar a la BCE, el dercho de aumentar sus bases monetarias. De tal manera que un programa como el QE2 de la Reseva Federal – en decir de 600 mil millones de euros – puede provocar una depreciación importantísima de esta moneda y dar respiro a los países sobreendeudados. Es de notar, a ese propósito, que actualmente muchos especialistes piden que la BCE se convierta en prestador en última instancia, como la hace la Banca de Inglatera y la Reserva Federal. De tal manera que la BCE pueda comprar, de una manera masiva, en el segundo mercado, los bonos públicos de los países sobreendeudados. Lo curioso del caso es que esta demanda procede de la casa de notación Standard & Poor's. (Le monde, 7-12-2011, p. 4). De tal manera que no es necesario ser muy osado para comprender que el sistema de la moneda única penaliza los países deficitarios y fortalece los países excedentariosn caso de Alemania principalmente. De ahí, la necesesidad de desactivar ese sistema y crear las condiciones de su superación.

Es precisamente, en el curso de este proceso de desactivación que cada país devra regresar a su propia moneda. Esto quiere decir que cada país podrá pasar a su propia moneda, con la paridad del 1 x 1 – un euro, un franco, o un euro, una peseta, etc., etc. -, para facilitar la operación. De tal manera que las cuentas de las personas físicas y morales pueden contabilizarse de un día a otro, sin crear dificultades. Claro está, luego cada moneda seguirá su propio curso. En esas condiciones, el euro perderá valor rápidamente, y esta pérdida de valor, implicará necesariamente, la reducción de la deuda soberana. Por lo tanto, la pérdida total del valor del euro, implicará la evaporación de esta deuda.

En esas condiciones, la crisis del euro tendrá una incidencia directa sobre los bonos del tesoro de los Estados Unidos. De tal manera que la crisis global de las obligaciones públicas, deberá provocar la preferencia por el oro del lado de las bancas centrales excedentarias. Lo cual deberá permitir el regreso al patrón oro, en tanto que instrumento del mercado internacional. Pero antes de aprofundizar este cambio en el orden monetario internacional, es importante hablar del problema de la deconstrucción de la Union Europea. Porque está claro que las naciones no pueden desaparecer. Las naciones, como ya lo indicamos, sont verdaderos productos históricos. Construidas a través de los siglos. El hecho es que las naciones son el fundamento de lo político. Es solamente en su seno que el projecto politico puede desarrollarse. Puesto que las naciones son el fundamento de la legitimidad política. Querer superar las naciones, por medio de la moneda, no puede llevar más que a la producción de monstros históricos. En todo caso, como ya lo subrayamos, la unión monetaria no puede llevar a la unión política. Esta dimensión ilusoria continua jugando un papel de primera importancia - como en la época del socialismo real, lo hacía el ideal comunista mismo, ese más allá del rio de mierda del cual habla Althuser, en su texto autobiográfico: <u>El llegar a ser dura mucho tiempo</u> -, pero su razón de ser es la negación de las sociedades en ellas mismas.

En todo caso, está claro que Italia no puede continuar subsidiando a los nuevos miembros de la Comunidad Europea. Polonia, por ejemplo, recibe 9,5 mil millones de euros por año. Y el mismo fenómeno vamos a constatar dentro de poco con Francia. Por consiguiente, los Estados deberán recuperar el producto de sus aduanas y sus aduanas ellas mismas. Los más frágiles deberán prcticar el protccionismo. Puesto que no hay que olvidar que el fin del reino del dólar, implica necesariamente el regreso al patrón oro internacional.

Esto quiere decir que el patrón oro internacional, deberá condicionar el intercambio sobre el mercado internacional. Lo que eliminará, una vez para siempre, las politicas de devaluación competititivas y de competencias desleales. Luego, las naciones podrán, al cabo de un periodo de transición, mas o menos larga, e instituir la plata como instrumento de garantía de la moneda destinada a los intercambios internos. En esas condiciones el bimetalismo podrá impedir el problema de la rareza de la moneda que se produjo durante el XIX, por causa del monometalismo. Y los países sin reservas podrán funcionar con monedas jurídicas, con monedas garantizadas por sus Estados.

Debemos, en todo caso, recordar que dentro del sistema del patrón oro, los países excedentarios tienen que funcionar en libre intercambio. En tanto que las naciones deficitarias, tendran practicar el protccionismo. Entonces, un Consejo de Segiuridad Economico podrá ser instituido en vistas de asegurar que los países excenentarios no atesoricen el oro y que los países deficitarios evitan de impotar más de lo que exportan. Los automatismos del sistema del patrón oro, aseguran normalmente la relación entre el libre intercambio y el proteccionismo. Pero recordemos que estos automatismos, no impidieron la manifestación de la política de atesoramiento del oro por los Estados Unidos después de la Primera Guerra mundial. De ahí, la necesidad de crear una institución capaz de dar cuenta de los niveles de reservas oro y de toda forma de competencia desleal. Como la existencia de paraísos fiscales y de fugas de capitales. Si estas condiciones son cumplidas, resulta evidente que este orden englobante es capaz de ser justo y eficaz, como lo señaló Karl Polanyi en su obra principal: <u>La Gran Transformacion</u>.

Dicho esto, conviene hacer la diferencia entre la regulación internacional y la regulación interna. El patrón oro es el gran regulador del comercio internacional. Permite precisamente, como ya lo señalamos, la regulación entre las sociedades excedentarias y las sociedades deficitarias. Dentro de la lógica de ese orden no podría existir, lo que constatamos actualmente, esa diferencia abismal entre las sociedades excedentarias – como Alemania, China, Japon y Corea del sur, por un lado - y sociedades deficitarias, como los Estados Unidos, Reino Unido, Italia y España, por el otro. Dentro del sistema del patrón oro, el indicador principal es el valor de las exportaciones de bienes y servicios. El valor de las exportaciones es, dentro de esa lógica, el criterio más simple para comprender el estado económico de una nación. Luego, desde un punto de vista interno, los responsables tienen que tener en cuenta el nivel de las reservs de oro. De esta manera, la realidad puede percibirse de una manera simple. Y la moneda dejará de ser una obsesión en la percepción de la realidad, como es el caso actualemente. De tal manera que el fin del desorden monetario que conocemos, debera implicar el regreso a la política y a la lucha por la justicia a nivel universal.

En efecto, en lo que se refiere a la regulación de las naciones en ellas mismas, la política es la potencia reguladora de las sociedades. Es decir, de los órdenes en los cuales el fenómeno individualista está más o menos desarrollado. Como ya lo indicamos, la política es un proceso que va del Estado de derecho a la comunidad de iguales. Recordemos que Aristote había ya subrrayado el hecho que el hombre es por naturaleza un animal político. Por lo tanto, ese proceso no es propio a tal o cual comunidad etno-cultural.

En todo caso, como ya lo indicamos, de un punto de vista teorico, el Estado de derecho, crea las condiciones de la *"isonomia"*, de la igualdad ante el derecho. Lo cual implica no solamente la igualdad ante el derecho civil y el derecho penal, si no además la igualdad ante el derecho del trabajo. De tal manera que no pueda haber por un lado, una parte de la sociedad que trabaja en el sector protegido y que beneficia de la seguridad del empleo, y por otro lado, el resto de la sociedad que padece de la inseguridad del trabajo. A ese nivel, el sociólogo y economista francés, Nicolas Baverez, nos dice que la sociedad francesa esta compuesta de 10 millones de personas que viven en el sector protegido, 15 millones que trabajan en el sector competitivo y 5 millones de marginalizados. Este orden, con sus grandes escuelas, es el modelo mismo de la sociedad dual, que tiende a ser rebasada por las exigencias de igualdad de nuestro momento histórico.

Este orden nomenklaturista va encontrar su regulador en la política económica keynesiana, que da la posibilidad de funcionar en déficit. Por lo tanto, de cubrir el déficit con la emisión monetaria o con una política de empréstitos, para poder pagar la sobrecarga del sector publico. A este propósito, hay que tener en cuenta que bajo el reino del patrón oro, el Estado tiene que funcionar en equilibrio del presupuesto público. Pero, para que ese equilibrio sea posible es necesario, como lo dice el artículo 30 de la Segunda Declaracion de los Derechos del Hombre, que las funciones públicas sean temporales. Es decir que los puestos públicos sean sometidos a contratos determinados en el tiempo, lo que se opone a la idea de los puestos vitalicios del antiguo régimen. De tal manera que el Estado crea puestos cuando los medios existen y los suprime cuando hay contracción de la actividad económica.

Esto quiere decir que el Estado de derecho crea las condiciones no solamente de la alternancia política, si no también de la alternancia administrativa. De tal manera a asegurar la movilidad vertical y a impedir la paralisis del asensor social. Que es precisamente lo que se pasa actualmente. Y que explica el hecho que la tasa de paro es mucho más elevada en la juventud que entre los mayores. En el caso de España, se sabe que la tasa de paro es más del doble en la generación 18-25 años que en las otras. Lo cual puede producir conflictos generacionales, como no lo hemos visto hasta ahora. Claro está, esto no tiene nada que ver con el caso de Cuba. En donde los puestos principales están ocupados por una gerontocracia al borde de la tumba. Esto debido a que en este sistema la movilidad vertical tiende a desaparecer, para llegar a la autoreproducción de los niveles sociológicos, a la castificación de las sociedades en ellas mismas. Y es esto, precisamente, lo que constatamos actualmente en Cuba como en Corea del Norte.

En todo caso, desde un punto de vista teorico, la justicia democrática, como lo había señalado Aristote – La Politica, VI, 2 – reside en la igualdad numérica. Lo cual quiere decir concretamente que el Estado democrático crea las condiciones de la igualdad ante el poder: la *"isocracia"*. Es decir que en el seno de este orden, uno vale uno y no más de uno. Se trata, por lo tanto, de una comunidad jurídica y no de una comunidad étnica, religiosa o cultural. "Qui se resemble, s'assamble" – quienes se parecen(los semejantes) se reúnen -, se dice en francés. Este principio envía a la comunidad étnica. Que ya había sido subrayado por Tocqueville en su texto sobre La Democracia en America y luego expresado como principio general por Carl Schmit (1888-1985), el filósofo del Fhürer, para sostenr la idea de la formación de grandes bloques, a partir del principio de la semejanza.

El proceso político, se realiza al interior de las naciones. Las naciones son las particularidades de la comunidad universal. Por consiguiente, la dimensión política se efectua plenamente en la comunidad de las naciones. De ahí, la necesidad que tienen las naciones de projectarse en la comunidad universal, para realizarse plenamente. Pero, antes de entrar en esta dimensión, hay que tener en cuenta que si bien es cierto que el Estado de derecho, se realiza en el Estado democrático, el Estado democrático construye sus potencialidades en el Estado de justicia. Y el Estado de justicia es este ordenamiento social en el cual se realiza plenamente la justicia contributiva y la justicia distributiva.

Por consiguiente, el Estado de justicia es una comunidad nivelada de iguales. Lo cual es contrario a lo que sa pasa actualmente. Se dice, por ejemplo, que durante los años sesenta el salario de los jefes de las grandes empresas era en los Esados Unidos, como en Francia, algo asi como 40 veces superior al salario de base de los obreros. Acualmente se habla de más de 400 veces. Lo cual muestra hasta que punto las desigualdades han aumentado. Constatamos, en todo caso, que las diferencias entre los ricos y los pobres es cada vez más grande en las sociedades occidentales. Las cuales se acercan cada vez más a lo que existe en los países que ayer no más se decían subdesarrollados. Acualmente hablamos de países emergentes. Los países del BRICSAM – Brasi, Rusia, China, South Africa y Mexico – son el modelo de estas realidades. En las cuales los ricos pagan muy poco impuesto directo. Lo que nos da particularmente el caso de Carlos Slim, el hombre más rico del mundo. Y esto, en una de las sociedades más desiguales del mundo, como lo había ya señalado el gran pensador Alexandre von Humboldt en su <u>Ensayo Político</u> <u>sobre las cosas de la Nueva España</u>, a principios del siglo diecinueve.

Por consiguiente, la justicia contributiva es uno de los instrumentos de nivelación social que existen. Sabemos, por ejemplo, que en la época de F. D. Roosevelt el nivel más alto de impuestos era de 90%. Actualemente en Francia, la parte mas alta es de 40%. Por todas partes constatamos el aumento de las desigualdades sociales. Puesto que para el saber dominante, la democracia es la manifestación de la ley de la mayoría. Y es justamente esta práctica, la que da nacimiento a las oligarquías liberales que conocemos, y donde florecen nomenklaturas y plutocracias.

Es esta evolución hacia las desigualdades que da nacimiento a los indignados, tanto en España como en Israel, en Chile y en los Estados Unidos. Las nuevas generaciones se dan como finalidad la ruptura con este mundo de la injusticia objetivizada, para dar nacimiento a una verdadera comunidad de iguales. Tanto al nivel de las naciones, como al nivel de la comunidad internacional. En vistas de una realización plena y entera, en la universalidad de las relaciones.

Lejos de esta sensibilidad el modelo de las grandes escuelas, que conocemos en Francia, en donde se empoyan los futuros nomenkaturistas. De esta clase que se dice universal y que pretende tener el interés general, como fin de su propia práctica. Los tiempos han cambiado, ya no es la pretención que determina la práctica política en el mundo. La acción política propiamente dicha, tiene un fundamento ético y su finalidad es la formación del Estado de justicia.

El mundo no es un viñar desvastado por jabalíes – para recoger la imagen de Benedicto XVI -, se trata más bien de este lugar encantador destrozado por la prepotencia y el cinismo de sus principales actores. En toda esta historia hay además mucha ignorancia, que se cuaja en el espíritu del tiempo. En las sociedades en las que las que la elite administrativa esta compuesta de permanentes, las alternativas se presentan como variantes de la percepción de esta minoría. Según la lógica del sistema político, según su versión clásica, los liberales son los que quieren – de una manera más o menos confusa – avanzar hacia la formación de la comunidad de ciudadanos, de la comunidad de iguales. En tanto que los consrvadores, son aquellos que quieren mantener los privilegios del antiguo régimen. Claro está el problema es que todo orden instituido es por esencia consevador. De ahí la necesidad de tener constantemente en cuenta la dimensión axiológica del llegar a ser del mundo.

Con la formacion del nomenklaturismo, las alternativas sociales se presentan ya sea como la manifestación de los intereses nomenklaturistas de izquierda, ya sea como la objetivación de los intereses nomenklaturistas de dercha. En todo caso, es la elite administrativa que produce la elite política. En tanto que en el orden liberal clásico, la elite política crea su propia elite administrativa.

La ruptura que se esta produciendo, a partir de la crisis actual, llevará necesariamente al restablecimiento del esquema clásico. De tal manera que las alternativas, se van a producir al nivel de la importancia del papel de la justicia contributiva y de la justicia distributiva. Recordemos que la justicia distributiva concierne los gastos de funcionamiento del Estado y los gastos sociales. Este concepto nos llega a travez de Aristóteles. En el mundo moderno se habla más bien de Estado Providencia.

El impuesto directo – Income tax, en Inglaterra a partir del 1842 -, va llevar a la aparición de la seguridad social (1880) bajo el gobierno de Bismark y más tarde a la aparición del Estado Providencia con el New Deal de Roosevelt. La conceptualidad aristotéleica, de la justicia distributiva, se va a manifestar en la obra de Bakunin, y de los anarquistas en general, de una manera abstracta. Decian que en el mundo postrevolucionario, la sociedad debía redistribuir según el principio de cada cual según su capacidad, a cada cual según su necesidad. Marx va utilizar también esta idea. Para él, es solamente cuando – como lo dice en su <u>Critica al Programa de Gotha</u> (1875) - se logre rebasar el horizonte estrecho del derecho burgues que los pueblos podrán escribir en sus banderas los principios de la justicia distributiva: de cada cual según su capacidad, a cada cual según su necesidad. Ahora bien, según el pensamiento aristotélico, la justicia correctiva, o la justicia relativa a los contratos, es el justo medio – lo equitativo, lo equidistante – entre la pérdida del uno y el beneficio del otro. El derecho realiza la justicia correctiva en el seno mismo de la sociedad civil.

Luego, la justicia contributiva, la fiscalidad, permite la realización de los gastos públicos: de un lado, para pagar a los que trabajan en el sector público, y por el otro lado, para sufragar los gastos de las personas en estado de necesidad. La justicia distributiva concierne precisamente estos gastos. Esto quiere decir que desde un punto de vista ético, los gastos de la función pública deben hacerse a partir del criterio de la capacidad de cada uno de contribuir al bienestar general. Por lo tanto, este criterio no puede ser eticamnte hablando, el merito, la semejanza, el amiguismo o el compadrismo.

Pero al mismo tiempo que se tiene en cuenta el criterio ético, hay que tener también presente al espíritu que para Aristóteles en democracia hay participación de todos a todas las funciones; mientras que en las oligarquías se trata de lo contrario. (<u>La Politica</u>, VII, 9). Esto, tanto más que en ese sistema, todos los ciudadanos tienen necesariamente que acceder, cada uno según su turno, a las funciones de gobernar y a las de ser gobernados. (Ibid., VII, 14).

Por consiguiente, se tiene que tener en cuenta el principio de la alternancia, tanto al nivel del espacio político, como a nivel del espacio administrativo. Ahora bien, como se puede comprender, la alternancia política está determinada por la ley de la mayoría, en tanto que l'alternancia en las funciones administrativas tiene que estar determinada por los contratos. De tal manera a poder asegurar, con la alternancia política, la movilidad vertical. Y, por consiguiente, de una manera general el principio de la circulación de la elites.

En lo que se refiere a los subsidios sociales, el criterio ético para Aristóteles, es que hay que acordar ayudas a los que están en estado de necesidad y no a aquellos que no tienen necesidad. Es por lo tanto, del concepto de la justicia distributiva que nos llega la expresión de cada uno según sus necesidades que Bakunin y Marx van a utilizar como lema revolucionario. En todo caso es por medio de la justicia contributiva y de la justicia distributiva que, según la teoría política, la democracia realiza el Estado de justicia: la comunidad de iguales a la cual hace referencia Aristóteles.

Pero como ya lo indicamos, la dimensión política se realiza plenamente en la comunidad universal de las naciones. De ahí, la necesidad de llevar a cabo las posibilidades contenidas en la comunidad de las naciones que hemos heredado. Puesto que no hay que olvidar que la Organización de la Naciones Unidas (ONU), refleja el orden de los vencedores dela segunda guerra mundial. En el Consejo de Seguridad, por ejemplo, había después de la guerra, cinco permanentes con derecho de veto: los Estados-Unidos, el Reino Unido y Francia por un lado, y por el otro lado, la Union Sovietica y la China nacionalista, como fuerzas secundarias. Recordemos que fue el 25 de octubre del 1971 que la China Continental remplaza la Taïwan en tanto que miembro permanente en el Consejo de Seguridad. Lo cual muestra hasta que punto esta institución no estaba determinada, en el momento de su creación, por el principio de la universalidad. En todo caso, como ya lo indicamos, los Estados Unidos no solamente tienen el privilegio de emitir la moneda internacional, si no que además tienen, debido a este privilegio exorbitante, la posibilidad de condicionar el derecho, la economía y la política internacional. De ahí, la necesidad de crear otros permanentes, aunque sea si derecho de veto, porque complicaría mucho las cosas. Como Alemania y Japón que ya estaban en el Consejo de Seguridad en la época de la Sociedad de Naciones. Habría, si embargo, que añadir algunas potencias emergentes como India, Indonesia y Arabia Saudita, en tanto que parte del continente más poblado. Luego añadir tres naciones africanas: Egipto, Nigeria y Africa del Sur. En fin, adicionar tres sociedades latinoamericanas, como Brasil, Argentina y Mexico.

En todo caso, el ensanchamiento del Consejo de Seguridad, deberá permitir de disolver las antiguas fuerzas de esa institución. Dado que se trata de pasar a una etapa superior, en la cual la Asamble General disponga de una eficacia superior. Y para ello es necesario que las decisiones de la Asamblea General sean asumidas por los miembros permanentes y no permanentes del Consejo de Seguridad.

Sería también necesario crear un Consejo de Seguridad Económica, cuya finalidad será de promover el intercambio entre las naciones. Evitando la existencia de paraísos fiscales y vigilando la relación entre las naciones excedentarias y las naciones deficitarias. Puesto que bajo el reino del patrón oro, la relación entre el libre intercambio y el proteccionismo deberá ser regulado de una manera englobante, según los automatismos de ese sistema. De tal manera que el FMI, como la OMC, deberán desaparecer. Dado que los automatismos del patrón oro deberán asumir esas funciones. El Banco mundial deberá, sin embargo, continuar jugando su papel de banca, para los países con dificultades de financiación. Bajo la dirección del Consejo de Seguridad Económica.

Claro está, según la lógica de este nuevo orden, el patrón oro universal deberá jugar un papel de primera importancia. En la medida en que el metal amarillo deberá regular el mercado internacional. Habrá, por lo tanto, que conformarse a esta limitación, porque el oro no puede a la vez garantizar los intercambios sobre el mercado internacional y garantizar las monedas nacionales. Estas deberán ser garantizadas por la plata. O simplemente funcionar sin ninguna garantía metalica. Es lo que llamamos las monedas jurídicas, porque sólo están garntizadas por los Estados que las emeten, como ya lo indicamos.

En efecto, la garantía oro de las monedas no puede más que provocar los ciclos de superproducción que conocimos en el siglo XIX. De ahí, la necesidad de remonetizar la plata. En lo que se refiere al organismo de emisión (del papel moneda), es más conforme a la idea misma de la moneda – como ya lo subrayamos: *nomisma*, en griego, de *nomos*, derecho -, el hecho que esta institución sea la Banca Central, puesto que este instrumento de medida hace parte de la cosa pública. Además, como ya lo hemos señalado, los bancos de depósito y de crédito, tendrán que ser instituciones públicas, para evitar toda forma de especulación. Sólo los bancos de inversión podrán jugar este papel. Además, como ya lo hemos dicho, el crédito debrá ser considerado como un servicio público. De manbera a evitar el sobreendandamiento. De ahí, la necesidad de establecer tasas de usura estricta.

De tal manera que el sistema, que deberá salir del neoliberalismo, podrá ser un orden justo y eficaz. Producto del liberalismo político y del liberalismo económico, este nuevo orden podrá asegurar la igualdad de posibilidades, a nivel de las naciones, como a nivel de la comunidad internacional. Recordemos que el principio de la libertad es el fundamento de la idea de la igualdad.

En todo caso, es importante comprender que le mal social no es el producto del intercambio, como lo pensaba Marx. Recordemos de nuevo que par él, la moneda y el valor de cambio son la manifestación de la venalidad y de la prostitución universal. En tanto que para Aristóteles, como ya lo indicamos, no hay vida social sin intercambio. Enl hecho es que esta dimensión negativa del intercambio internacional regresa de nuevo al nivel del discurso ideológico. Por eso se habla de desmondialización, como en la época de los años trienta del pasado siglo cuando el fascismo hablaba de autarquía. En los tiempos presentes, esta forma de consciencia no logra comprender que el mal no radica en el mercado, ni en la moneda como tal, si no más bien en la asimetría que se ha creado con el reino internacional de una moneda nacional. A ese propósito, no es inutil señalar que el economista escocés Barry Eichengreen, considera que este privilegio monetario, es el producto del desarrollo del mercado financiero. Para él, en los tiempos modernos son los Estados Unidos que posee este privilegio exorbitante. Mañana será el turno de otro país, quizás la China. En todo caso, el que domina el mercado financiero, es el que es capaz de ofrecer el máximo de liquidez.

Además, Eichengreen considera que este privilegio procura, en los últimos años, a los Estados Unidos algo asi como 1 billon de dólares anuales. (Exorbitant Privilege, Oxford Press, New York, 2011). Lo cual no es una exageración, puesto que si adicionamos el déficit exterior de este país más las ventas de bonos del Tesoro, obtenemos cifras superiores. Recordemos, en todo caso, que esta suma es superior de 5 veces al valor de las exportaciones de países como la India o el Brasil. Y, claro está, todo esto sin tener en cuenta la posibilidad que este monopolio da, de determinar el derecho, la economía y la política internacional. Lo cual no se puede contabilizar, pero que hace parte de esa realidad que incluso Raymond Aron llamaba imperial.

De ahí, la urgente necesidad de restablecer la igualdad de posibilidades, en el intercambio sobre el mercado internacional. Por lo tanto, al regreso del patrón oro, de la moneda universal. En cuyo sistema no puede haber privilegio exorbitante, ni devaluaciones competitivas. En todo caso, este proceso implica necesariamente la consolidación de las monedas nacionales. Por consiguiente, la negación de los systmes de moneda única, como el franco CFA y el euro.

Lo fundamental es que cada país pueda controlar sus propias circunstancias, con su propia moneda. De manera a poder realizar, gracias al desarrollo de la práctica de la razón, la comunidad de iguales a nivel nacional y la participación de cada país a la comunidad de las naciones a nivel internacional. Sólo, entonces, nuestro momento histórico podrá ir más allá de esta época de la confusión de las confusiones.

Indice

Advertencia al lector.

1: Lo absoluto y lo relativo.	página 5
2: La idolatría de los griegos y de los aztecas.	página 10
3: El fundamento del cristianismo.	página 19
4: Jesús y el judaísmo.	página 25
5: La promesa cristica.	página 32
6: La ruptura cristiana.	página 42
7: El cristianismo de Constantino.	página 48
8: La ruptura protestante.	página 58
9: Las nuevas coordenadas I.	página 64
10: LasnuevascoordenadasII.	págína 70
11: Desarrollo y crisis de la política de la economía.	página 81
12: Del imperio del Ego- de la razón abstracta.	página 87
13: Ideología y utopía.	página 101
14: Delllegaraserdelarazóninstituyente.	página 113
15: Del desarrollo de la razón económica.	página 127
16: De la dislocación de la práctica de la razón	
17: Deldesarrollodelarazóneconómica.	página 153
18: Deladislocacióndelarazóneconómica.	página 165
19: Delreinodelaconfusióndelasconfusiones.	página 181
Epilogo: Más allá del reino de la confusión de las confusiones.	página 194

Buy your books fast and straightforward online - at one of world's fastest growing online book stores! Environmentally sound due to Print-on-Demand technologies.

Buy your books online at
www.get-morebooks.com

¡Compre sus libros rápido y directo en internet, en una de las librerías en línea con mayor crecimiento en el mundo! Producción que protege el medio ambiente a través de las tecnologías de impresión bajo demanda.

Compre sus libros online en
www.morebooks.es

VDM Verlagsservicegesellschaft mbH
Heinrich-Böcking-Str. 6-8   Telefon: +49 681 3720 174   info@vdm-vsg.de
D - 66121 Saarbrücken   Telefax: +49 681 3720 1749   www.vdm-vsg.de

Made in the USA
Columbia, SC
09 March 2022